财政部规划教材

Excel 在财务中的应用

刘 颖 王 硕 主编

中国财经出版传媒集团
经济科学出版社
Economic Science Press

图书在版编目（CIP）数据

Excel在财务中的应用 / 刘颖，王硕主编．—北京：经济科学出版社，2020.11

财政部规划教材

ISBN 978－7－5218－2081－2

Ⅰ．①E…　Ⅱ．①刘…　②王…　Ⅲ．①表处理软件－应用－会计－高等职业教育－教材　Ⅳ．①F232

中国版本图书馆CIP数据核字（2020）第224112号

责任编辑：白留杰　李晓杰
责任校对：隗立娜
责任印制：李　鹏　范　艳

Excel在财务中的应用

刘　颖　王　硕　主编

经济科学出版社出版、发行　新华书店经销

社址：北京市海淀区阜成路甲28号　邮编：100142

总编部电话：010－88191217　发行部电话：010－88191522

网址：www.esp.com.cn

电子邮箱：esp@esp.com.cn

天猫网店：经济科学出版社旗舰店

网址：http://jjkxcbs.tmall.com

北京密兴印刷有限公司印装

787×1092　16开　18印张　430000字

2020年12月第1版　2020年12月第1次印刷

ISBN 978－7－5218－2081－2　定价：56.00元

（图书出现印装问题，本社负责调换。电话：010－88191510）

前言

本书充分利用Excel 2016的技术特点，基于企业对会计工作的具体要求，以辉煌电脑公司的经济业务为项目资料，以不同会计岗位工作中常用表单和功能需求为任务，设置了不同的任务情景。工作任务由易到难，相关知识与技能由浅入深。让学生边做边学，从而锻炼提升学生的工作能力，最终使学生能够利用Excel完成企业日常会计核算、会计管理中所必备相关表格的设计、编制、计算、分析等工作。

教材特色一：理实一体

本书突出“理实一体”这一宗旨，模拟真实企业工作任务，强调工学结合，使学生“做中学，学中做”，以提高学生综合能力为目标，实现工作与学习“零”对接。

教材特色二：内容“新”

教材内容依据我国2019年新的税法及补充规定和新会计准则编写，例如工资管理中个人所得税的计算、固定资产管理中资产的使用年限及存货进销存管理中销售收入的确认等内容。并将成本计算及全面预算管理的重要会计表格新增项目单独列示。

教材特色三：数字化教材

教材本着“重点突出、内容全面、资源丰富、装帧精美”的原则，充分利用“信息化、数字化”手段，通过手机“扫一扫”，将教材与配套教学资源充分融合。教材内容的选取本着“适用、够用”原则，提炼教学内容，减少文字描述，增加图片及情境案例，灵活运用“请注意”“想一想”等小模块，突出重点、难点，同时将表格的编制方法及步骤，以流程图或视频的方式展示，使教材更具有趣味性、实用性、示范性，让学生有目的、有选择地完成自主学习。

本书由刘颖、王硕担任主编，由侯丹、刘俊廷、张凤成、王晓慧、刘巍、唐乐担任副主编，具体编写分工如下：吉林电子信息职业技术学院张凤成老师负责项目一，吉林电子信息职业技术学院刘俊廷老师负责项目二，吉林电子信息职业技术学院王晓慧老师负责项目三，吉林众起贸易有限公司王硕负责项目

四、项目五，吉林电子信息职业技术学院侯丹老师负责项目六、项目九，吉林电子信息职业技术学院刘颖老师负责项目七、项目八，吉林电子信息职业技术学院刘巍、唐乐老师负责编写附录，由吉林电子信息职业技术学院刘洪亮、吕岩荣老师总纂，由于编写时间仓促，书中不当之处在所难免，恳请广大读者批评指正。

编者

2020 年 6 月

目录

项目 1

Excel 在企业日常管理中的应用

学习目标

知识目标

1. 了解 Excel 软件；
2. 熟悉 Excel 的基本操作界面及对象；
3. 掌握 Excel 工作簿、工作表及单元格具体操作方法。

能力目标

1. 创建日常管理工作簿；
2. 编制日常管理工作表；
3. 表格格式的设计；
4. 序列的填充；
5. 单元格格式的设置；
6. 文本数据的输入。

项目情景

2020 年的一天，吉林电子信息职业技术学院应届毕业生刘全能，来到辉煌电脑公司应聘会计一职。在面试过程中，该单位提出，“我单位对会计人员的要求，除了具备一定的会计专业知识及技能外，还要熟悉 Excel 软件操作，能够利用该软件编制企业日常会计核算中的相关表格，最好还能利用 Excel 软件建立信息管理系统”，刘全能能否顺利应聘该会计岗位？他又将如何开展工作呢？

扫一扫：观看“招聘”动画

情景目标

通过完成本项目的工作任务，学习者能够掌握 Excel 的基本知识及基本操作方法，如工作界面、基本元素、常用工具、数值的录入方法等，建立对 Excel 的感性认知，为以后的工作学习打下基础。

情景分析

辉煌电脑公司为了实现利用 Excel 软件来完成会计电算化工作的目标，应通过客户资料明细表、供应商明细表、员工资料明细表 3 个公司财务管理工作相关的表格编制，来熟悉并掌握 Excel 软件的工作界面及相关功能操作。

工作步骤

搜集、整理资料

创建“日常资料管理工作簿”

创建“日常资料管理工作簿”

编制“客户资料明细表”

编制“供应商资料明细表”

编制“员工资料明细表”

页面美化及设计

任务 1　搜集、整理资料

任务情景

刘全能同学顺利地通过了面试，为了更好地开展工作，他制定了一系列的工作计划，明确了利用 Excel 软件建立“财务信息管理系统”的具体工作步骤及工作任务。“财务信息管理系统”的第一个模块，就是建立“日常资料管理工作簿”，于是他开始与各部门联系，搜集与会计信息系统相关的数据，并进行加工、整理，形成了会计基础工作表格。

情景目标

通过对相关数据的搜集、整理，设计出较为合理的工作表格，明确表格项目及内容，为后期表格数据的有效利用打下基础。

情景分析

辉煌电脑公司为电脑生产企业，主要经济业务围绕“供、产、销”展开，因此，通过销售部门了解掌握客户相关信息并生成“客户资料明细表”，通过供应部门了解掌握供应商相关信息并生成“供应商资料明细表”，通过人事部门了解掌握员工相关信息并生成“员工资料明细表”，是企业建立日常资料管理工作簿的数据的重要来源。

情景资料

辉煌电脑公司客户资料、供应商资料、员工资料见图1－1、图1－2和图1－3。

辉煌电脑公司客户资料明细表

客户编码	客户名称	性质	地址	电话	开户行	账户
KH－01	吉林市光明数码科技城	本省	吉林市解放东路210号	0432－6636218	吉林银行解放东路营业部	22020300084262
KH－02	吉林市祥光数码科技城	本省	吉林市吉林大街801号	0432－6678911	吉林市吉林分行营业部	22020800075141
KH－03	吉林省长春市光复路电脑城	本省	长春市光复路38号	0431－6633311	建行长春市光复路营业部	22315648943567
KH－04	吉林省长春市重庆路电脑大世界	本省	长春市重庆路217号	0431－6638910	工行长春市重庆路办事处	5978－12－1
KH－05	四平市国贸商场	本省	四平市天津街101号	0434－6688789	中行四平分行	8879－45
KH－06	哈尔滨电脑广场	外省	黑龙江省哈尔滨市红旗街218号	0451－8686761	农行哈尔滨红旗办	19029485968940
KH－07	哈尔滨市光学仪器厂	外省	哈尔滨市南岗区342号	0451－8687888	工行哈尔滨南岗区办事处	8453－90－2
KH－08	沈阳财经学院	外省	沈阳市东陵区123号	024－88531598	建行沈阳东陵办	23145674589078
KH－09	沈阳鹏丽电器有限公司	外省	沈阳市于洪区227号	024－88557898	工行沈阳于洪区办事处	5783－57－9
KH－10	沈阳卓越商贸公司	外省	沈阳市皇姑区158号	024－88556666	中行沈阳分行营业部	3124－6
KH－11	铁岭数码科技城	外省	铁岭市铁东街29号	024－74397200	工行铁岭铁东办事处	5674－97－3

图1－1 辉煌电脑公司客户资料明细表

辉煌电脑公司供应商资料明细表

供应商编码	供应商名称	性质	地址	电话	开户行	账号
GYS－01	长春春蕾材料厂	省内	吉林省长春市四马路 23 号	0431－66782818	工行长春市分行	5956－23
GYS－02	吉林市华强有限公司	省内	吉林省吉林市天津街 65 号	0432－66326785	吉林银行分行营业部	22030－30
GYS－03	四平宏大材料厂	省内	吉林省四平市铁东区 124 号	0434－66543245	农行四平铁东支行	6534－91
GYS－04	辉南市电器材料厂	省内	吉林省辉南市河南街 27 号	0432－66980238	建行辉南分行	9808－73－2
GYS－05	胜利电脑公司	省外	沈阳市东陵区 298 号	024－88658987	建行沈阳东陵办事处	6573－23－4
GYS－06	铁岭光明电器材料厂	省外	铁岭市和平路 237 号	024－74390878	中行铁岭支行	3452－97
GYS－07	哈尔滨明辉电脑公司	省外	哈尔滨市道外区 412 号	0451－8686743	农行哈尔滨道外区营业部	7824－56
GYS－08	哈尔滨英雄电器厂	省外	哈尔滨市南岗区 13 号	0451－8583287	工行哈尔滨南岗区办事处	4536－89
GYS－09	齐齐哈尔腾讯材料厂	省外	齐齐哈尔光明路 32 号	0453－8325671	建行齐齐哈尔分行	6874－67

图 1－2　辉煌电脑公司供应商资料明细表

员工资料明细表

员工代码	姓名	性别	出生年月	所属部门	工作岗位	职工类别	银行卡号	进厂时间
001	郑明	男	1969/7/8	厂办	厂长	管理人员	323236574098000	2000/6/5
002	刘茵	女	1985/9/26	厂办	主任	管理人员	323236574098001	2006/6/5
003	孙晓宁	男	1990/12/9	厂办	科员	管理人员	323236574098002	2015/8/6
004	赵丽	女	1976/12/3	财务科	科长	管理人员	323236574098003	2000/6/5
005	刘全能	男	1998/7/8	财务科	会计	管理人员	323236574098004	2020/1/3
006	周涛	女	1986/9/25	财务科	保管员	管理人员	323236574098005	2012/6/7
007	黄小明	男	1995/3/18	财务科	出纳	管理人员	323236574098006	2016/8/1
008	赵丽洪	女	1987/6/29	人事科	科长	管理人员	323236574098007	2010/6/9
009	刘黄山	男	1995/10/9	人事科	科员	管理人员	323236574098008	2012/8/1
010	周晓月	女	1980/9/18	供应科	科长	管理人员	323236574098009	2005/6/11

员工代码	姓名	性别	出生年月	所属部门	工作岗位	职工类别	银行卡号	进厂时间
011	邹家华	男	1987/6/11	供应科	科员	管理人员	323236574098010	2009/3/19
012	宋江	男	1972/9/12	技术科	科长	技术人员	323236574098011	2000/6/13
013	郭楠	男	1978/11/26	技术科	技术员	技术人员	323236574098012	2002/4/13
014	李琳	女	1996/5/24	技术科	技术员	技术人员	323236574098013	2017/7/3
015	张峰	男	1990/5/7	销售科	科长	销售人员	323236574098014	2015/6/16
016	郝明	男	1987/9/7	销售科	销售员	销售人员	323236574098015	2011/9/1
017	吴昊	男	1990/12/24	销售科	销售员	销售人员	323236574098016	2010/6/5
018	吕梁	男	1979/11/30	加工车间	车间主任	生产人员	323236574098017	2006/6/19
019	高明	男	1976/5/29	加工车间	工人	生产人员	323236574098018	2009/12/2
020	朱德	男	1988/4/1	加工车间	工人	生产人员	323236574098019	2007/5/1
021	李煜	男	1978/3/29	加工车间	工人	生产人员	323236574098020	2004/5/2
022	刘邦	男	1995/4/6	加工车间	工人	生产人员	323236574098021	2017/5/3
023	刘禹锡	男	1981/12/3	加工车间	工人	生产人员	323236574098022	2009/6/5
024	宋小宝	男	1984/6/4	装配车间	车间主任	生产人员	323236574098023	2009/6/6
025	赵小山	男	1986/9/7	装配车间	工人	生产人员	323236574098024	2005/8/1
026	刘伯温	男	1998/6/10	装配车间	工人	生产人员	323236574098025	2018/6/5
027	张纲	男	1987/12/11	机修车间	车间主任	生产人员	323236574098026	2010/6/5
028	丁一富	男	1992/4/4	机修车间	工人	生产人员	323236574098027	2013/6/29
029	门大功	男	1990/12/9	机修车间	工人	生产人员	323236574098028	2010/7/1
030	周瑜	男	1991/3/23	机修车间	工人	生产人员	323236574098029	2013/7/1

图 1-3 辉煌电脑公司员工资料明细表

任务 2 创建“日常资料管理工作簿”

任务情景

刘全能同学在企业的工作职责，除了建立“财务信息管理系统”外，还要教会老会计掌握 Excel 软件的操作方法及一些基础表格的编制方法，他应如何使老会计独立完成“日常资料管理工作簿”的建立工作呢?

情景目标

通过完成本项目的工作任务，学习者能够对 Excel 软件有初步的认识，掌握 Excel 的基本操作方法。

情景分析

辉煌电脑公司主要是以生产电脑及电脑辅助元件为主的生产企业，有着较为固定的客户群，产品主要销往各大城市的电脑商城。该公司依据客户资料，统计出客户资料明细表，将客户按照所在地不同，分为“本省”“外省”两类，并对所有客户进行统一编号，及时更新与各单位的货款结算情况，输入应收账款的期初余额、应收账款的回收金额及期末未收应收账款及相关款项的账龄。一方面有利于及时掌握与客户单位的账款结算情况，另一方面也是加强企业往来账款管理、减少坏账发生的重要手段。

预备知识及技能

Excel 是微软公司出品的 Office 系列办公软件中的一个组件，Excel 的中文含义就是“超越”。确切地说，它是一个电子表格软件，可以用来制作电子表格、完成许多复杂的数据运算，进行数据的分析和预测并且具有强大的制作图表的功能；现在的新版本 Excel 还可以用来制作网页。由于 Excel 具有十分友好的人机界面和强大的计算功能，它已成为国内外广大用户管理公司和个人财务、统计数据、绘制各种专业化表格的得力助手。

扫一扫：“Excel 工作簿的启用及关闭”

1. Excel 软件的基本元素

（1）工作簿。

工作簿是指 Excel 环境中用来存储并处理工作数据的文件。Excel 文档就是工作簿。是 Excel 工作区中一个或多个工作表的集合，其扩展名为 . xlsx。

（2）工作表（Sheet）。

Excel 2007 以前的版本，一个工作簿中最多有 255 个工作表，2007 之后的版本理论上可以有无限个工作表，其建立的工作表数量受电脑内存的影响。正常情况下，一个工作簿系统是默认三个工作表如 Sheet1、Sheet2 等，如需要创建更多的工作表，可以手动创建，鼠标单击工作标签栏后方的“ + ”进行创建，如图 1 – 4 所示。一个工作表最多可以有 1 048 576 行和 16 384 列，行号用数字表示，列号由英文字母表示。

图 1 – 4　创建新工作表

（3）单元格。

工作表中行列交汇处的区域称为单元格，单元格地址表示为“列号＋行号”，如 B2。单元格区域地址表示为“左上角单元格地址：右下角单元格地址”，如 A1：B4（如图 1－5 所示）。单击可以选中当前单元格，其四周以粗线条显示，称为活动单元格；当多个单元格同进被选中时，称为单元格区域。

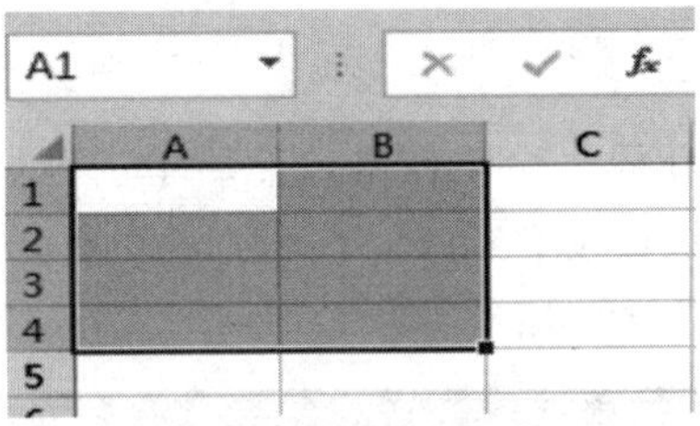

图 1－5　单元格区域地址

想一想：Excel工作簿和工作表是什么关系？

2. Excel 软件的操作界面

Excel 软件的操作界面如图 1－6 所示。

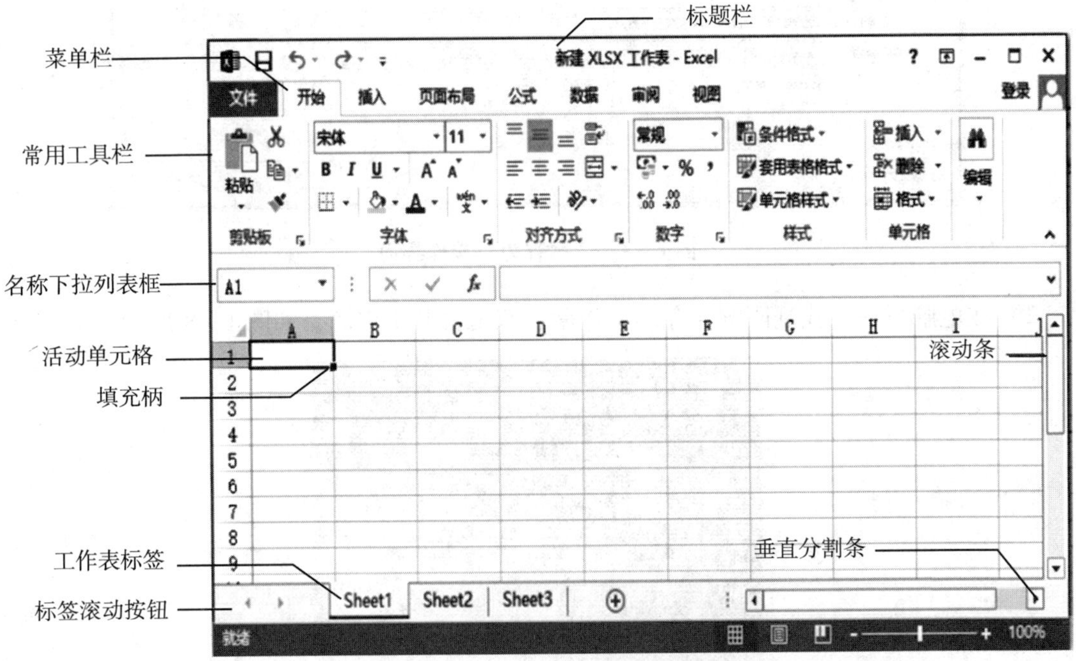

图 1－6　Excel 软件的操作界面

扫一扫：“Excel 的基本框架及功能介绍”

工作任务

【要求】创建“日常资料管理工作簿”。

工作步骤

1）打开 Excel 2016，自动新建一个工作簿，然后单击工具栏中的按钮，在“另存为”对话框中选择文件存放位置并将该文件命名为“辉煌电脑公司日常资料管理工作簿”，如图 1-7所示，最后单击“保存”按钮。

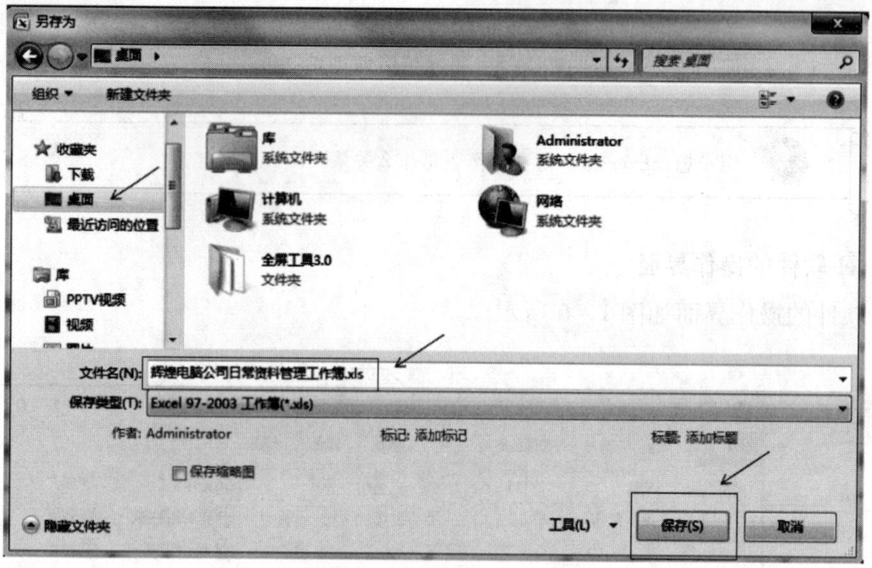

图 1-7　“另存为”操作界面

2）在电脑桌面上找到刚刚保存的工作簿，双击打开工作簿，如图 1-8 所示。

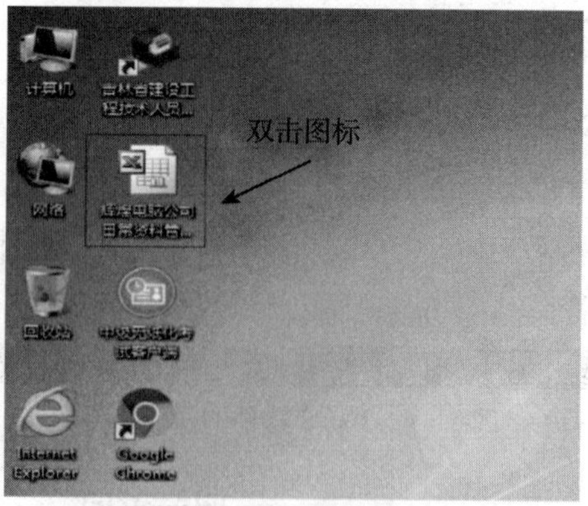

图 1-8　打开工作簿界面

扫一扫："Excel 的录入规则"

3）单击工作簿下方工作表标签位置的插入表格图标，插入新工作表 Sheet 4，如图 1－9 所示。

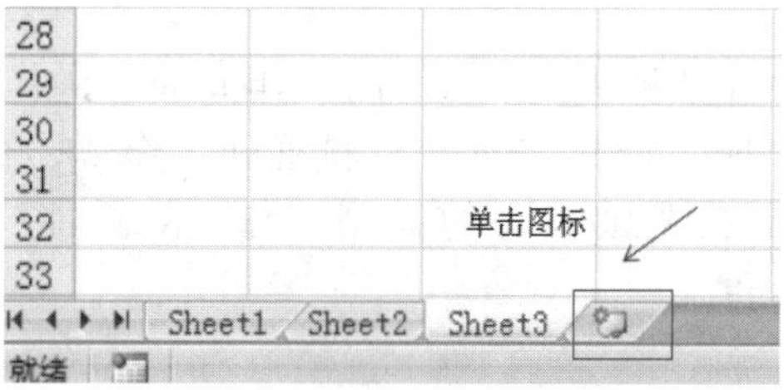

图 1－9　插入表格图标界面

4）右键单击 Sheet 1 工作表标签，在弹出的快捷菜单中选择"重命名"命令，或双击 Sheet 1 工作表标签，将 Sheet 1 更名为"页面"，如图 1－10 所示。

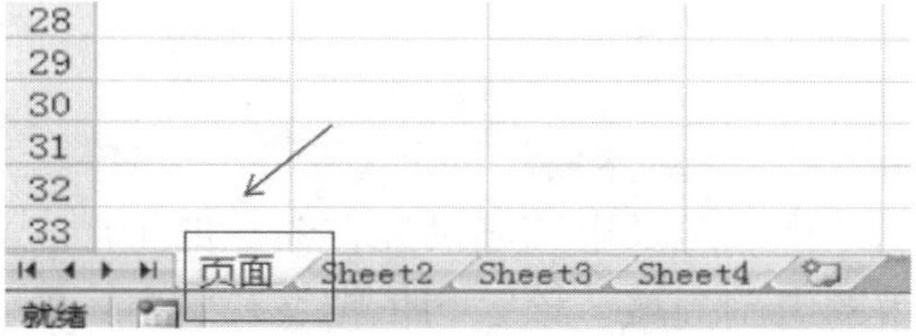

图 1－10　更名为"页面"的操作界面

5）按照步骤 4）的操作方法，分别将 Sheet 2、Sheet 3、Sheet 4 工作表标签更名为"客户资料明细表""供应商资料明细表""员工资料明细表"，如图 1－11 所示。

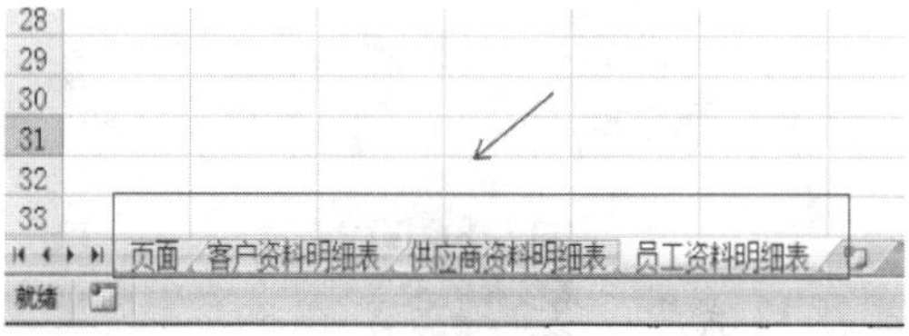

图 1－11　更名的操作界面

6）单击工具栏中的按钮，保存文件后，关闭"辉煌电脑公司日常资料管理工作簿"。

成果展示（如图 1－12 所示）

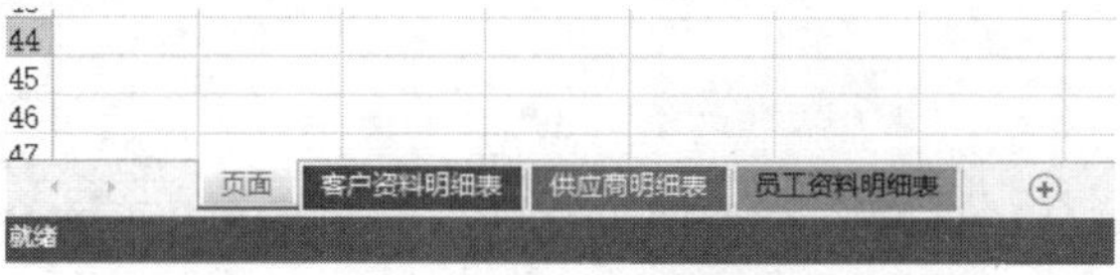

图 1－12　成果展示

任务3　编制“客户资料明细表”

任务情景

刘全能同学教会了老会计认知 Excel 软件的操作界面、操作对象及 Excel 软件的基本操作方法，并指导她独立完成了创建“日常资料管理工作簿”的工作，下一步工作是指导老会计独立完成“客户资料明细表”的编制工作，刘全能又将传授给老会计哪些技能呢？

情景目标

通过完成该工作任务，学习者能够掌握数据的录入技巧及表格的设计及美化，提升会计表格的编制能力。

情景分析

辉煌电脑公司主要是以生产电脑及电脑辅助元件为主的生产企业，有着较为固定的客户群，产品主要销往各大城市的电脑商城。该公司依据客户资料，统计出客户资料明细表，将客户按照所在地不同，分为“本省”“外省”两类，并对所有客户进行统一编号，及时更新与各单位的货款结算情况，输入应收账款的期初余额、应收账款的回收金额及期末未收应收账款及相关款项的账龄。一方面有利于及时掌握与客户单位的账款结算情况，另一方面也是加强企业往来账款管理、减少坏账发生的重要手段。

预备知识及技能

扫一扫：“如何设置单元格格式”

工作任务

【要求】编制“客户资料明细表”。

工作步骤

1）打开“辉煌电脑公司日常资料管理工作簿”，然后单击下方“客户资料明细表”标签，打开“客户资料明细表”工作表格。

2）参照图1－1，输入客户资料明细表的相关内容，其中“客户编码”一列利用自动填充功能完成，即按住鼠标左键拖动单元格右下角的填充柄，如图1－13、图1－14所示。

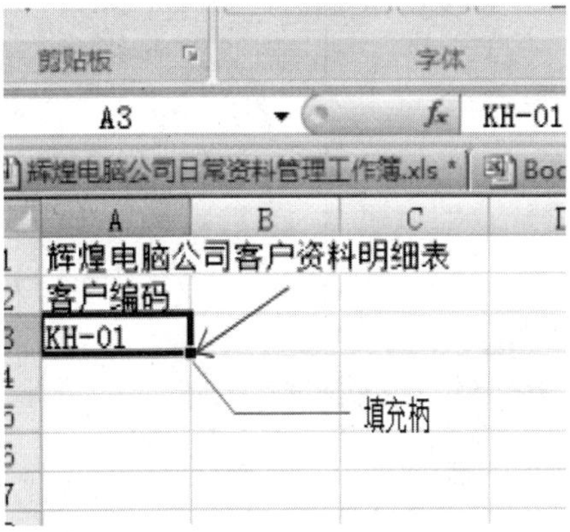

图1－13 操作界面

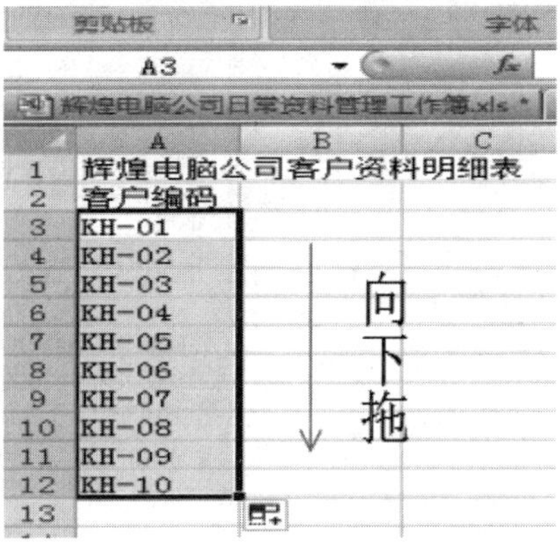

图1－14 操作界面

3）“性质”一列应采用设置数据有效性方式生成。选择设置区域，注意别选择表头部分，如图1－15所示。

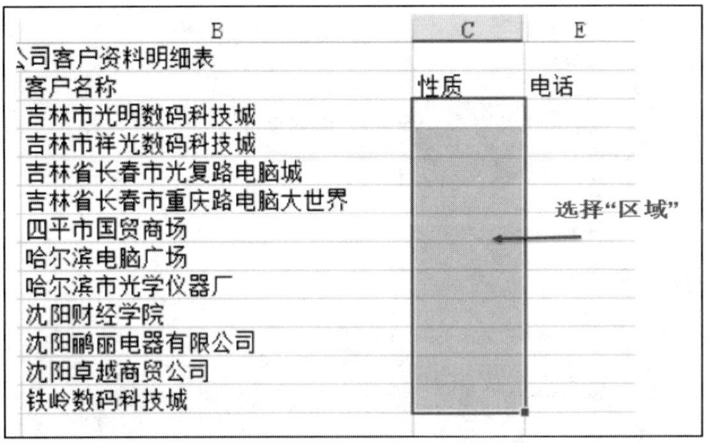

图1－15 选择设置区域界面

4）在数据标签下，找到“数据验证”如图1－16所示。

图1－16 找到“数据验证”界面

5）在“允许”下拉菜单中选择“序列”，如图1－17所示。

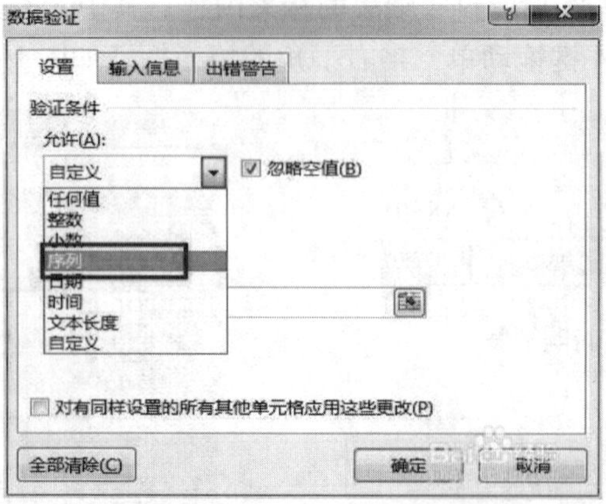

图 1－17　选择“序列”界面

6）在数据“来源”里录入“本省，外省”，并选择忽略空值及提供下拉箭头。如图 1－18 所示。

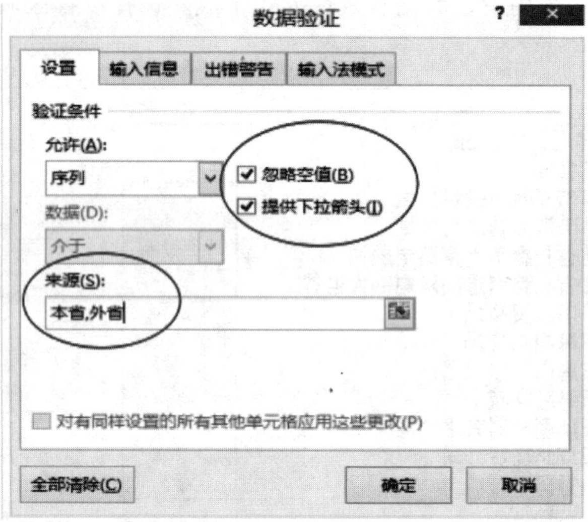

图 1－18　设置数据来源界面

7）选择“账户”所在的列，将该列设置格式为“数字”┆“文本”如“录入较长数字技巧”方法操作，然后输入内容。

请注意：

（1）对话框中的本省、外省间的逗号采用英文输入法下的“,”。

（2）数据有效性设置好后，不仅能限制输入内容，而且还多了一个下三角按钮，方便选择。

（3）除了可以直接在“来源”文本框中输入数据外，还可以直接引用当前工作表的连续单元格区域作为数据源。

录入较长数字的小技巧

步骤一：右键单击需要录入数字的单元格，在弹出的菜单栏中选择“设置单元格格式”按钮，打开“设置单元格格式”对话框。

步骤二：在“设置单元格格式”对话框中，单击“数字”选择“文本”后，单击“确定”（如图所示），将该单元格设置为“文本”格式后，再录入较长的数字即可。

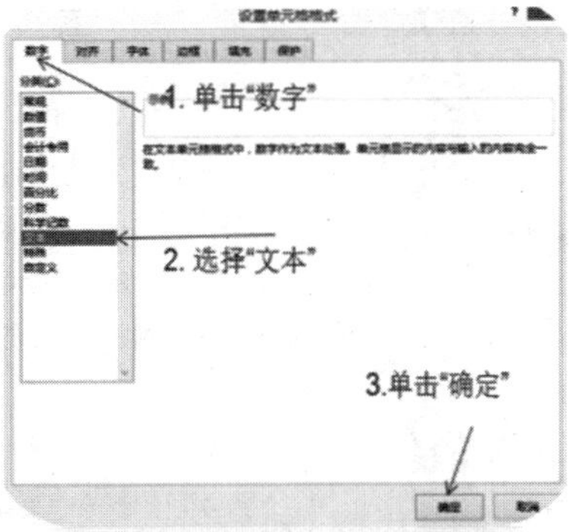

8）内容录入完成后，适当调整单元格宽度，并添加表格边框线。

扫一扫：“客户资料明细表的编制”

成果展示（如图 1－19 所示）

辉煌电脑公司客户资料明细表

客户编码	客户名称	性质	地址	电话	开户行	账户
KH-01	吉林市光明数码科技城	本省	吉林市解放东路210号	0432-6636218	吉林银行解放东路营业部	22020300084262
KH-02	吉林市祥光数码科技城	本省	吉林市吉林大街801号	0432-6678911	吉林市吉林分行营业部	22020800075141
KH-03	吉林省长春市光复路电脑城	本省	长春市光复路38号	0431-6633311	建行长春市光复路营业部	22315648943567
---------	---------		---------		---------	---------
KH-09	沈阳丽丽电器有限公司	外省	沈阳市于洪区227号	024-88557898	工行沈阳于洪区办事处	5783-57-9
KH-10	沈阳卓越商贸公司	外省	沈阳市皇姑区158号	024-88556666	中行沈阳分行营业部	3124-6
KH-11	铁岭数码科技城	外省	铁岭市铁东街29号	024-74397200	工行铁岭铁东办事处	5674-97-3

图 1－19 成果展示

扫一扫："如何美化 Excel 工作表"

去除Excel网格线的小技巧

步骤一：单击菜单栏中"视图"按钮，打开视图工具栏。
步骤二：在"网格和参考线"栏中，点击去除"网络线"前选择栏中的"√"，便可去除表格的网格线，如图所示。

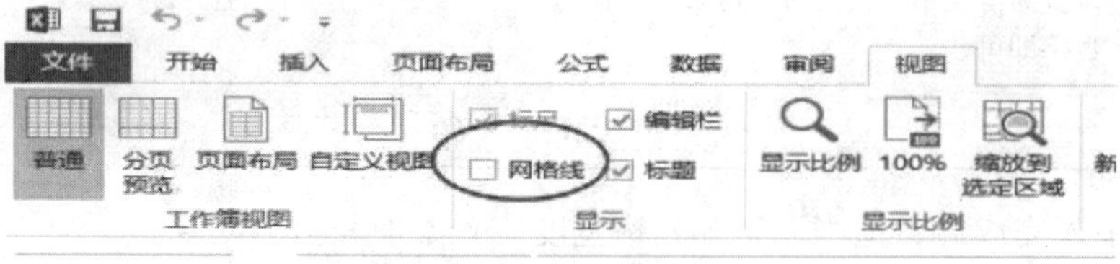

扫一扫："如何设置序列"

任务4　编制"供应商资料明细表"

任务情景

刘全能同学指导老会计独立完成了"客户资料明细表"的编制工作，为了提升老会计的操作水平，他安排老会计独立完成"供应商资料明细表"的编制工作，老会计是否能够顺利地完成工作任务，她在完成工作的过程中会遇到哪些问题，又会掌握哪些新的工作技巧？

情景目标

通过完成该工作任务，学习者能够掌握数据的录入技巧及表格的设计及美化，锻炼会计表格的编制能力。

情景分析

辉煌电脑公司根据供应商资料统计出供应商资料明细表，将所有供应商按照所在地不同，分为"省内""省外"两类，并对所有供应商进行统一编号，及时更新与各单位采购材料的品种、价格、货款结算情况及相关材料使用情况，及时与当前市场同类材料的质量与价格进行对比，调整采购渠道及采购价格。

预备知识及技能

我们在使用Excel的时候，最常用的操作就是复制和移动数据，但在复制一个工作表中的所有单元格内容和复制整个工作表是有区别。

1. 复制与粘贴工作表中的所有单元格

（1）按Ctrl+A键选中所有单元格。也可以单击工作表左上角的行与列交点，从而选中所有单元格。其实如果事先选中了数据区域的单元格，可以按Ctrl+A+A键来选中所有单元格。

（2）按Ctrl+C复制。

（3）按Ctrl+Page Down跳转到另一个工作表，然后单击A1单元格。

（4）按回车键。这样就将前一工作表中所有单元格复制到当前工作表中了。

2. 复制整个工作表

复制整个工作表不只意味着要复制工作表中的所有单元格，还包括该工作表的页面设置参数，以及自定义的区域名称等。

（1）方法一。

①移动鼠标指针到工作表标签上方。

②按住Ctrl键的同时拖动工作表到另一位置。

③松开Ctrl键和鼠标左键，这样就完成了同一工作簿整个工作表的移动并复制。

（2）方法二。

①在工作表标签上单击右键。

②从弹出菜单中选择“移动或复制工作表”。这时会出现“移动或复制工作表”对话框，我们可以将选定的工作表移动到同一工作表的不同位置，也可以选择移动到其他工作簿的指定位置。如果选中对话框下方的复选框“建立副本”，就会在目标位置复制一个相同的工作表。

（3）方法三。

①选择菜单命令“窗口|重排窗口”。

②在“重排窗口”对话框中选择“排列方式”为“平铺”，单击“确定”按钮。

③按方法一所介绍的方法按Ctrl键拖放工作表，将工作表从一个工作簿复制到另一个工作簿。

扫一扫：“如何实现查找、替换”

工作任务

【要求】编制“供应商资料明细表”。

工作步骤

1）打开“辉煌电脑公司日常资料管理工作簿”，然后单击下方“供应商资料明细表”标签，打开“供应商资料明细表”。

2）参照图 1－2，输入资料中属于供应商资料的内容，其中“供应商编码”一列采用自动填充方法。

3）“性质”一列应采用数据有效性设置，参考任务 3 完成。

4）“账号”一列设置为“文本”格式，参考任务 3 完成。

成果展示（如图 1－20 所示）：

辉煌电脑公司供应商资料明细表

供应商编码	供应商名称	性质	地址	电话	开户行	账号
GYS-01	长春春蕾材料厂	省内	吉林省长春市四马路23号	0431-6678281	工行长春市分行	5956-23
GYS-02	吉林市华强有限公	省内	吉林省吉林市天津街65号	0432-6632678	吉林银行分行营业部	22030-30
GYS-03	四平宏大材料厂	省内	吉林省四平市铁东区124号	0434-6654324	农行四平铁东支行	6534-91
GYS-04	辉南市电器材料厂	省内	吉林省辉南市河南街27号	0432-6698023	建行辉南分行	9808-73-2
GYS-05	胜利电脑公司	省外	沈阳市东陵区298号	024-88658987	建行沈阳东陵办事处	6573-23-4
GYS-06	铁岭光明电器材料	省外	铁岭市和平路237号	024-74390878	中行铁岭支行	3452-97
GYS-07	哈尔滨明辉电脑公	省外	哈尔滨市道外区412号	0451-8686743	农行哈尔滨道外区营业部	7824-56
GYS-08	哈尔滨英雄电器厂	省外	哈尔滨市南岗区13号	0451-8583287	工行哈尔滨南岗区办事处	4536-89
GYS-09	齐齐哈尔腾讯材料	省外	齐齐哈尔光明路32号	0453-8325671	建行齐齐哈尔分行	6874-67

图 1－20　成果展示

扫一扫：“窗口冻结、批注、表格隐藏”

扫一扫：“如何快速设置行高及列宽”

任务5 编制“员工资料明细表”

任务情景

通过“客户资料明细表”“供应商资料明细表”的编制，老会计已经基本掌握了Excel的数据录入及表格设置的操作，她非常高兴，多次夸奖小刘教得好，同时也对自己能够掌握Excel软件操作充满信心。她希望在“员工资料明细表”的编制过程中，还能够掌握新的技能。

情景目标

通过完成该工作任务，学习者能够掌握数据的录入技巧及表格的设计及美化，提升会计表格的编制能力。

情景分析

辉煌电脑公司对本单位员工进行统一编号，设置了“厂办”“财务科”“人事科”“供应科”“技术科”“销售科”“加工车间”“装配车间”“机修车间”9个部门，设置了“管理人员”“技术人员”“销售人员”“生产人员”4类职工类别，设置了“厂长”“主任”“科长”“科员”等多个工作岗位。员工资料明细表使企业能够准确掌握每个员工的进厂时间、出生年月、所属部门等信息，同时该表也是企业计算职工薪酬的重要依据。

------ 在Excel表中输入当天日期的小技巧 ------

步骤一：首先选中需输入当天日期的单元格；
步骤二：按住“【Ctrl+；】”组合键，所需的日期马上出现。

在Excel中输入当天日期的技巧还可以在同一个单元格中和其他字符共处，比如说在单元格中输入“制表日期：”，然后，按住“【Ctrl+；】”，即可在该单元格中得到“制表日期：2019-10-19”这样的结果。

预备知识及技能

我们在制作Excel表格的时候可以适当地给Excel工作表添加一个背景，这样我们制作出来的Excel工作表就不那么单调了，在Excel 2013中给工作表添加背景的操作方法如下：

1）首先我们需要选中添加背景的单元格区域（如图1-21所示）。

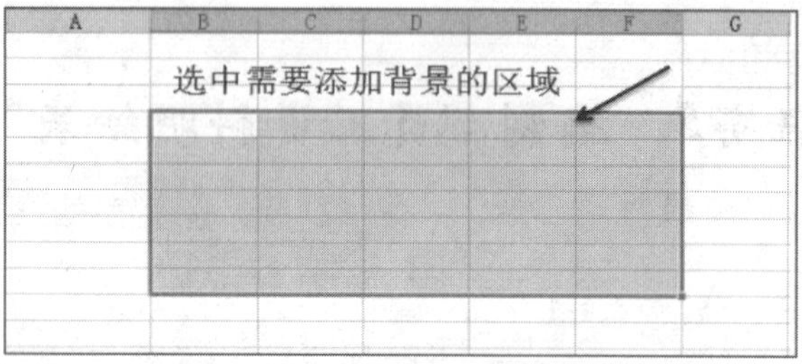

图 1－21　添加背景操作界面

2）然后单击鼠标右键，选择设置单元格格式选项（如图 1－22 所示）。

图 1－22　设置单元格格式操作界面

3）在弹出的对话框中，选择填充选项，左侧即可设置 Excel 表格的背景色（如图 1－23 所示）。

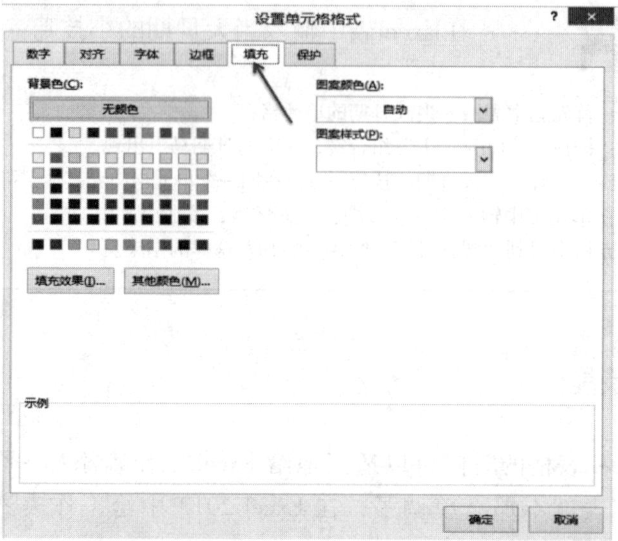

图 1－23　设置背景颜色的操作界面

4）我们也可以选择填充效果来设置成渐变效果的样式（如图1－24所示）。

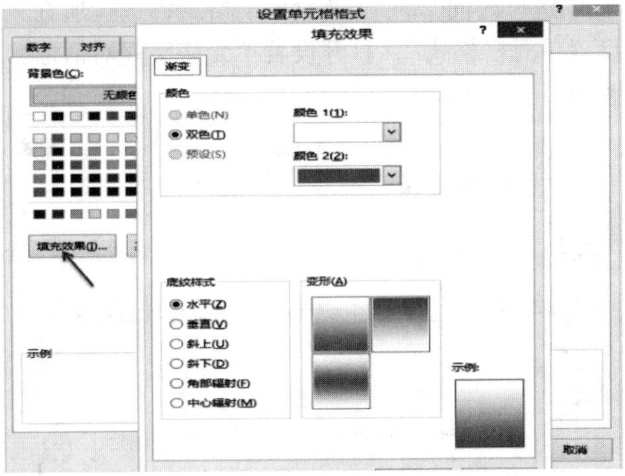

图1－24　选择填充效果操作界面

5）最后单击“确定”就可以看到我们设置的效果了（如图1－25所示）。

员工资料明细表								
员工代码	姓名	性别	出生年月	所属部门	工作岗位	职工类别	银行卡号	进厂时间
001	郑明	男	1969/7/8	厂办	厂长	管理人员	323236574098000	2000/6/5
002	刘茵	女	1985/9/26	厂办	主任	管理人员	323236574098001	2006/6/5
003	孙晓宁	男	1990/12/9	厂办	科员	管理人员	323236574098002	2015/8/6

图1－25　最终成果界面

扫一扫：“如何进行数据的筛选”

工作任务

【要求】编制“员工资料明细表”。

工作步骤

1）打开“辉煌电脑公司日常资料管理工作簿”，然后单击下方“员工资料明细表”标签，打开“员工资料明细表”工作表格。

2）参照图1－3，输入资料中属于员工资料的内容。其中“员工代码”一列先设置成文本格式，再利用自动填充功能完成数据输入。

3）“性别”和“所属部门”所有列应采用数据有效性设置完成数据输入。

4）“出生年月”和“进厂时间”应设置为日期格式，选择所在列，右键单击打开快捷菜单栏，单击选择“设置单元格格式”，打开设置单元格格式对话框，选择“数字”┆“日期”，选择“类型”（如图 1－26 所示）。

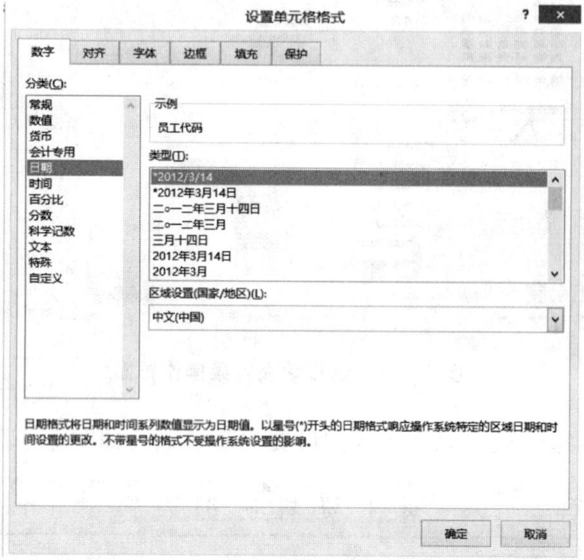

图 1－26　设置单元格格式界面

5）“银行卡号”一列应设置成文本格式后再输入相关数据。

成果展示（如图 1－27 所示）：

员工资料明细表

员工代码	姓名	性别	出生年月	所属部门	工作岗位	职工类别	银行卡号	进厂时间
001	郑明	男	1969/7/8	厂办	厂长	管理人员	323236574098000	2000/6/5
002	刘茵	女	1985/9/26	厂办	主任	管理人员	323236574098001	2006/6/5
003	孙晓宁	男	1990/12/9	厂办	科员	管理人员	323236574098002	2015/8/6
004	赵丽	女	1976/12/3	财务科	科长	管理人员	323236574098003	2000/6/5
005	刘全能	男	1998/7/8	财务科	会计	管理人员	323236574098004	2020/1/3
006	周涛	女	1986/9/25	财务科	保管员	管理人员	323236574098005	2012/6/7
007	黄小明	男	1995/3/18	财务科	出纳	管理人员	323236574098006	2016/8/1
008	赵丽洪	女	1987/6/29	人事科	科长	管理人员	323236574098007	2010/6/9
---	------		------				------	------
030	周瑜	男	1991/3/23	机修车间	工人	生产人员	323236574098029	2013/7/1

图 1－27　成果展示

任务6 页面美化及设计

任务情景

老会计经过自己的努力，终于完成了“日常资料管理工作簿”的创建工作，她对自己的工作成果感到非常满意，于是她找到刘全能提交自己的工作成果。刘全能夸奖了老会计理解能力、动手能力较强，但同时也指出了工作簿设计简单，缺乏美观性、技术性，老会计听后，对小刘细致认真、精益求精的工作态度非常赞许，同时也为公司能够招聘到这样好的人才感到庆幸！于是她又开始虚心向这位“小刘老师”请教，该如何美化自己的工作簿？

情景目标

通过完成该工作任务，学习者能够掌握工作簿页面的设计及美化，提升会计表格的编制能力。

情景分析

辉煌电脑有限责任公司创建了“日常资料管理工作簿”，还要创建一个漂亮的信息管理页面，在主页面设置多个快捷键并与相关工作表格创建超链接，只要在主页面单击快捷键，就自动进入相关表格，既美化工作界面，又提高工作效率。

预备知识及技能

扫一扫：“如何插入图片或幻灯片”

扫一扫：“如何插入自选图形”

扫一扫：“如何设置超链接”

工作任务

【要求】设计并美化“日常管理工作簿”的页面。

工作步骤

1）打开“辉煌电脑公司日常资料管理工作簿”，然后单击下方“页面”标签，打开“页面”工作表格。

2）单击选择菜单栏中“插入”┆“图片”，打开“插入图片”对话框（如图 1－28 所示）。

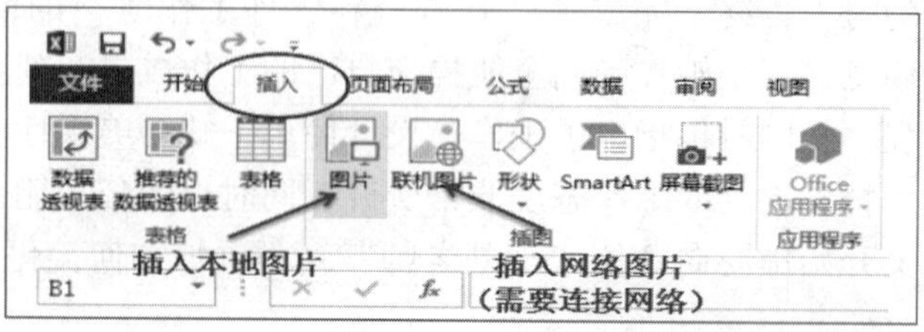

图 1－28　“插入图片”对话框

3）打开想要插入图片的文件夹，选择图片后，点击插入，插入图片（如图 1－29 所示）。

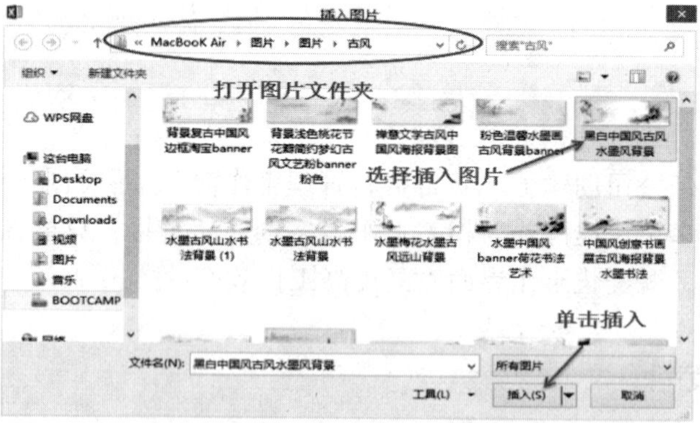

图 1－29　打开图片文件夹界面

4）调整插入图片的大小，正好铺满视图窗口为宜（如图 1－30 所示）。

图 1－30　调整插入图片大小界面

5）单击菜单栏中的“插入”命令，在常用工具栏中选择“艺术字”，在下拉菜单栏中选择“艺术字”样式，如图1－31所示。

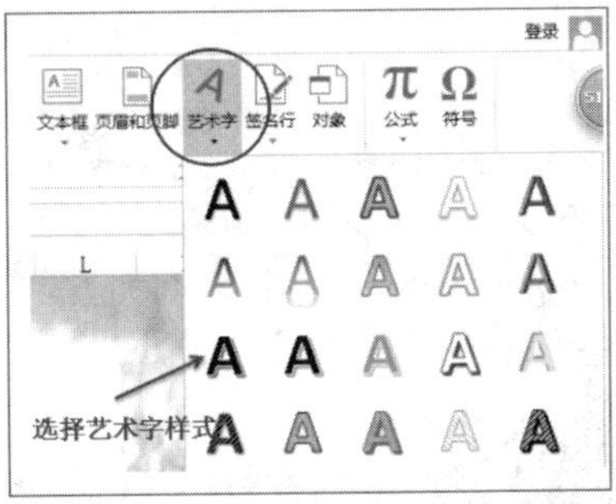

图1－31 选择“艺术字”界面

6）在艺术字文本栏中录入“辉煌电脑公司日常资料管理工作簿”，单击工具栏中的“开始”按钮，更改艺术字的字体为“华文行楷”，字号为“36号”，字体“加粗”，如图1－32所示。

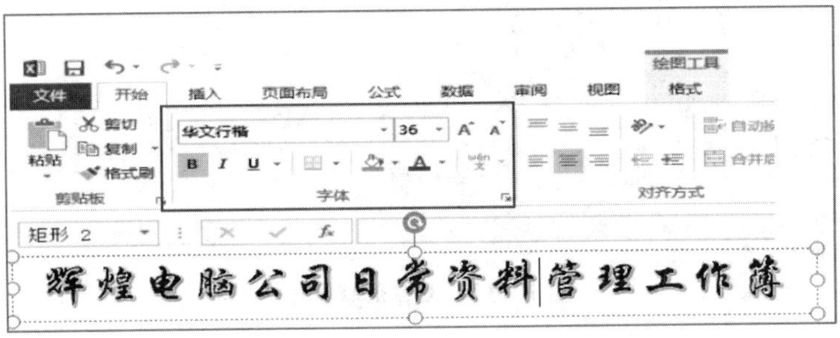

图1－32 设置字体字号界面

7）单击菜单栏中的“格式”按钮，在常用工具栏中单击“文本效果”，选择“转换”，在弹出的菜单栏中选择“上弯弧”，将字体排列经济形状改为弯弧形（如图1－33所示）。

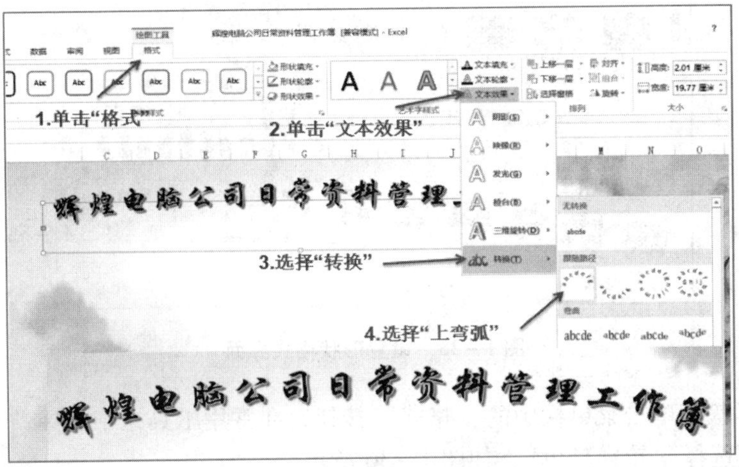

图1－33 设置文本效果界面

8）单击菜单栏中的“插入”按钮，在常用工具栏中选择“形状”，在弹出的菜单栏中选择形状的“样式”，如图 1－34 所示。

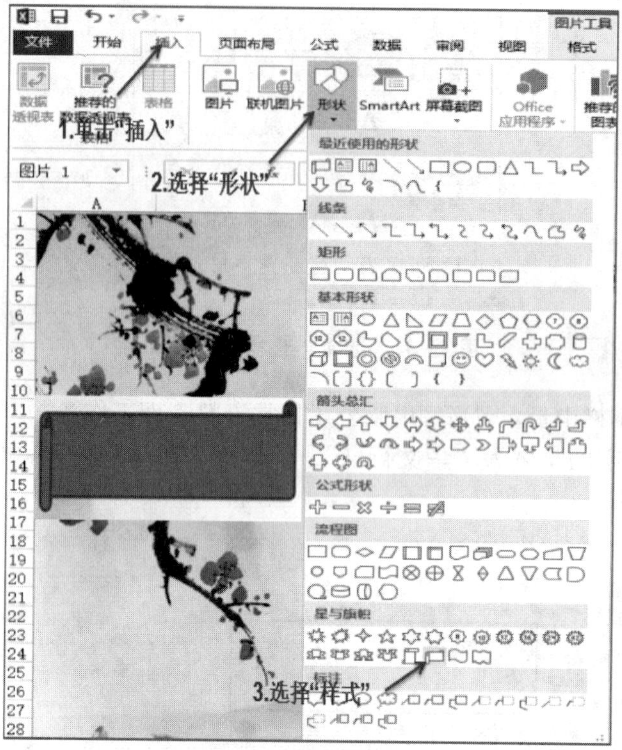

图 1－34　设置形状界面

9）选中形状，调整形状的大小，单击菜单栏中的“格式”按钮，在常用工具栏中选择“形状填充”，在弹出的菜单栏中选择“填充颜色”，如图 1－35 所示。

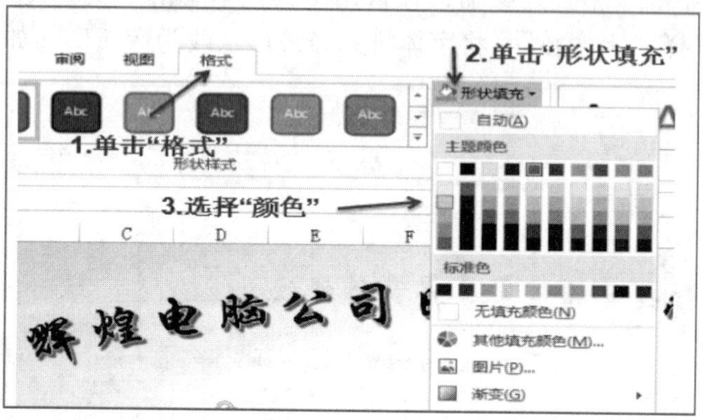

图 1－35　设置形状格式界面

10）选中形状，单击菜单栏中的“格式”按钮，在常用工具栏中选择“形状轮廓”，在弹出的菜单栏中选择“轮廓颜色”，如图 1－36 所示。

11）选中形状右键，在弹出的菜单栏中选择“编辑文字”，在形状中录入“客户资料明细表”，设置字体为“华文行楷”，字号为“24”号，对齐方式为“垂直居中”，效果如图 1－37 所示。

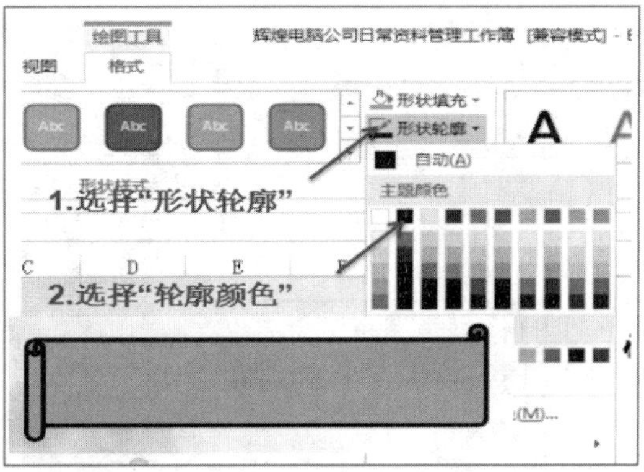

图 1－36　设置形状格式界面

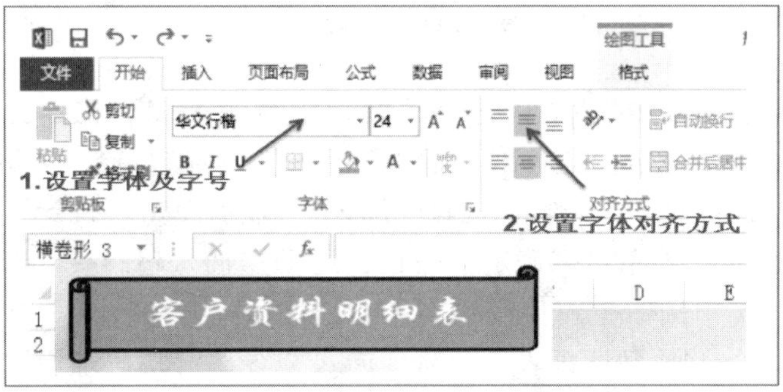

图 1－37　编辑文字界面

12）选中图形右键，在弹出的快捷菜单中选择“复制”，在页面空白处右键，在弹出的快捷菜单中选择“粘贴”。更改形状文字为“供应商资料明细表”。重复上述操作，添加一个形状“员工资料明细表”，最后调整形状的位置（如图 1－38 所示）。

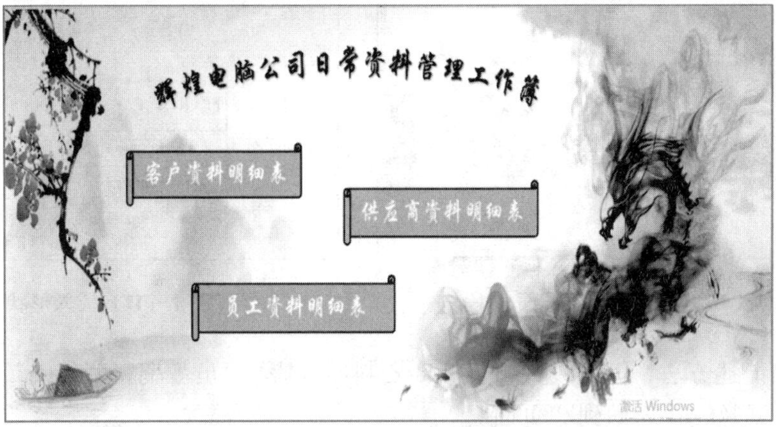

图 1－38　图形复制界面

13）右键单击“客户资料明细表”形状，以弹出的快捷菜单中选择“超链接”按钮。打开超链接（如图 1－39 所示）。

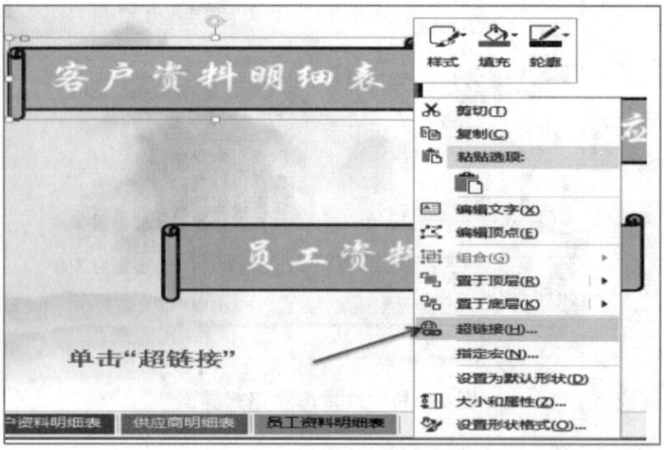

图 1－39　超链接界面

14）在“插入超链接”对话框中选择“客户资料明细表”在本文档中的位置，选择“客户资料明细表”，单击“屏幕提示”按钮，打开“设置超链接屏幕提示”对话框，在“屏幕提示文字”处，录入“打开客户资料明细表”，然后单击“确定”按钮退出“设置超链接屏幕提示”对话框，再单击“确定”按钮，退出“插入超链接”对话框，具体操作如图 1－40 所示。

15）单击页面“客户资料明细表”形状，进入“客户资料明细表”工作表格，在工作表格中插入“形状”，设置形状颜色，并设置超链接返回到“页面”，具体步骤如图 1－41、图 1－42、图 1－43 所示。

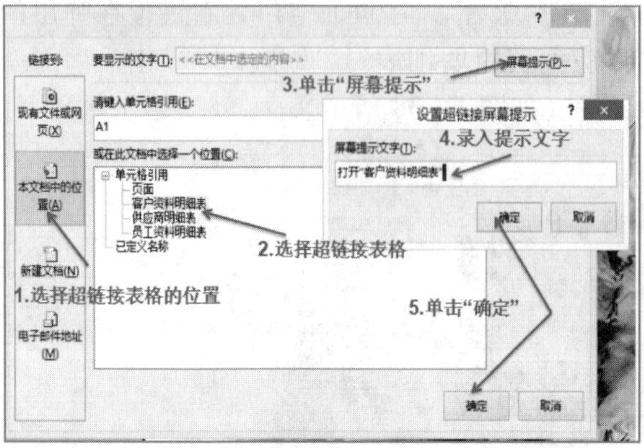

图 1－40　插入超链接界面

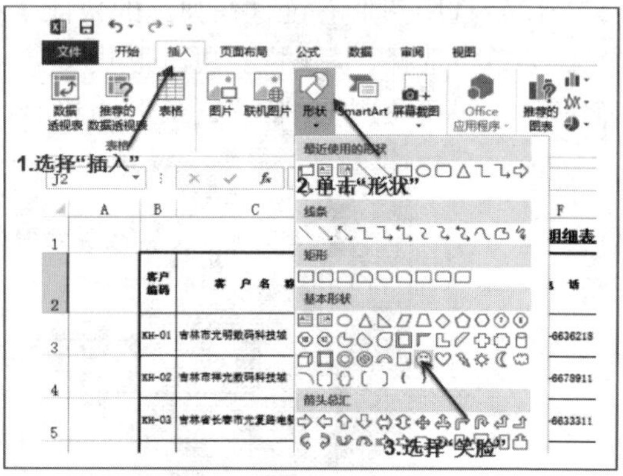

图 1－41　插入形状界面

16）采用上述方法，分别设置“供应商资料明细表”“员工资料明细表”超链接。并在对应表格中设置超链接返回到“页面”。

17）单击工具菜单中的“文件”按钮，选择“选项”，打开“选项”对话框。如图 1－44 所示，将工作表标签全部隐藏。

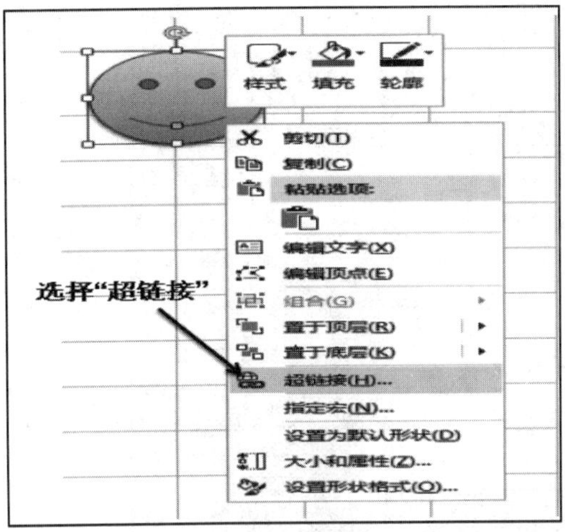

图1－42　设置超链接界面

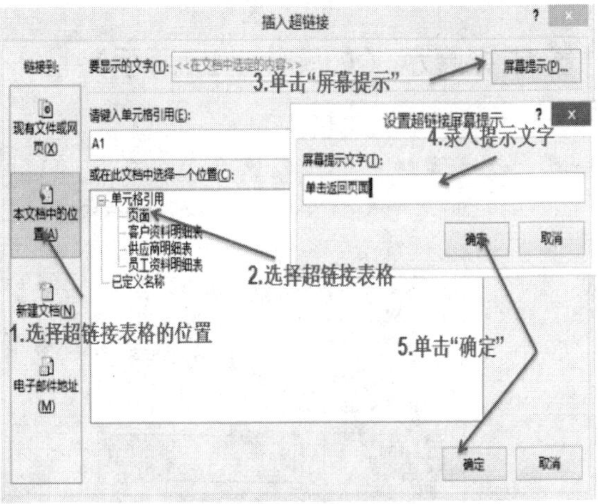

图1－43　超链接返回到“页面”

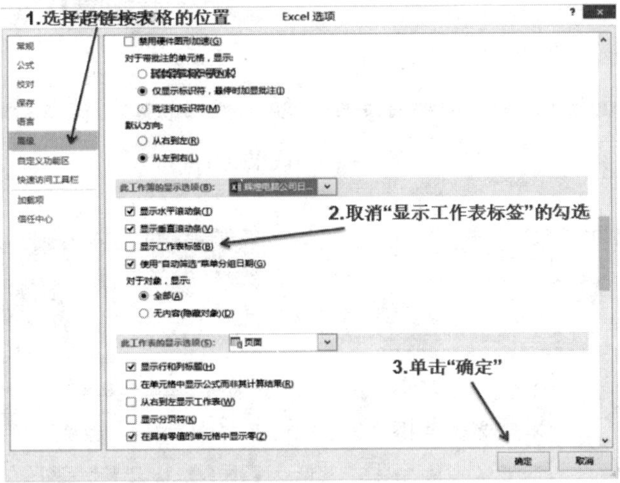

图1－44　隐藏工作表标签界面

请注意：

（1）在“页面”打开相关工作表时，只需单击“页面”上工作表“形状条”即可打开对应工作表格。

（2）从“工作表”返回工作页面时，只需单击工作表中插入的“形状”即可返回工作页面。

（3）隐藏工作表标签后，工作页面更加整洁。

想一想

如何显示已被隐藏的表格标签？

成果展示（如图 1－45 所示）：

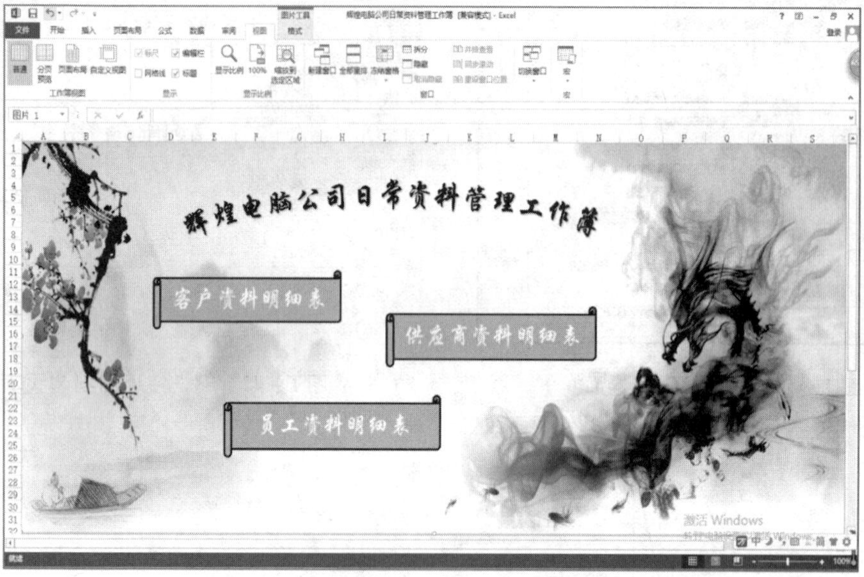

图 1－45　成果展示

项目2

Excel 在企业固定资产管理中的应用

学习目标

知识目标

1. 了解企业固定资产管理工作的内容、固定资产的基本信息、折旧计提的方法；
2. 掌握SLN、DDB、SYD等折旧函数的应用；
3. 掌握日期函数和IF函数的应用；
4. 掌握固定资产查询与分析功能的应用；
5. 掌握数据透视图功能。

能力目标

1. 创建“固定资产管理信息系统”；
2. 编制“固定资产日常管理工作簿”；
3. 编制“固定资产卡片管理工作簿”；
4. 能运用Excel软件进行固定资产的查询与分析。

项目情景

刘全能同学来到公司工作已有一段时间，某日，领导安排他一个新的任务，让其与老会计共同进行固定资产的管理。在实际操作过程中，他发现老会计在固定资产的管理中采用了传统方法来登记固定资产的账簿和折旧，尤其在折旧额的计算方面，要进行逐个固定资产的辨别和大量的运算，此种方法不仅烦琐还容易出错，如果运用Excel软件来管理企业的固定资产，只需先设置好基础数据表，再设计出固定资产的卡片的样式，就可以进行固定资产各类信息表的编制啦，此种方法不仅简单不易出错，还能节省出大量重复计算的时间。于是刘全能同学进行思索，他如何教会老会计运用Excel软件进行固定资产的日常管理呢？

情景目标

初学者通过完成本项目的工作任务，能够运用Excel软件进行固定资产信息化管理，并掌握编制和查询的技巧。如：应用公式和函数计算固定资产折旧表，应用数据的查询和分析功能进行固定资产相关数据的查询等，熟悉Excel软件在固定资产管理中应用，为其他的财务工作奠定坚实的基础。

情景分析

刘全能为实现企业运用Excel软件来完成固定资产管理工作的目标，通过创建“固定资产的管理信息系统”，编制“固定资产日常管理工作簿”和“固定资产卡片管理工作簿”，从而熟悉和掌握如何运用Excel软件来编制固定资产的相关表格与实际操作方法。

工作步骤

1. 创建“固定资产管理信息系统”
2. 编制“固定资产日常管理工作簿”
3. 编制“固定资产卡片管理工作簿”

任务 1　创建固定资产管理信息系统

任务情景

刘全能同学为了更好地开展固定资产管理的工作制定了一系列的工作计划，创建“固定资产信息管理系统”是运用 Excel 进行固定资产管理的第一步，于是他开始与各部门进行沟通、联系，确定了固定资产信息管理系统的框架内容。根据领导指示，刘全能同学除了要建立“固定资产信息管理系统”外，还要教会老会计运用 Excel 软件进行企业固定资产的管理工作，他如何教会老会计独立完成“固定资产信息管理系统”的初步建立工作呢？

情景目标

为了完成此项工作任务，刘全能为老会计准备了纸质版的基础数据表和框架结构图，以便于老会计能按照表格内容，运用 Excel 软件构建固定资产信息管理系统的框架，为后期固定资产信息管理打下基础。

扫一扫：了解固定资产管理流程

情景分析

刘全能在搜集资料时发现，辉煌电脑公司的固定资产管理工作，主要包括固定资产的采购、日常管理、折旧的计提、折旧费用的分配、固定资产的报废、出售及固定资产折旧卡片的登记工作等。因此，刘全能为公司设计了包括固定资产基础数据、日常管理、折旧卡片的登记等在内的固定资产管理信息系统。本任务主要是老会计要根据刘全能搜集出的辉煌电脑公司固定资产的相关资料和要求，分步骤完成固定资产管理信息系统的构建工作。

情景资料

企业 2020 年 2 月固定资产的基础信息资料如下：

【资料 1】辉煌电脑公司资产类别编码表及部门编码表如图 2－1、图 2－2 所示。

辉煌电脑公司资产类别编码表

类别编号	资产类别名称	净残值率	使用年限	折旧方法
011	房屋建筑物	5%	20 年	直线法
021	办公设备	3%	3 年	双倍余额递减法
031	运输设备	4%	10 万千米	工作量法
041	生产设备	4%	10 年	年数总和法

图 2－1　企业资产类别编码表

辉煌电脑公司部门代码表

<table>
<tr><th>部门编号</th><th>部门名称</th><th>部门分类</th></tr>
<tr><td>1</td><td>厂办</td><td rowspan="4">管理部门</td></tr>
<tr><td>2</td><td>财务科</td></tr>
<tr><td>3</td><td>人事科</td></tr>
<tr><td>4</td><td>供应科</td></tr>
<tr><td>5</td><td>销售科</td><td>销售部门</td></tr>
<tr><td>6</td><td>加工车间</td><td rowspan="3">生产部门</td></tr>
<tr><td>7</td><td>装配车间</td></tr>
<tr><td>8</td><td>机修车间</td></tr>
</table>

图 2－2　公司部门代码表

扫一扫：企业固定资产的增加方式、减少方式与使用

【资料 2】：辉煌电脑公司固定资产一览表如图 2－3 所示。

辉煌电脑公司固定资产一览表

使用部门	资产类别	名称	规格型号	计量单位	增加方式	使用状态	始用日期	原值（元）
厂办	房屋建筑物	办公楼	A 座	座	在建工程转入	在用未提足折旧	2003/1/1	570 000.00
销售科	房屋建筑物	办公楼	B 座	座	在建工程转入	在用未提足折旧	2003/6/1	600 000.00
加工车间	房屋建筑物	厂房	加工车间	座	在建工程转入	在用未提足折旧	2003/1/1	230 000.00
机修车间	房屋建筑物	厂房	机修车间	座	在建工程转入	在用未提足折旧	2004/1/1	150 000.00
装配车间	房屋建筑物	厂房	装配车间	座	在建工程转入	在用未提足折旧	2004/1/1	170 000.00
供应科	房屋建筑物	仓库	原材料库	座	在建工程转入	在用未提足折旧	2004/1/1	200 000.00
供应科	房屋建筑物	仓库	半成品库	座	在建工程转入	在用未提足折旧	2004/1/1	100 000.00
销售科	房屋建筑物	仓库	库存商品库	座	在建工程转入	在用未提足折旧	2009/1/1	100 000.00
厂办	办公设备	电脑	畅想 189	台	自制产品领用	在用未提足折旧	2018/2/3	8 400.00
厂办	办公设备	电脑	畅想 1189	台	自制产品领用	在用未提足折旧	2018/2/4	8 400.00
财务科	办公设备	电脑	欢想 B80	台	自制产品领用	在用未提足折旧	2019/10/1	5 000.00
财务科	办公设备	电脑	欢想 C80	台	自制产品领用	在用未提足折旧	2018/5/1	6 500.00
供应科	办公设备	电脑	盛强 08	台	直接购入	在用未提足折旧	2018/2/1	6 800.00
人事科	办公设备	电脑	盛强 09	台	直接购入	在用未提足折旧	2019/1/1	5 800.00
厂办	办公设备	复印机	惠普 B120	台	直接购入	在用未提足折旧	2017/8/15	13 000.00
财务科	办公设备	打印机	惠普云打印	台	直接购入	在用未提足折旧	2019/10/2	5 300.00
供应科	办公设备	打印机	惠普 H808	台	直接购入	在用未提足折旧	2018/5/16	3 800.00

使用部门	资产类别	名称	规格型号	计量单位	增加方式	使用状态	始用日期	原值（元）
销售科	办公设备	电脑	盛强 08	台	直接购入	在用未提足折旧	2018/2/1	6 800.00
销售科	办公设备	打印机	联想 120	台	直接购入	在用未提足折旧	2019/10/12	4 580.00
加工车间	办公设备	电脑	盛强 09	台	直接购入	在用未提足折旧	2019/1/1	5 800.00
装配车间	办公设备	电脑	欢想 C80	台	自制产品领用	在用未提足折旧	2018/5/1	6 500.00
机修车间	办公设备	电脑	盛强 08	台	直接购入	在用未提足折旧	2018/2/1	6 800.00
供应科	办公设备	电脑	盛强 09	台	直接购入	在用未提足折旧	2019/1/1	5 800.00
厂办	运输设备	轿车	奥迪 A6	辆	自制产品领用	在用未提足折旧	2019/4/9	358 000.00
供应科	运输设备	汽车	金杯汽车	辆	直接购入	在用但已提足折旧	2015/12/1	140 000.00
销售科	运输设备	汽车	解放汽车	辆	直接购入	在用未提足折旧	2016/5/6	230 000.00
加工车间	生产设备	主板生产流水线		组	直接购入	在用未提足折旧	2013/1/1	350 000.00
加工车间	生产设备	硬盘生产流水线		组	直接购入	在用未提足折旧	2014/1/1	420 000.00
加工车间	生产设备	显示器生产流水线		组	直接购入	在用未提足折旧	2015/1/1	510 000.00
加工车间	生产设备	电脑机箱外壳涂装生产线		组	直接购入	在用未提足折旧	2015/1/1	240 000.00
装配车间	生产设备	轧板机		台	直接购入	在用未提足折旧	2015/1/1	51 000.00
装配车间	生产设备	切割机		台	直接购入	在用未提足折旧	2015/1/1	26 000.00
机修车间	生产设备	热压机		台	直接购入	在用未提足折旧	2013/1/1	10 000.00
机修车间	生产设备	熔接机		台	直接购入	在用未提足折旧	2015/1/1	23 000.00
合计								4 577 280.00

图 2－3　企业固定资产一览表

【资料 3】：辉煌电脑公司 2020 年 2 月固定资产共发生以下几项业务。

21 日：公司以 3 000 元/台的价格购入两台空调，增值税为 780 元，货款以银行存款支付，空调已安装投入使用，该资产按照办公设备管理。

25 日：公司将编号为 4021023 的盛强 09 电脑由供应科调拨给财务科使用。

28 日：公司将编号为 1031024 的奥迪 A6 汽车以 280 000 元的价格出售给腾飞有限公司，该汽车原值 358 000 元，已提折旧 30 931.20 元，车已提走，过户手续下月初办理，款项已存入银行。

【要求】：

1）根据辉煌电脑公司固定资产资料，运用 Excel 为企业创建固定资产管理系统；

2）运用 Excel 完成 2020 年 2 月辉煌电脑公司固定资产日常管理相关表格数据的编制；

3）运用 Excel 完成辉煌电脑公司 2020 年 2 月 29 日前各类固定资产卡片的编制。

工作任务

【要求】创建“固定资产管理信息系统”。

工作步骤

1）在桌面上，单击右键创建一个新的文件夹，命名为“辉煌电脑公司固定资产信息管理系统”。

2）双击打开“辉煌电脑公司固定资产信息管理系统”；单击右键，创建一张新的 Excel 表，更名为“固定资产日常管理工作簿”，然后，按照刚才的方法，再新建一个文件夹，更名为“固定资产卡片管理系统”，双击新建的系统，单击右键，分别新建 4 个 Excel 表，更名为“直线法下固定资产卡片”“工作量法下固定资产卡片”“双倍余额递减法下固定资产卡片”“年数总和法下固定资产卡片”，这样固定资产卡片管理系统的雏形基本完成。

3）然后按返回键，退回到“辉煌电脑公司固定资产信息管理系统”的文件夹中，这样，辉煌电脑公司的固定资产管理信息库框架就初步建立了。

扫一扫：观看创建“固定资产管理信息系统”的视频。

任务 2　编制“固定资产日常管理工作簿”

任务情景

“固定资产日常管理工作簿”是固定资产管理信息系统中非常重要的工作簿，这些都是企业进行固定资产管理的重要依据。根据领导指示，刘全能除了要运用 Excel 软件建立“固定资产日常管理工作簿”外，还要教会老会计如何运用 Excel 软件进行企业固定资产日常管理工作，他如何教会老会计独立完成“固定资产日常管理工作簿”的建立与应用呢？

情景目标

初学者通过完成本工作任务的学习，能够根据企业固定资产数据，运用Excel软件为企业创建“固定资产日常管理工作簿”，并进行日常的固定资产的管理。

情景分析

“固定资产日常管理工作簿”是它囊括了固定资产日常管理的全部信息，包括固定资产的基础数据、折旧计提、变动信息、折旧费用分配与比较分析等，这些信息能为辉煌电脑公司的固定资产保管部门和使用部门提供决策的依据，也减轻了日常管理繁复的核算工作。

工作任务

【要求】创建“固定资产日常管理工作簿”。

预备知识及技能

第一步：创建固定资产日常管理工作簿。

创建固定资产日常管理工作簿框架，是完成固定资产日常管理工作簿编制的第一步，经刘全能规划，辉煌电脑公司固定资产日常管理工作簿包括：页面、资产类别表、部门代码表、固定资产一览表、固定资产清单、月折旧额计提表、月折旧费用分配表与分析图、固定资产变动表。

工作步骤

1）在桌面上找到已经创建过的“辉煌电脑公司固定资产信息管理工作簿”，双击打开，再选择“固定资产日常管理工作簿”的Excel，双击打开。

2）单击工作簿下方工作表标签位置的插入表格图标，插入新工作表Sheet 2 ~ Sheet 8。

3）将新添加的8张表格按顺序重命名为“页面”“资产类别编号表”“部门代码表”“固定资产一览表”“固定资产清单”“月折旧额计提表”“月折旧费用分配表与分析图”“固定资产变动表”并添加表格标签颜色。

扫一扫：创建“固定资产日常管理工作簿”视频

第二步：编制固定资产日常管理工作簿页面。

创建一个漂亮的固定资产日常管理工作簿页面，设置多个快捷键并与相关工作表格超链接，这样既美化工作界面，又提高工作效率。

工作任务

【要求】依据资料编制“工资基础资料表”。

工作步骤

1）打开“辉煌电脑公司日常资料管理工作簿”，然后单击下方“页面”标签，打开“页面”工作表格。

2）单击选择菜单栏中“插入”¦“图片”，选择“插入图片”的路径，插入自己喜欢的图片。

3）选择“插入”菜单栏¦“形状”，选择“矩形”，然后双击，录入“辉煌电脑公司日常资料管理工作簿”，然后选择艺术字样式，字体改为“华文琥珀”“44 号”“加粗”，然后双击边框，选择“形状填充”为“无填充颜色”，选择“形状轮廓”为“无轮廓”。按照刚才的方法，分别选择 7 个圆角矩形，选择自己喜欢的“形状填充”的颜色，字体选择艺术字的样式，并逐一将其内容分别命名为“资产类别编号表”“部门代码表”“固定资产一览表”“固定资产清单”“月折旧额计提表”“月折旧费用分配表与分析图”“固定资产变动表”，再调整字体的大小和颜色样式，可以充分地利用形状的填充、轮廓、效果和文本的填充、轮廓和效果选项，设计出自己满意的效果。

4）选择“资产类别表”，单击右键，在弹出的快捷菜单中选择“超链接”按钮，打开超链接，在“插入超链接”对话框中选择“在本文档中的位置”，选择“资产类别表”，然后单击“确定”按钮，超链接就设置好了，按照这种方法，分别为“部门代码表”“固定资产一览表”“固定资产清单”“月折旧额计提表”“月折旧费用分配表与分析图”“固定资产变动表”设置超链接。

成果展示（如图 2－4 所示）：

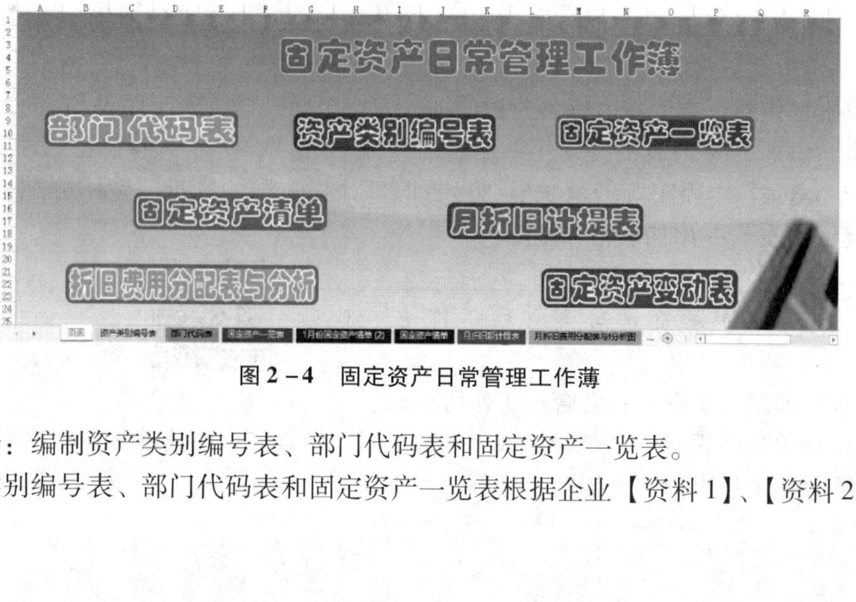

图 2－4　固定资产日常管理工作簿

第三步：编制资产类别编号表、部门代码表和固定资产一览表。

资产类别编号表、部门代码表和固定资产一览表根据企业【资料 1】、【资料 2】和【资料 3】进行编制，这些数据构成了固定资产日常管理的基础数据表。

扫一扫：了解企业固定资产编号分类管理制度

扫一扫：如何利用单元格添加下拉列表的方法

工作任务

【要求】编制“资产类别编号表”“部门代码表”和“固定资产一览表”。

工作步骤

1）首先编制“资产类别编号表”，先打开该表，选择 B1：F1 区域，进行合并居中，录入“辉煌电脑公司资产类别编号表”，随后单击右键，选择单元格格式，字体为宋体，12 号字，下划线为“会计用双下划线”；然后选择 B2：F6 区域，并添加“所有框线”，依次在 B1 单元格到 F1 单元格录入“类别编号”“资产类别”“净残值率”“使用年限”“折旧方法”；B3：F6 的数据按照【资料 1】的内容录入即可，最后美化一下表格设置。

2）编制“部门代码表”的方法参照上面的方法，就不再赘述了。

3）编制“固定资产一览表”。

①打开“固定资产一览表”，按照【资料 3】的内容设置表头和表格的框架内容。

②在 B3、C3、F3、G3、H3 单元格，采用“数据”｜“数据验证”进行设置，将 B3 的“来源”设置为“厂办，财务科，人事科，供应科，销售科，加工车间，装配车间，机修车间”；C3 的“来源”设置为“房屋建筑物，办公设备，运输设备，生产设备”；F3 的“来源”设置为“座，台，辆，组”；G3 的“来源”设置为“在建工程转入，直接购入，接受捐赠，自制产品领用”；H3 的“来源”设置为“在用未提足折旧，在用但已提足折旧，不需用，未使用，报废”，然后进行列项自动填充即可。

③其他信息根据【资料 3】的内容输入相应的内容即可。

第四步：编制固定资产清单。

我们在编制固定资产清单时一定要先明确固定资产计提的原则和相关的函数，只有这样我们才能熟练地应用规则为企业快速、准确地提供固定资产的相关信息。

1. 计提折旧的原则

企业应当按月计提固定资产折旧，当月增加的固定资产，当月不计提折旧，从下月起计提折旧；当月减少的固定资产，当月仍计提折旧，从下月起停止计提折旧。提足折旧后，不管能否继续使用，均不再提取折旧；提前报废的固定资产，也不再补提折旧。

2. 相关函数的介绍

1）返回当前日期函数。

（1）函数用途：返回计算机系统的当前日期。

（2）函数用法：TODAY（）。

（3）参数说明：该函数没有参数，但必须要有（）。在单元格之间输入 TODAY（）函数，即返回系统日期，所以通过修改系统日期即可改变显示的日期。

2）YEAR（）和 MONTH（）函数。

YEAR（）返回某日期对应的年份；MONTH（）返回某日期对应的月份；DAY（）返回某日期对应的当月的天数。

3）INT（）函数。

（1）函数用途：将数字向下舍入到最接近的整数。

（2）函数语法：INT（number）。

（3）参数说明：number 参数表示需要进行向下舍入取整的实数。

例如：INT（8.9）表示将 8.9 向下舍入到最接近的整数 8，INT（-8.9）表示将 -8.9 向下舍入到最接近的整数 -9。

4）折旧函数。

（1）直线折旧函数：SLN（）。

①函数用途：用来返回某项资产在一个期间中的线性折旧值。

②函数语法：SLN（cost，salvage，life）。

③参数说明：Cost 为资产原值；Salvage 为资产在折旧期末的价值（也称为资产残值）；Life 为折旧期限（也称作资产的使用寿命）。

例如：SLN（80 000，80 000×5%，5），表示平均法下原值 80 000 元、残值 4 000 元、使用期限为 5 年的固定资产各年的折旧额。

（2）双倍余额递减法函数：DDB（）。

①函数用途：是基于双倍余额递减法或其他的指定方法返回一笔资产在给定时期内的折旧值。

②函数语法：DDB（cost，salvage，life，period，factor）。

③参数说明：Cost 为资产原值；Salvage 为资产在折旧期末的价值（也称为资产残值）。此值可以是 0；Life 为折旧期限（也称作资产的使用寿命）；Period 为需要计算折旧值的期间，Period 必须使用与 life 相同的单位；Factor 为余额递减速率。如果 factor 被省略，则假设为 2（双倍余额递减法）。

例如：DDB（80 000，80 000×5%，5，1）表示原值 80 000 元，净残值率 5%，折旧期限 5 年，双倍余额递减法下第 1 年的折旧额。根据现行会计制度的规定，采用双倍余额递减法时，最后 2 年应采用年限平均法计算折旧，所以前期折旧的计提使用 DDB 函数的使用，最后 2 年应改用 SLN 函数。

（3）年数总和法函数：SYD（）。

①函数用途：基于年限总和法返回某项资产在指定期间的折旧值。

②函数语法：SYD（cost，salvage，1ife，period）。

③参数说明：Cost 为资产原值；Salvage 为资产在折旧期末的价值（也称为资产残值）；

Life 为折旧期限（也称作资产的使用寿命）；Period 为期间，其单位与 life 相同。

例如：SYD（50 000 2 000，5，3）表示原值是 50 000 元，净残值 2 000 元，折旧期限 5 年，年数总和法下第 3 年的折旧额。

扫一扫：了解 If 条件函数的应用

工作任务

【要求】编制“固定资产清单”。

工作步骤

1）打开“固定资产日常管理工作簿”，点击下面的“固定资产清单”的标签，然后根据企业固定资产基础资料的内容，来设计固定资产清单的格式和内容。

2）选择 B1 – U1 单元格，进行合并居中后，输入“辉煌电脑公司固定资产清单”这个工作表的题目，然后选择自己喜欢的字体和大小并进行居中对齐，随后选择字体中的会计专用双下划线。

3）将“资产编号、使用部门、资产类别、名称、规格型号、计量单位、增加方式、减少方式、使用状态、使用年限、使用日期、原值、残值率、净残值、已计提折旧、当前日期、已使用期数、本期实际工作量、折旧方法、当月折旧额”等信息依次录入到 B2 – U2 单元格中，再选中填写表格边框的范围，选中 B2 到 U36，选择开始菜单栏下的边框按钮，选择喜欢的边框格式即可。

4）“资产编号”的单元格格式应为“文本”型，先按住 Ctrl + 1 键弹出单元格格式，然后选择“文本”型，再进行下拉填充，将整个的资产编号都变为文本型的格式，随后进行资产编号的具体编写，B3 单元格的资产编号要“结合部门代码”“资产类别编号表”的内容进行编辑，依据的方法为“使用部门编码 + 资产类别编码 + 资产序号”，以厂办使用的房屋建筑物——办公楼为例，厂办的部门编码为 1，房屋建筑物的资产编码为 011，办公楼的资产序号为 001，所以资产编号为 1011001，其他的资产编号的方法同上。“使用部门、资产类别、名称、规格型号、单位、增加方式、使用状态、使用日期和原值”等内容都采用“引用其他表格数据”的方式进行填列，以使用部门数据的填写为例，具体方法为：选中使用部门所在的单元格即 C3，按下键盘上的“ = ”键，并单击同一个工作簿中“固定资产一览表”标签，再选择该工作表中使用部门所在的单元格即 B3，单击后回车即可。

5）对同列的数据进行下拉菜单的拖拽，这一列的使用部门的信息就引用好了。再采用相同的方法将资产类别、名称、规格型号、单位、增加方式、使用状态、使用日期和原值的内容进行填列。

6）“减少方式”，以 I3 为例，单击单元格然后单击“数据”菜单栏下的“数据验证”，进入数据验证对话框，选择“设置”下的验证条件为“序列”，来源输入“无，调拨，出售，报废”，单击“确定”即可，再拖动列的填充柄，将公式复制到该列的其他单元格中。

7）“净残值”所在列的信息，根据公式：净残值 = 原值 × 残值率，在 O3 中输入“ = ”，点击原值对应的单元格为 M3，输入乘号“ * ”，再点击“净残值率”对应的单元格 N3，最后敲击回车键，再拖动列填充柄，将公式复制到该列的其他单元格中。

8）“已提折旧额”，即 P 列的录入，根据折旧的计提方法来进行分类处理。

如果折旧计提的方法采用的是直线法，以 P3 为例，输入的公式为 = SLN（M3，O3，K3）* R3/12，后面采用直线法的固定资产的已提折旧额向下拖拽，自动填充即可。

如果折旧计提的方法采用的是双倍余额递减法，以 P11 为例，输入的公式为 = IF（R11 < = 12，DDB（M11，O11，K11，1）* R11/12，DDB（M11，O11，K11，1）+（M11 - DDB（M11，O11，K11，1）- O11）/2 *（R11 - 12）/12），后面采用双倍余额递减法的固定资产的已提折旧额向下拖拽，自动填充即可。

如果折旧计提的方法采用的是工作量法，以 P26 为例，输入的公式为 = = IF（J26 = “在用已提足折旧”，M26 - O26，（M26 - O26）/K26 * R26），后面采用双倍工作量法的固定资产的已提折旧额向下拖拽，自动填充即可。

如果折旧计提的方法采用的是年数总和法，根据企业固定资产卡片直接录入即可。

9）录入“当前日期”，由于要编制的是 2020 年 2 月的固定资产清单，因此当前的时间为“2020/02/29”，可以采用直接录入法，也可以采用函数录入法。如果是直接录入的要先选择定义日期格式的区域，再按快捷键“Ctrl + 1”，弹出单元格格式，选择“自定义”格式，输入“yyyy - mm - dd”，再按“确定”，之后进行录入，然后再拖动列填充柄，将日期和公式复制到该列的其他单元格中。

10）“已使用期数”，采用公式法：在已使用期数的当前单元格 R3 中输入“ = （YEAR（Q3）- YEAR（L3））* 12 +（MONTH（Q3）- MONTH（L3））- 1”，这样已使用的期数就自动算出来了，再拖动列的填充柄，除 R26:R28 外，将公式复制到该列的其他单元格中，而 R26:R28 单元格需要录入已使用的工作量即可。

11）“本期的实际工作量”和“折旧的方法”依据的是 2020 年 1 月运输设备的实际行驶里程进行录入，而“折旧的方法”是先选中 T3 单元格，然后单击“数据”菜单栏下的“数据验证”，进入到数据验证对话框，选择“设置”下的验证条件为“序列”，来源输入“直线法，工作量法，双倍余额递减法，年数总和法”，单击“确定”即可，再拖动列的填充柄，将公式复制到该列的其他单元格中，并进行逐个资产折旧方法的选择。

12）“当月的折旧额”要用到 IF 语句是用来判断资产是否已经提足折旧，如果满足条件，本月就不用再计提折旧额了，金额为“0”，如果不满足条件还需计提，就会涉及折旧函数的应用。

如果资产类别为“房屋建筑物”，则应“直线法”来计提折旧，用 SLN 函数求得本期的折旧额，以 U3 为例：应输入的公式为 IF（U3 = “在用但已提足折旧”，0，SLN（M3，O3，K3）/12 * 1），后面采用直线法的固定资产的月折旧额向下拖拽，自动填充即可。

如果资产类别为“办公设备”，则应“双倍余额递减法”来计提折旧，用 DDB 函数，以 U11 为例：应输入的公式为 = IF（R11 < = 12，DDB（M11，O11，K11，1）/12，（M11 - DDB（M11，O11，K11，1）- O11）/2/12），后面采用双倍余额递减法的固定资产的月折旧额向下拖拽，自动填充即可。

如果资产类别为“运输设备”，则应“工作量法”来计提折旧，以 U26 为例：应输入的

公式为 = IF（J26 = “在用但已提足折旧”，0，（M26 – O26）/K26 ∗ S26），后面采用工作量法的固定资产的月折旧额向下拖拽，自动填充即可。

如果资产类别为“生产设备”，则应“年数总和法”来计提折旧，用SYD函数，以U29为例，应输入的公式为 = IF（J29 = “在用但已提足折旧”，0，SYD（M29，O29，K29，YEAR（Q29）– YEAR（L29））∗ 1/12），后面采用年数总和法的固定资产的月折旧额向下拖拽，自动填充即可。

扫一扫：观看“固定资产清单”的编制视频

成果展示（如图 2 – 5 所示）：

第五步：编制“月折旧额计提表”。

工作任务

【要求】编制“月折旧额计提表”。

工作步骤

1）打开“固定资产日常管理工作簿”中的“月折旧额计提表”，选中B1至L1区域，进行合并居中，输入表头“辉煌电脑公司月折旧额计提表”，选择自己喜欢的字体和字号，并选中表头点击会计专用双下划线即可。

2）选中B2至L2区域，进行合并居中，输入TODAY（），回车，显示系统时间为2020/2/29，也就是本月计提固定资产折旧的时间。

3）根据固定资产清单和年折旧额计算表，来设计月折旧额计提表，在B3至L3单元格分别录入“资产编号”“使用部门”“名称”“规格型号”“使用年限”“原值”“净残值”“月折旧额”“折旧方法”“对应科目”。

4）引用固定资产清单的“资产编号”“使用部门”“名称”“规格型号”“使用年限”“原值”“净残值”“折旧方法”，操作方法同上一个任务一致。

5）“月折旧额”方法与固定资产清单里的月折旧额一致，再拖动列填充柄，将公式复制到该列的其他单元格中。

6）“对应科目”，单击L3单元格，输入 = IF（C4 = “厂办”，“管理费用”，IF（C4 = “供应科”，“管理费用”，IF（C4 = “人事科”，“管理费用”，IF（C4 = “销售科”，“销售费用”，“制造费用”）））），再拖动列填充柄，将公式复制到该列的其他单元格中。

7）设置并美化工作表格，如图 2 – 6 所示。

辉煌电脑公司固定资产清单

资产编号	使用部门	资产类别	名称	规格型号	计量单位	增加方式	减少方式	使用状态	使用年限	始用日期	原值（元）	残值率	净残值	已计提折旧	当前日期	已使用期数	本期实际工作量	折旧方法	当月折旧额（元）
1011001	厂办	房屋建筑物	办公楼	A座	座	在建工程转入	无	在用未提足折旧	20	2003/1/1	570 000.00	5.00%	28 500.00	460 275.00	2020/02/29	204		直线法	2 256.25
5011002	销售科	房屋建筑物	办公楼	B座	座	在建工程转入	无	在用未提足折旧	20	2003/6/1	600 000.00	5.00%	30 000.00	472 625.00	2020/02/29	199		直线法	2 375.00
6011003	加工车间	房屋建筑物	厂房	加工车间	座	在建工程转入	无	在用未提足折旧	20	2003/1/1	230 000.00	5.00%	11 500.00	185 725.00	2020/02/29	204		直线法	910.42
7011004	机修车间	房屋建筑物	厂房	机修车间	座	在建工程转入	无	在用未提足折旧	20	2004/1/1	150 000.00	5.00%	7 500.00	114 000.00	2020/02/29	192		直线法	593.75
8011005	装配车间	房屋建筑物	厂房	装配车间	座	在建工程转入	无	在用未提足折旧	20	2004/1/1	170 000.00	5.00%	8 500.00	129 200.00	2020/02/29	192		直线法	672.92
4011006	供应科	房屋建筑物	仓库	原材料库	座	在建工程转入	无	在用未提足折旧	20	2004/1/1	200 000.00	5.00%	10 000.00	152 000.00	2020/02/29	192		直线法	791.67
4011007	供应科	房屋建筑物	仓库	半成品库	座	在建工程转入	无	在用未提足折旧	20	2004/1/1	100 000.00	5.00%	5 000.00	76 000.00	2020/02/29	192		直线法	395.83
5011008	销售科	房屋建筑物	仓库	库存商品库	座	在建工程转入	无	在用未提足折旧	20	2009/1/1	100 000.00	5.00%	5 000.00	52 250.00	2020/02/29	132		直线法	395.83
1021009	厂办	办公设备	电脑	畅想189	台	自制产品领用	无	在用未提足折旧	3	2018/2/3	8 400.00	3.00%	252.00	6 767.83	2020/02/29	23		双倍余额递减法	106.17
1021010	厂办	办公设备	电脑	畅想1189	台	自制产品领用	无	在用未提足折旧	3	2018/2/4	8 400.00	3.00%	252.00	6 767.83	2020/02/29	23		双倍余额递减法	106.17
2021011	财务科	办公设备	电脑	欢想B80	台	自制产品领用	无	在用未提足折旧	3	2019/10/1	5 000.00	3.00%	150.00	833.33	2020/02/29	3		双倍余额递减法	277.78
2021012	财务科	办公设备	电脑	欢想C80	台	自制产品领用	无	在用未提足折旧	3	2018/5/1	6 500.00	3.00%	195.00	4 990.56	2020/02/29	20		双倍余额递减法	82.15
4021013	供应科	办公设备	电脑	盛强08	台	直接购入	无	在用未提足折旧	3	2018/2/1	6 800.00	3.00%	204.00	5 478.72	2020/02/29	23		双倍余额递减法	85.94
3021014	人事科	办公设备	电脑	盛强09	台	直接购入	无	在用未提足折旧	3	2019/1/1	5 800.00	3.00%	174.00	3 866.67	2020/02/29	12		双倍余额递减法	322.22
1021015	厂办	办公设备	复印机	惠普B120	台	直接购入	无	在用未提足折旧	3	2017/8/15	13 000.00	3.00%	390.00	11 459.86	2020/02/29	29		双倍余额递减法	164.31
2021016	财务科	办公设备	打印机	惠普云打印	台	直接购入	无	在用未提足折旧	3	2019/10/2	5 300.00	3.00%	159.00	883.33	2020/02/29	3		双倍余额递减法	294.44
4021017	供应科	办公设备	打印机	惠普M808	台	直接购入	无	在用未提足折旧	3	2018/5/16	3 800.00	3.00%	114.00	2 917.56	2020/02/29	20		双倍余额递减法	48.03
5021018	销售科	办公设备	电脑	盛强08	台	直接购入	无	在用未提足折旧	3	2018/2/1	6 800.00	3.00%	204.00	5 478.72	2020/02/29	23		双倍余额递减法	85.94
5021019	销售科	办公设备	打印机	联想120	台	直接购入	无	在用未提足折旧	3	2019/10/12	4 580.00	3.00%	137.40	763.33	2020/02/29	3		双倍余额递减法	254.44

辉煌电脑公司固定资产清单

资产编号	使用部门	资产类别	名称	规格型号	计量单位	增加方式	减少方式	使用状态	使用年限	始用日期	原值（元）	残值率	净残值	已计提折旧	当前日期	已使用期数	本期实际工作量	折旧方法	当月折旧额（元）
6021020	加工车间	办公设备	电脑	盛强09	台	直接购入	无	在用未提足折旧	3	2019/1/1	5 800.00	3.00%	174.00	3 866.67	2020/02/29	12		双倍余额递减法	322.22
7021021	装配车间	办公设备	电脑	欢想C80	台	自制产品领用	无	在用未提足折旧	3	2018/5/1	6 500.00	3.00%	195.00	4 990.56	2020/02/29	20		双倍余额递减法	82.15
8021022	机修车间	办公设备	电脑	盛强08	台	直接购入	无	在用未提足折旧	3	2018/2/1	6 800.00	3.00%	204.00	5 478.72	2020/02/29	23		双倍余额递减法	85.94
4021023	供应科	办公设备	电脑	盛强09	台	直接购入	无	在用未提足折旧	3	2019/1/1	5 800.00	3.00%	174.00	3 866.67	2020/02/29	12		双倍余额递减法	322.22
1031024	厂办	运输设备	轿车	奥迪A6	辆	自制产品领用	无	在用未提足折旧	100 000	2019/4/9	358 000.00	4.00%	14 320.00	343 680.00	2020/02/29	6 000	1 500	工作量法	5 155.20
4031025	供应科	运输设备	汽车	金杯汽车	辆	直接购入	无	在用但已提足折旧	100 000	2015/12/1	140 000.00	4.00%	5 600.00	134 400.00	2020/02/29	100 000	4 500	工作量法	0.00
5031026	销售科	运输设备	汽车	解放汽车	辆	直接购入	无	在用未提足折旧	100 000	2016/5/6	230 000.00	4.00%	9 200.00	172 224.00	2020/02/29	78 000	3 600	工作量法	7 948.80
6041027	加工车间	生产设备	主板生产流水线		组	直接购入	无	在用未提足折旧	10	2013/1/1	350 000.00	4.00%	14 000.00	297 309.09	2020/02/29	84		年数总和法	2 036.36
6041028	加工车间	生产设备	硬盘生产流水线		组	直接购入	无	在用未提足折旧	10	2014/1/1	420 000.00	4.00%	16 800.00	328 669.09	2020/02/29	72		年数总和法	3 054.55
6041029	加工车间	生产设备	显示器生产流水线		组	直接购入	无	在用未提足折旧	10	2015/1/1	510 000.00	4.00%	20 400.00	356 072.73	2020/02/29	60		年数总和法	4 450.91
6041030	加工车间	生产设备	电脑机箱外壳涂装生产线		组	直接购入	无	在用未提足折旧	10	2015/1/1	240 000.00	4.00%	9 600.00	167 563.64	2020/02/29	60		年数总和法	2 094.55
7041031	装配车间	生产设备	轧板机		台	直接购入	无	在用未提足折旧	10	2015/1/1	51 000.00	4.00%	2 040.00	35 607.27	2020/02/29	60		年数总和法	445.09
7041032	装配车间	生产设备	切割机		台	直接购入	无	在用未提足折旧	10	2015/1/1	26 000.00	4.00%	1 040.00	18 152.73	2020/02/29	60		年数总和法	226.91
8041033	机修车间	生产设备	热压机		台	直接购入	无	在用未提足折旧	10	2013/1/1	10 000.00	4.00%	400.00	8 494.55	2020/02/29	84		年数总和法	58.18
8041034	机修车间	生产设备	熔接机		台	直接购入	无	在用未提足折旧	10	2015/1/1	23 000.00	4.00%	920.00	16 058.18	2020/02/29	60		年数总和法	200.73

图 2－5　固定资产清单

辉煌电脑公司固定资产月折旧额计提表

2020年2月29日

资产编号	使用部门	名称	规格型号	使用年限	原值（元）	净残值（元）	本期工作量	月折旧额（元）	折旧方法	对应科目
1011001	厂办	办公楼	A座	20	570 000.00	28 500.00		2 256.25	直线法	管理费用
5011002	销售科	办公楼	B座	20	600 000.00	30 000.00		2 375.00	直线法	销售费用
6011003	加工车间	厂房	加工车间	20	230 000.00	11 500.00		910.42	直线法	制造费用
7011004	机修车间	厂房	机修车间	20	150 000.00	7 500.00		593.75	直线法	制造费用
8011005	装配车间	厂房	装配车间	20	170 000.00	8 500.00		672.92	直线法	制造费用
4011006	供应科	仓库	原材料库	20	200 000.00	10 000.00		791.67	直线法	管理费用
4011007	供应科	仓库	半成品库	20	100 000.00	5 000.00		395.83	直线法	管理费用
5011008	销售科	仓库	库存商品库	20	100 000.00	5 000.00		395.83	直线法	销售费用
1021009	厂办	电脑	畅想189	3	8 400.00	252.00		106.17	双倍余额递减法	管理费用
1021010	厂办	电脑	畅想1189	3	8 400.00	252.00		106.17	双倍余额递减法	管理费用
2021011	财务科	电脑	欢想B80	3	5 000.00	150.00		277.78	双倍余额递减法	制造费用
2021012	财务科	电脑	欢想C80	3	6 500.00	195.00		82.15	双倍余额递减法	制造费用
4021013	供应科	电脑	盛强08	3	6 800.00	204.00		85.94	双倍余额递减法	管理费用
3021014	人事科	电脑	盛强09	3	5 800.00	174.00		322.22	双倍余额递减法	管理费用
1021015	厂办	复印机	惠普B120	3	13 000.00	390.00		164.31	双倍余额递减法	管理费用
2021016	财务科	打印机	惠普云打	3	5 300.00	159.00		294.44	双倍余额递减法	制造费用
4021017	供应科	打印机	惠普H808	3	3 800.00	114.00		48.03	双倍余额递减法	管理费用
5021018	销售科	电脑	盛强08	3	6 800.00	204.00		85.94	双倍余额递减法	销售费用
5021019	销售科	打印机	联想120	3	4 580.00	137.40		254.44	双倍余额递减法	销售费用
6021020	加工车间	电脑	盛强09	3	5 800.00	174.00		322.22	双倍余额递减法	制造费用
7021021	装配车间	电脑	欢想C80	3	6 500.00	195.00		82.15	双倍余额递减法	制造费用
8021022	机修车间	电脑	盛强08	3	6 800.00	204.00		85.94	双倍余额递减法	制造费用
4021023	供应科	电脑	盛强09	3	5 800.00	174.00		322.22	双倍余额递减法	管理费用
1031024	厂办	轿车	奥迪A6	100 000	358 000.00	14 320.00	1 500	5 155.20	工作量法	管理费用
4031025	供应科	汽车	金杯汽车	100 000	140 000.00	5 600.00	4 500	0.00	工作量法	管理费用
5031026	销售科	汽车	解放汽车	100 000	230 000.00	9 200.00	3 600	7 948.80	工作量法	销售费用
6041027	加工车间	主板生产流水线		10	350 000.00	14 000.00		2 036.36	年数总和法	制造费用
6041028	加工车间	硬盘生产流水线		10	420 000.00	16 800.00		3 054.55	年数总和法	制造费用
6041029	加工车间	显示器生产流水线		10	510 000.00	20 400.00		4 450.91	年数总和法	制造费用
6041030	加工车间	电脑机箱外壳涂装生产线		10	240 000.00	9 600.00		2 094.55	年数总和法	制造费用
7041031	装配车间	轧板机		10	51 000.00	2 040.00		445.09	年数总和法	制造费用
7041032	装配车间	切割机		10	26 000.00	1 040.00		226.91	年数总和法	制造费用
8041033	机修车间	热压机		10	10 000.00	400.00		58.18	年数总和法	制造费用
8041034	机修车间	熔接机		10	23 000.00	920.00		200.73	年数总和法	制造费用
合计								36 703.08		

图 2－6　固定资产月折旧额计算表

扫一扫：固定资产月折旧额计提表的编制

第六步：编制“月折旧费用分配表与分配图”。

预备知识及技能

数据透视表用于工作表中大量数据快速汇总，利用数据透视表可以对固定资产折旧费用进行分析，而现在我们所使用的 Excel 2013（或 2016），又有了一个升级功能，就是对选定的数据可以同时实现透视表与图的同步分析。

工作任务

【要求】编制“月折旧费用分配表与分配图”。

工作步骤

1）打开“固定资产日常管理工作簿”中的“月折旧额计提表”。

2）选中 B3:L37 单元格区域后，选择“插入”菜单栏中的“数据透视图和数据透视表”。

3）进入“创建数据透视表”向导，选择的数据已经自动显示在“请选择要分析的数据”中的表或区域中，选择放置数据透视表的位置为“现有工作表”，在“位置”点击已经建好的空白“月折旧费用分配表与分析图$A$3”，最后单击“确定”即可。

4）进入待创建的界面，根据费用分配表的内容构成，选择“数据透视表字段”，并将相应报表的字段拖拽到相应的区域中，将“对应科目”拖拽到“行区域”中，将“使用部门”拖到“列区域”中，再将“月折旧额”拖拽到“数据区域”中。

5）选择 A1:J2 区域进行合并居中，录入名称为“辉煌电脑公司 2020 年 2 月固定资产折旧费用分配表”，并调整自己喜欢的字体、大小，最后进行数据表格式的调整和美化，将金额数据保留两位小数，为表格添加背景颜色。

6）随着数据分析表的制作完成，数据透视图也就完成了，可以根据自己的习好进行调整。

7）设置并美化工作表格，如图 2－7 所示。

扫一扫：月折旧费用分配表与分析图的制作

第七步：编制“固定资产变动表”。

在原有的固定资产清单数据基础上，为了及时更新固定资产的信息变动，需根据企业固定资产变动情况的资料，编制固定资产变动表。图 2－8 为企业固定资产变动资料。

工作任务

【要求】编制“固定资产变动表”。

辉煌电脑公司固定资产折旧费用分配表与分配图

求和项:月折旧额 使用部门

对应科目	财务科	厂办	供应科	机修车间	加工车间	人事科	销售科	装配车间	总计
管理费用		7 788.09	1 643.69			322.22			9 754.01
销售费用							11 060.02		11 060.02
制造费用	654.38			938.60	12 869.00			1 427.07	15 889.05
总计	654.38	7 788.09	1 643.69	938.60	12 869.00	322.22	11 060.02	1 427.07	36 703.08

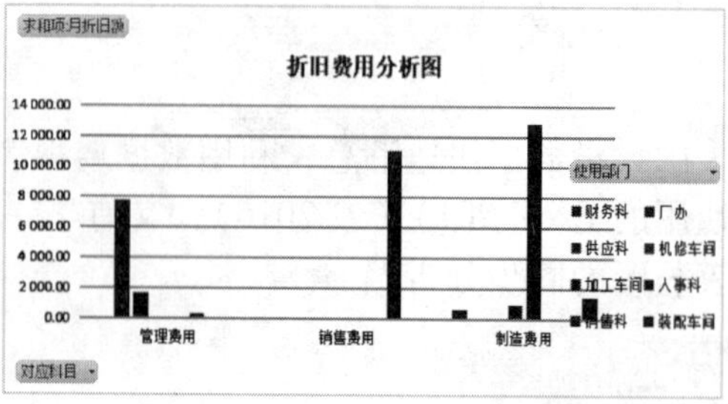

图 2-7　折旧费用分配表与分配图

企业固定资产变动情况资料：

辉煌电脑公司2月份固定资产共发生以下几项业务：

1. 21日，公司以3 000元/台的价格购入两台空调供厂办和财务科使用，增值税为780元，货款以银行存款支付，空调已安装投入使用，该资产按照办公设备管理。资产编号分别是1021035和2021036，预计使用3年，净残值率为3%，按照双倍余额递减法来计提折旧。

2. 25日公司将编号为4021023的盛强09电脑，由供应科调拨给财务科使用。

3. 28日公司将编号为1031024的奥迪A6汽车，以280 000元的价格出售给腾飞有限公司，该汽车原值为358 000元，已提折旧30 931.20元，车已提走，过户手续下月初办理，款项已存入银行。

图 2-8　企业固定资产变动资料

工作步骤

1）打开“固定资产日常管理工作簿”中的“固定资产清单”，将其内容复制到“固定资产变动表”中，或者选择“移动或复制”，在选择“建立副本”打“√”。

2）然后对项目进行调整，对于需要列进行删除。

3）为了便于查找方便，以 A2 为例，单击“数据”下的“筛选”功能。

4）根据企业的资料，先调整有变动的资产数据：单击“资产编号”右侧的下拉按钮，在下拉列表框中选择要调拨的固定资产，编号为 4021023 的所属部门名称由原来的“供应科”改为“财务科”，“减少方式”选择为“调拨”；再将编号为 1031024 的固定资产的“减少方式”选择为“出售”方式，“使用状态”改为“停用”。

5）选择资产编号，然后在全选框打“√”，然后按确定，企业所有的固定资产就都显示出来了，然后在第 36 行后面插入两行，直接输入新购入的固定资产的信息。

6）设置并美化工作表格，如图 2-9 所示。

	A	B	C	D	E	F	G	H	I	J	K	L	M	N	O	P	Q	R	S	T	U	V
1		辉煌电脑公司固定资产变动表																				
2		资产编号	使用部门	资产类别	名称	规格型号	计量单位	增加方式	减少方式	使用状态	使用年限	始用日期	原值	残值率	净残值	已计提折旧	当前日期	已使用期数	本期实际工作量	当月折旧额	折旧方法	对应科目
3		1011001	厂办	房屋建筑物	办公楼	A座	座	在建工程转入	无	在用未提足折旧	20	2003/1/1	570 000.00	5%	28 500.00	460 275.00	2020/02/29	204	0	2 256.25	直线法	管理费用
4		5011002	销售科	房屋建筑物	办公楼	B座	座	在建工程转入	无	在用未提足折旧	20	2003/6/1	600 000.00	5%	30 000.00	297 309.09	2020/02/29	199	0	2 375.00	直线法	销售费用
5		6011003	加工车间	房屋建筑物	厂房	加工车间	座	在建工程转入	无	在用未提足折旧	20	2003/1/1	230 000.00	5%	11 500.00	185 725.00	2020/02/29	204	0	910.42	直线法	制造费用
6		7011004	机修车间	房屋建筑物	厂房	机修车间	座	在建工程转入	无	在用未提足折旧	20	2004/1/1	150 000.00	5%	7 500.00	114 000.00	2020/02/29	192	0	593.75	直线法	制造费用
7		8011005	装配车间	房屋建筑物	厂房	装配车间	座	在建工程转入	无	在用未提足折旧	20	2004/1/1	170 000.00	5%	8 500.00	129 200.00	2020/02/29	192	0	672.92	直线法	制造费用
8		4011006	供应科	房屋建筑物	仓库	原材料库	座	在建工程转入	无	在用未提足折旧	20	2004/1/1	200 000.00	5%	10 000.00	152 000.00	2020/02/29	192	0	791.67	直线法	管理费用
9		4011007	供应科	房屋建筑物	仓库	半成品库	座	在建工程转入	无	在用未提足折旧	20	2004/1/1	100 000.00	5%	5 000.00	76 000.00	2020/02/29	192	0	395.83	直线法	管理费用
10		5011008	销售科	房屋建筑物	仓库	库存商品库	座	在建工程转入	无	在用未提足折旧	20	2009/1/1	100 000.00	5%	5 000.00	52 250.00	2020/02/29	132	0	395.83	直线法	销售费用
11		1021009	厂办	办公设备	电脑	畅想189	台	自制产品领用	无	在用未提足折旧	3	2018/2/3	8 400.00	3%	252.00	6 767.83	2020/02/29	23	0	106.17	双倍余额递减法	管理费用
12		1021010	厂办	办公设备	电脑	畅想1189	台	自制产品领用	无	在用未提足折旧	3	2018/2/4	8 400.00	3%	252.00	6 767.83	2020/02/29	23	0	106.17	双倍余额递减法	管理费用
13		2021011	财务科	办公设备	电脑	欢想B80	台	自制产品领用	无	在用未提足折旧	3	2019/10/1	5 000.00	3%	150.00	833.33	2020/02/29	3	0	277.78	双倍余额递减法	管理费用
14		2021012	财务科	办公设备	电脑	欢想C80	台	自制产品领用	无	在用未提足折旧	3	2018/5/1	6 500.00	3%	195.00	4 990.56	2020/02/29	20	0	82.15	双倍余额递减法	管理费用

辉煌电脑公司固定资产变动表

	资产编号	使用部门	资产类别	名称	规格型号	计量单位	增加方式	减少方式	使用状态	使用年限	始用日期	原值	残值率	净残值	已计提折旧	当前日期	已使用期数	本期实际工作量	当月折旧额	折旧方法	对应科目
15	4021013	供应科	办公设备	电脑	盛强08	台	直接购入	无	在用未提足折旧	3	2018/2/1	6 800.00	3%	204.00	5 478.72	2020/02/29	23	0	85.94	双倍余额递减法	管理费用
16	3021014	人事科	办公设备	电脑	盛强09	台	直接购入	无	在用未提足折旧	3	2019/1/1	5 800.00	3%	174.00	3 866.67	2020/02/29	12	0	322.22	双倍余额递减法	管理费用
17	1021015	厂办	办公设备	复印机	惠普B120	台	直接购入	无	在用未提足折旧	3	2017/8/15	13 000.00	3%	390.00	11 459.86	2020/02/29	29	0	164.31	双倍余额递减法	管理费用
18	2021016	财务科	办公设备	打印机	惠普云打印	台	直接购入	无	在用未提足折旧	3	2019/10/2	5 300.00	3%	159.00	883.33	2020/02/29	3	0	294.44	双倍余额递减法	管理费用
19	4021017	供应科	办公设备	打印机	惠普H808	台	直接购入	无	在用未提足折旧	3	2018/5/16	3 800.00	3%	114.00	2 917.56	2020/02/29	20	0	48.03	双倍余额递减法	管理费用
20	5021018	销售科	办公设备	电脑	盛强08	台	直接购入	无	在用未提足折旧	3	2018/2/1	6 800.00	3%	204.00	5 478.72	2020/02/29	23	0	85.94	双倍余额递减法	销售费用
21	5021019	销售科	办公设备	打印机	联想120	台	直接购入	无	在用未提足折旧	3	2019/10/12	4 580.00	3%	137.40	763.33	2020/02/29	3	0	254.44	双倍余额递减法	销售费用
22	6021020	加工车间	办公设备	电脑	盛强09	台	直接购入	无	在用未提足折旧	3	2019/1/1	5 800.00	3%	174.00	3 866.67	2020/02/29	12	0	322.22	双倍余额递减法	制造费用
23	7021021	装配车间	办公设备	电脑	欢想C80	台	自制产品领用	无	在用未提足折旧	3	2018/5/1	6 500.00	3%	195.00	4 990.56	2020/02/29	20	0	82.15	双倍余额递减法	制造费用
24	8021022	机修车间	办公设备	电脑	盛强08	台	直接购入	无	在用未提足折旧	3	2018/2/1	6 800.00	3%	204.00	5 478.72	2020/02/29	23	0	85.94	双倍余额递减法	制造费用
25	4021023	财务科	办公设备	电脑	盛强09	台	直接购入	调拨	在用未提足折旧	3	2019/1/1	5 800.00	3%	174.00	3 866.67	2020/02/29	12	0	322.22	双倍余额递减法	管理费用
26	1031024	厂办	运输设备	轿车	奥迪A6	辆	自制产品领用	出售	停用	100 000	2019/4/9	358 000.00	4%	14 320.00	20 620.80	2020/02/29	6 000	1 500	5 155.20	工作量法	管理费用

辉煌电脑公司固定资产变动表（续表2）

资产编号	使用部门	资产类别	名称	规格型号	计量单位	增加方式	减少方式	使用状态	使用年限	始用日期	原值	残值率	净残值	已计提折旧	当前日期	已使用期数	本期实际工作量	当月折旧额	折旧方法	对应科目
4031025	供应科	运输设备	汽车	金杯汽车	辆	直接购入	无	在用但已提足折旧	100 000	2015/12/1	140 000.00	4%	5 600.00	134 400.00	2020/02/29	100 000	4 500	0.00	工作量法	管理费用
5031026	销售科	运输设备	汽车	解放汽车	辆	直接购入	无	在用未提足折旧	100 000	2016/5/6	230 000.00	4%	9 200.00	172 224.00	2020/02/29	78 000	3 600	7 948.80	工作量法	销售费用
6041027	加工车间	生产设备	主板生产流水线		组	直接购入	无	在用未提足折旧	10	2013/1/1	350 000.00	4%	14 000.00	297 309.09	2020/02/29	84	0	2 036.36	年数总和法	制造费用
6041028	加工车间	生产设备	硬盘生产流水线		组	直接购入	无	在用未提足折旧	10	2014/1/1	420 000.00	4%	16 800.00	328 309.09	2020/02/29	72	0	3 054.55	年数总和法	制造费用
6041029	加工车间	生产设备	显示器生产流水线		组	直接购入	无	在用未提足折旧	10	2015/1/1	510 000.00	4%	20 400.00	356 669.09	2020/02/29	60	0	4 450.91	年数总和法	制造费用
6041030	加工车间	生产设备	电脑机箱外壳涂装生产线		组	直接购入	无	在用未提足折旧	10	2015/1/1	240 000.00	4%	9 600.00	167 563.64	2020/02/29	60	0	2 094.55	年数总和法	制造费用
7041031	装配车间	生产设备	轧板机		台	直接购入	无	在用未提足折旧	10	2015/1/1	51 000.00	4%	2 040.00	35 607.27	2020/02/29	60	0	445.09	年数总和法	制造费用
7041032	装配车间	生产设备	切割机		台	直接购入	无	在用未提足折旧	10	2015/1/1	26 000.00	4%	1 040.00	18 152.73	2020/02/29	60	0	226.91	年数总和法	制造费用
8041033	机修车间	生产设备	热压机		台	直接购入	无	在用未提足折旧	10	2013/1/1	10 000.00	4%	400.00	8 494.55	2020/02/29	84	0	58.18	年数总和法	制造费用
8041034	机修车间	生产设备	熔接机		台	直接购入	无	在用未提足折旧	10	2015/1/1	23 000.00	4%	920.00	16 058.18	2020/02/29	60	0	200.73	年数总和法	制造费用
1021035	厂办	办公设备	空调	美的	台	直接购入		在用未提足折旧	3	2020/2/21	3 000.00	3%	90		2020/2/29				双倍余额递减法	
2021036	财务科	办公设备	空调	美的	台	直接购入		在用未提足折旧	3	2020/2/21	3 000.00	3%	90		2020/2/29				双倍余额递减法	

固定资产一览表 固定资产清单 月折旧额计提表 月折旧费用分配表与分析图 固定资产变动表

图 2－9 固定资产变动表

扫一扫：固定资产变动表的编制

任务3　编制“固定资产卡片管理工作簿”

任务情景

“固定资产卡片”是固定资产的明细账，它是固定资产管理信息系统中一项非常重要的工作。因此根据领导指示，刘全能同学除了要运用 Excel 软件建立“固定资产卡片”外，还要教会老会计如何运用 Excel 软件进行编制企业固定资产卡片管理工作簿，他应如何教会老会计独立完成“固定资产卡片管理工作簿”的编制与应用呢？

情景目标

初学者通过完成本项目的工作任务，能够独自运用 Excel 软件编制固定资产卡片管理工作簿，并进行固定资产折旧计提与管理。

情景分析

辉煌电脑公司的固定资产折旧计提方法有 4 种，不同折旧计提方法指定出了不同的固定资产卡片，包括直线法下的固定资产卡片、双倍余额递减法下的固定资产卡片、工作量法下的固定资产卡片、年数总和法下的固定资产卡片等。

情景资料

【资料 1】房屋建筑物、生产设备、办公设备固定资产卡片模板（如图 2－10 所示）。

固定资产卡片模板（房屋建筑物、生产设备、办公设备）

卡片编号				日期	
固定资产编号		固定资产名称			
类别编号		类别名称			
规格型号		部门名称			
增加方式		存放地点			
使用状况		使用年限		折旧方法	
开始使用日期		已计提月份		尚可使用月份	
原值		净残值率		净残值	
年月	年折旧额			累计折旧	年末折余价值
年月					
年月					
年月					
年月					
年月					

图 2－10　房屋建筑物、生产设备、办公设备固定资产卡片模板

【资料 2】房屋建筑物、生产设备、办公设备固定资产卡片模板（如图 2－11 所示）。

固定资产卡片模板（运输设备）

卡片编号				日期	
固定资产编号		固定资产名称			
类别编号		类别名称			
规格型号		部门名称			
增加方式		存放地点			
使用状况		总工作量		折旧方法	工作量法
开始使用日期		已完成工作量		尚可完成工作量	
原值		净残值率		净残值	
工作量	单位折旧额			累计折旧	折余价值

图 2－11　运输设备固定资产卡片模板

（1）固定资产编号、类别名称、部门名称、存放地点、增加方式、使用状况都需要设置为数据验证｜序列。

（2）“固定资产编号”设置为：“011，021，031，041”。

（3）“类别名称”设置为：“房屋建筑物，办公设备，运输设备，生产设备”。

（4）“部门名称”和“存放地点”都应设置为：“厂办，财务科，供应科，销售科，加工车间，装配车间，修理车间”。

（5）“增加方式”应设置为“在建工程转入，直接购入，自制产品领用，接受捐赠”。

（6）“使用状态”应设置为“在用已提足折旧，在用未提足折旧，不需用，未使用，报废”。

（7）已计提月份＝使用年限×12－已使用年限

（8）净残值＝原值×残值率

【要求】根据辉煌电脑公司各类固定资产模板和要求，运用 Excel 软件为企业完成 2020 年 2 月 29 日固定资产卡片管理系统的编制。

预备知识及技能

想一想

什么是固定资产卡片？它的用途有哪些？

固定资产卡片是指按照固定资产的项目开设的，用以进行固定资产明细核算的账簿，是固定资产管理中基础数据。当企业收取固定资产时，就需要对其固定资产卡片进行输入操作。

请注意：

企业的固定资产卡片库由直线法下的固定资产卡片、工作量法下的固定资产卡片、双倍余额递减法下的固定资产卡片、年数总和法下的固定资产卡片所组成。

第一步：编制“直线法下固定资产卡片”。

直线法又称为平均年限法，是指将固定资产按预计使用年限平均计算折旧分摊到各期的一种方法。采用这种方法计算的每期（年、月）折旧额都是相等的。辉煌电脑公司的房屋建筑物采用的就是直线法，包括 A 座办公楼、B 座办公楼、加工车间的厂房、机修车间的厂房、装配车间的厂房、原材料仓库、半成品仓库、库存商品仓库等 8 项固定资产，使用年限都是 20 年。

SLN =（原值，净残值，使用年限）

今年的累计折旧 = 本年折旧 + 上一年的累计折旧

年末折余价值 = 原值 - 本年的累计折旧 = 上一年的年末折余价值 - 今年的年折旧额

工作任务

【要求】编制“直线法下固定资产卡片”。

工作步骤

先根据企业采用直线法计提折旧的固定资产名称，制作链接页面，以便于查找引用，这里主要为大家讲解直线法下各类固定资产卡片的编制过程方法。

以编制“办公楼 A 座”的固定资产卡片为例：

1）打开“直线法下的固定资产卡片”工作簿，同时打开“固定资产日常管理工作料簿”，点击固定资产清单，选择移动复制｜建立副本，到直线法下固定资产卡片中。

2）在“直线法下的固定资产卡片”中插入一张表，更名为“办公楼 A 座”，再将“图 2-7 房屋建筑物、生产设备、办公设备固定资产卡片模板”内容录入到“办公楼 A 座”的表格中，并将表格的表头更名为“辉煌电脑公司 A 座办公楼的固定资产卡片”。

3）固定资产编号、规格型号、增加方式、开始使用日期、原值、日期、固定资产名称、部门类别、存放地点、使用年限、净残值率、净残值是根据“固定资产清单”直接引入的，而“卡片编号”和“类别编号”是根据“固定资产编号”拆分得到，“卡片编号”是最后三位，“类别编号”是卡片编号的前三位，“已计提月份”，E8 应录入“=(YEAR(G2)-YEAR(C8))*12+(MONTH(G2)-MONTH(C8))-1”，“尚可使用月份”G8 应录入为“=$E$7*12-$E$8”。

4）然后我们来编制下半部的年折旧计算表，先根据固定资产开始使用时间到现在的间隔年数来插入增加行数和调整格式，在“年月”中，依次录入开始使用年月和计提折旧年月，一直到日期显示 2020 年 2 月止。

5）在“年折旧额”中使用 SLN（）函数，以 C12 和 C13 为例，对于不是整年的折旧额，后面要乘分数，C12 应录入为 =SLN（$C$9，$G$9，$E$7）*11/12，而 C13 到 C28 都是整年的，在运用 SLN（）函数时，后面不用乘分数，C13 应录入为 =SLN（$C$9，$G$9，$E$7），后面直接拖拽即可，到 C29 时，后面是 2 个月折旧额，需要乘以 2/12。

6）“累计折旧额”，它等于本期的年折旧额 + 上期的累计折旧额，以 F12 为例，应录入“=F11+C12”拖动填充柄，自动填充到同列的其他单元格中。

7）“年末折余价值”，除 G11 应录入原值外，其余应“=原值 - 本年的累计折旧”，以

G12 为例，应录入为“ =$G$11 - F12”，拖动填充柄，自动填充到同列的其他单元格中。

8）美化表格。

最后，复制已经定义好格式“办公楼 A 座卡片”，单击它的标签右键，选择移动复制｜建立副本，打“√”，按照这样的方法，复制 7 张 A 座的卡片，分别更名为“办公楼 B 座”“加工车间”“机修车间”“装配车间”“原材料库”“半成品库”“库存商品库”，打开各个卡片，按照固定资产实际的规格型号等信息，参照固定资产清单进行调整，这样直线法下固定资产卡片就编制完成了。

9）设置并美化工作表格，如图 2 - 12 所示。

辉煌电脑公司A座办公楼的固定资产卡片					
卡片编号	001			日期	2020/2/29
固定资产编号	1011001	固定资产名称	办公楼		
类别编号	011	类别名称	房屋建筑物		
规格型号	A座	部门名称	厂办		
增加方式	在建工程转入	存放地点	厂办		
使用状况	在用未提足折旧	使用年限	20	折旧方法	平均年限法
开始使用日期	2003/1/1	已计提月份	204	尚可使用月份	36
原值	570 000.00	净残值率	5.00%	净残值	28 500.00
年月	年折旧额			累计折旧	年末折余价值
2003年01月					570 000.00
2003年12月	24 818.75			24 818.75	545 181.25
2004年12月	27 075.00			51 893.75	518 106.25
2005年12月	27 075.00			78 968.75	491 031.25
2006年12月	27 075.00			106 043.75	463 956.25
2007年12月	27 075.00			133 118.75	436 881.25
2008年12月	27 075.00			160 193.75	409 806.25
2009年12月	27 075.00			187 268.75	382 731.25
2010年12月	27 075.00			214 343.75	355 656.25
2011年12月	27 075.00			241 418.75	328 581.25
2012年12月	27 075.00			268 493.75	301 506.25
2013年12月	27 075.00			295 568.75	274 431.25
2014年12月	27 075.00			322 643.75	247 356.25
2015年12月	27 075.00			349 718.75	220 281.25
2016年12月	27 075.00			376 793.75	193 206.25
2017年12月	27 075.00			403 868.75	166 131.25
2018年12月	27 075.00			430 943.75	139 056.25
2019年12月	27 075.00			458 018.75	111 981.25
2020年02月	4 512.50			462 531.25	107 468.75

图 2 - 12　A 座办公楼的固定资产卡片

扫一扫：“直线法下各种固定资产卡片”的成果

第二步：编制“工作量法下固定资产卡片”。

工作量法是指按实际工作量计提固定资产折旧额的一种方法。一般是按固定资产所能工作的时数平均计算折旧额。实质上，工作量法是平均年限法的补充和延伸。通俗地说“年折旧率”为固定值。辉煌电脑公司的运输设备都采用工作量法计提折旧，分别有“奥迪A6”“金杯汽车”和“解放汽车”。按照行驶里程计算折旧，其计算公式如下：

单位里程折旧额 = 原值 ×（1 − 预计净残值率）÷ 总行驶里程

工作任务

【要求】编制“工作量法下固定资产卡片”。

工作步骤

先根据企业采用工作量法计提折旧的固定资产名称，制作链接页面，便于查找引用，这里主要为大家讲解工作量法下各类固定资产卡片的编制过程方法。

下面以编制“奥迪 A6”的固定资产卡片为例：

1）打开“工作量下的固定资产卡片”，将“固定资产日常管理工作料簿”中的固定资产清单复制转移到当前的卡片中。

2）在“工作量下的固定资产卡片”中插入一张表，更名为“奥迪 A6”，再将“图 2 – 11 运输设备固定资产卡片模板”内容录入“奥迪 A6”的表格中，并将表格的表头更名为“奥迪 A6 小轿车的固定资产卡片”。

3）固定资产编号、规格型号、增加方式、开始使用日期、原值、日期、固定资产名称、部门类别、存放地点、使用年限、净残值率、净残值是根据“固定资产清单”直接引入的，而“卡片编号”和“类别编号”是根据“固定资产编号”拆分得到，“卡片编号”是最后 3 位，“类别编号”是卡片编号的前 3 位，“已完成工作量”，E8 应录入“ = SUM (B12：B15)”，“尚可完成工作量”G8 应录入为“ = \$E\$7 − \$E\$8”。

4）然后我们来编制下半部的年折旧计算表，先根据固定资产开始使用时间到现在的间隔年数来插入增加行数和调整格式，在“工作量”列中，依次录入每年的实际工作量。

5）“单位折旧额”列，在 C12 中录入“ = （\$C\$9 − \$G\$9）/\$E\$7”，拖动填充柄，同列的其他单元格自动填充即可。

6）“本期的折旧额”列，在 D12 中录入“ = B12 * C12”，拖动填充柄，同列的其他单元格自动填充即可。

7）“累计折旧”列，在 F12 中录入“ = F11 + C12 * B12”，拖动填充柄，同列的其他单元格自动填充即可。

8）“年末折余价值”，在 G12 为例，应录入为“ = \$G\$11 − F12”，拖动填充柄，自动填充到同列的其他单元格中。

9）美化表格。最后，复制已经定义好格式的奥迪 A6 卡片，单击它的标签右键，选择移动复制 | 建立副本，打“√”，按照这样的方法，复制 2 张 A 座的卡片，分别更名为“金杯汽车”“解放汽车”，打开各个卡片，按照固定资产实际的规格型号等信息，参照固定资产清单进行调整，这样工作量法下固定资产卡片就编制完成了。

10）设置并美化工作表格，如图 2 – 13 所示。

奥迪A6小轿车的固定资产卡片(已售)

卡片编号	024			日期	2020/2/29
固定资产编号	1031024	固定资产名称	小轿车		
类别编号	031	类别名称	运输设备		
规格型号	奥迪A6	部门名称	厂办		
增加方式	直接购入	存放地点	厂办		
使用状况	在用	总工作量	100 000	折旧方法	工作量法
开始使用日期	2019/4/9	已完成工作量	7 500	尚可完成工作量	92 500
原值	358 000.00	净残值率	4.00%	净残值	14 320.00
工作量	单位折旧额	本期折旧额		累计折旧	折余价值
					358 000.00
2000	3.44	6 873.60		6 873.60	351 126.40
2400	3.44	8 248.32		15 121.92	342 878.08
1600	3.44	5 498.88		20 620.80	337 379.20
1500	3.44	5 155.20		25 776.00	332 224.00

图 2－13 奥迪 A6 的固定资产卡片

扫一扫：“工作量下各种固定资产卡片”的成果

第三步：编制“双倍余额递减法下固定资产卡片”。

双倍余额递减法是在固定资产使用年限最后 2 年的前面各年，用年限平均法折旧率的 2 倍作为固定的折旧率乘以逐年递减的固定资产期初净值，得出各年应提折旧额的方法；在固定资产使用年限的最后 2 年改用年限平均法，将倒数第 2 年年初的固定资产账面净值在这两年平均分摊。这是假设固定资产在使用前期多提折旧，后期少提折旧，从而相对加速折旧，适合更新换代快的资产。

辉煌电脑公司的办公设备都采用双倍余额递减法计提折旧，分别有“畅想 189”“畅想 1189”“欢想 B80”“欢想 C80－1”“盛强 08－1”“盛强 09－1”“惠普 B120”“惠普云打印机”“惠普 H808”“盛强 08－2”“盛强 09－2”“欢想 C80－2”“盛强 08－3”“盛强 09－3”“美的空调－1”“美的空调－2”。

工作任务

【要求】编制“双倍余额递减法下固定资产卡片”。

工作步骤

先根据企业采用双倍余额递减法计提折旧的固定资产名称，制作链接页面，以便于查找引用，这里主要为大家讲解双倍余额递减法下各类固定资产卡片的编制过程方法。

以编制“畅想 189”的固定资产卡片为例：

1）打开“双倍余额递减法下的固定资产卡片”，将“固定资产日常管理工作簿”中的固定资产清和“直线法下固定资产卡片 - A 座办公楼”移动复制到当前的卡片中。

2）将办公楼 A 座的卡片更名为“畅想 189”，结合企业固定资产清单的资料调整和补全”“畅想 189”基础信息。

3）值得注意的是“年折旧额”列，由于 2018 年是加速，后两年是平均，所以公式不同，2018 年 12 月的年折旧额 C12，应输入“ = DDB($C$9,$G$9,$E$7,1)/12 * 10”，C13 应输入 = “($C$9 - DDB($C$9,G9,E7,1) -$G$9)/2 * 10/12 + DDB($C$9,$G$9,$E$7,1) * 2/12”2019 年 2 月的折旧额 C14 应录入“ = (C9 - DDB($C$9,G9,E7,1) - G9)/2 * 2/12”。

4）调整累计折旧和年末折余价值。最后，复制已经定义好格式“畅想 189”，单击它的标签右键，选择移动复制｜建立副本，打“√”，按照这样的方法，复制 15 张 A 座的卡片，分别更名为“畅想 1189”“欢想 B80”“欢想 C80 - 1”“盛强 08 - 1”“盛强 09 - 1”“惠普 B120”“惠普云打印机”“惠普 H808”“盛强 08 - 2”“盛强 09 - 2”“欢想 C80 - 2”“盛强 08 - 3”“盛强 09 - 3”“美的空调 - 1”“美的空调 - 2”，打开各个卡片，按照固定资产实际的规格型号等信息，参照固定资产清单进行调整，这样双倍余额递减法下固定资产卡片就编制完成了。

5）设置并美化工作表格，如图 2 - 14 所示。

畅想189电脑的固定资产卡片

卡片编号	009			日期	2020/2/29
固定资产编号	1021009	固定资产名称	电脑		
类别编号	021	类别名称	办公设备		
规格型号	畅想189	部门名称	厂办		
增加方式	自产产品领用	存放地点	厂办		
使用状况	在用已提足折旧	使用年限	3	折旧方法	双倍余额递减法
开始使用日期	2018/2/3	已计提月份	23	尚可使用月份	13
原值	8 400.00	净残值率	3.00%	净残值	252.00
年月	年折旧额			累计折旧	年末折余价值
2018年02月					8 400.00
2018年12月	4 666.67			4 666.67	3 733.33
2019年12月	1 995.00			6 661.67	1 738.33
2020年02月	212.33			6 874.00	1 526.00

图 2 - 14　畅想 189 电脑的固定资产卡片

扫一扫：双倍余额递减法下各种固定资产卡片库

第四步：编制“年数总和法下固定资产卡片”。

年数总和法又称总和年限法，是固定资产加速折旧法的一种，是指用固定资产原值减去预计残值后的净额，乘以一个逐年递减的分数（称为折旧率）。辉煌电脑公司的生产设备都采用年数总和法来计提固定资产折旧，使用年限为 10 年，有“主板生产流水线”“硬盘生产流水线”“显示器生产流水线”“电脑机箱外壳涂装生产线”“轧板机”“切割机”“热压机”“熔接机”。

工作任务

【要求】编制“年数总和法下固定资产卡片”。

工作步骤

先根据企业采用年数总和法计提折旧的固定资产名称，制作链接页面，以便于查找引用，这里主要为大家讲解工作量法下各类固定资产卡片的编制过程方法。

以编制“主板生产流水线”的固定资产卡片为例：

1）打开“年数总和法下的固定资产卡片”，将“固定资产日常管理工作簿”中的固定资产清单和“直线法下固定资产卡片－A座办公楼”移动复制到当前的卡片中。

2）将办公楼A座的卡片更名为“主板生产流水线”，结合企业固定资产清单的资料调整和补全“主板生产流水线”基础信息。

3）值得注意的是“年折旧额”列，本列中用到了SYD（）函数，在首年和末年都不足1年，要乘分数，在C12中录入“＝SYD（$C$9，$G$9，$E$7，1）＊11/12”，中间部分都是整年的折旧额，只需要变动计提的年数数字即可，调整完年折旧额列，累计折旧和年末折余价值就自动生成了。

最后，复制已经定义好格式“主板生产流水线”，单击它的标签右键，选择移动复制｜建立副本，打“√”，按照这样的方法，复制7张主板生产流水线的卡片，分别更名为“硬盘生产流水线”“显示器生产流水线”“电脑机箱外壳涂装生产线”“轧板机”“切割机”“热压机”“熔接机”，打开各个卡片，按照固定资产实际的规格型号等信息，参照固定资产清单进行调整，这样年数总和法双倍余额递减法下固定资产卡片就编制完成了。

4）设置并美化工作表格，如图2－15所示。

辉煌电脑公司主板生产流水线的固定资产卡片

卡片编号	027			日期	2020/2/29
固定资产编号	6041027	固定资产名称	主板生产流水线		
类别编号	041	类别名称	生产设备		
规格型号		部门名称	加工车间		
增加方式	直接购入	存放地点	加工车间		
使用状况	在用已提足折旧	使用年限	10	折旧方法	年数总和法
开始使用日期	2013/1/1	已计提月份	84	尚可使用月份	36
原值	350 000.00	净残值率	4.00%	净残值	14 000.00
年月	年折旧额			累计折旧	年末折余价值
2013年01月					350 000.00
2013年12月	56 000.00			56 000.00	294 000.00
2014年12月	54 981.82			110 981.82	239 018.18
2015年12月	48 872.73			159 854.55	190 145.45
2016年12月	42 763.64			202 618.18	147 381.82
2017年12月	36 654.55			239 272.73	110 727.27
2018年12月	30 545.45			269 818.18	80 181.82
2019年12月	24 436.36			294 254.55	55 745.45
2020年02月	3 054.55			297 309.09	52 690.91

页面 | 固定资产清单 | 主板生产流水线 | 硬盘生产流水线 | 显示器生产流水线 | 电脑机箱外壳涂装生产线 | 轧板机 | 切割机

图2－15　主板生产流水线的固定资产卡片

扫一扫：年数总和法下各种固定资产卡片库

项目3

Excel 在工资管理中的应用

学习目标

知识目标

1. 掌握工资项目的设置；
2. 掌握相关公式和函数的使用；
3. 了解工资数据的统计分析；
4. 了解会计凭证的分类。

能力目标

1. 掌握工资管理系统的建立；
2. 掌握将工资结算单转换成工资条；
3. 在已构建的职工工资数据库中，掌握使用筛选功能和函数查找所需职工工资数据；
4. 掌握数据透视表在工资数据分析中的使用。

项目情景

一天，主管找到刘全能，对他说："小刘呀，你最近表现非常不错，已创建了固定资产管理工作簿，通过几个月的试用，不但简化了固定资产的日常管理工作，提高了工作效率，还能生成数据透视图表，更直观地对比数据变动情况，领导们非常满意"。刘全能谦虚地说："主管，这是我应该做的，利用 Excel 办公软件，进行数据计算、统计、分析，是企业实现办公现代化的必要手段，您有什么工作，直接吩咐我就行"。主管笑着说："我今天找你来，还真的有事情，你看我们单位日常工资核算业务较多，数据计算量较大，需要编制的表格也很多，能不能将工资管理也实行 Excel 电算化管理呢？"小刘思考了一下回答道："主管，我在学校的时候，就学过利用 Excel 软件完成单位工资的日常管理及各类工资表格的编制。一旦建立了工资管理系统，每月核算工资时，只需要更改少量变动数据即可自动计算出每位员工的工资数据。这样，不仅能有效减轻工资管理人员和财务人员的工作负担，还能提高工作效率、规范工资核算，同时也为查询、汇总、管理工资数据提供了极大方便"。主管听了高兴地说："这就是我们想要的结果，你看什么时候开始工作？"小刘笑着说："我现在就开始准备工作，您先把我们过去几个月编制的工资表及工资基本数据表给我研究一下，我一周内就能把工资日常管理系统设计并建立起来"。主管回答道："太好了，我这就给你找表格去"。于是，小刘投入新的工作中。

同学们，你们想知道小刘是如何完成辉煌电脑公司工资日常管理工作的吗？企业进行日常工资管理工作，都需要哪些基础数据呢？企业员工的工资总额是由哪些工资项目构成的呢？企业员工的工资条是如何自动生成的呢？同学们，让我们在学习过程中寻找答案吧！

情景目标

通过完成本项目的工作任务，学习者能够理解 Excel 环境下，工资管理的基本思路和流程，创建工资管理信息系统、编制工资表、编制工资总额汇总表、编制工资费用分配表、编制三险一金计提表、编制职工福利费、工会经费、职工教育经费计提表、计算个人所得税、短期带薪缺勤工资等。培养学生善于思考、严谨细致的工作作风，锻炼提升学生的综合能力及岗位技能，为将来工作岗位轮换及晋升打下坚实基础。

情景分析

辉煌电脑公司工资管理系统具体工作主要有编制工资表、生成工资条、编制工资总额汇总表、编制工资费用分配表、三险一金的计提及核算及工资数据的统计分析管理等，可见利用 Excel 实现工资系统管理，要完成以下任务：创建信息库→编制工资表→生成工资条→数据分析→业务处理。

工作步骤

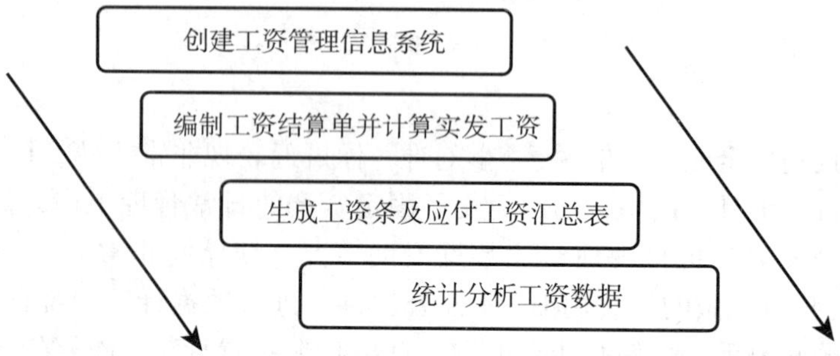

任务1　创建“工资管理工作簿”

任务情景

辉煌电脑公司是一家从事电脑组装生产企业，传统的工资核算、记录和发放全部依靠手工操作来完成，计算比较复杂，业务量大，常常要花费大量的人力和时间。为了有效减轻工资管理人员和财务人员的工作负担，提高工作效率、规范工资核算，为查询、汇总、管理工资数据提供方便。该公司决定利用 Excel 软件实行工资管理工作。

情景目标

根据公司工资管理需要，应利用 Excel 软件创建“工资管理工作簿”，完成从“职工基本工资表”“岗位工资发放标准表”“2019 年职工月平均工资表”等工资基础资料表的编制及“五险一金计提标准表”“工资结算单”“工资总额汇总表”“工资费用分配表”等工资统计分析表的编制工作。全面高效地实行工资管理工作。

扫一扫：了解工资薪酬的内容

情景分析

辉煌电脑公司工资管理系统具体的工作是创建工资管理工作簿，依据企业相关规定编制“职工基本工资表”“岗位工资发放标准表”“2019 年职工月平均工资表”等工资基础资料表；依据各部门提供的当月工资相关数据编制“销售业绩统计表”“工人产量统计表”“职工考勤表”等变动数据统计表；并依据基础资料表及变动数据统计表生成“工资结算单”；再依据“工资结算单”数据生成“工资总额汇总表”“工资发放表”“工资条”“工资费用分配表”及相关工资数据分析的透视图表。

情景资料

辉煌电脑公司 2020 年 12 月有关工资管理的基本资料如下。

【资料 1】辉煌电脑公司职工基本情况等信息，详见项目 1（图 1 -3 辉煌电脑公司员工资料明细表）。

【资料 2】辉煌电脑公司职工基本工资表，如图 3 -1 所示。

辉煌电脑公司职工基本工资表 单位：元

员工代码	姓名	所属部门	岗位性质	基础工资
001	郑明	厂办	管理人员	6 823.00
002	刘茵	厂办	管理人员	5 384.00
003	孙晓宁	厂办	管理人员	3 100.00
004	赵丽	财务科	管理人员	5 528.00
005	刘全能	财务科	管理人员	5 189.00
006	周涛	财务科	管理人员	4 283.00
007	黄小明	财务科	管理人员	3 839.00
008	赵丽洪	人事科	管理人员	4 980.00
009	刘黄山	人事科	管理人员	4 200.00
010	周晓月	供应科	管理人员	5 122.00
011	邹家华	供应科	管理人员	3 323.00
012	宋江	技术科	管理人员	5 322.00
013	郭楠	技术科	管理人员	4 212.00
014	李琳	技术科	管理人员	3 133.00

员工代码	姓名	所属部门	岗位性质	基础工资
015	张峰	销售科	销售人员	5 322.00
016	郝明	销售科	销售人员	3 890.00
017	吴昊	销售科	销售人员	3 789.00
018	吕梁	生产车间	车间管理人员	4 058.00
019	高明	加工车间	生产工人	3 120.00
020	朱德	加工车间	生产工人	3 530.00
021	李煜	加工车间	生产工人	3 532.00
022	刘邦	加工车间	生产工人	3 587.00
023	刘禹锡	加工车间	生产工人	3 245.00
024	宋小宝	生产车间	车间管理人员	4 324.00
025	赵小山	装配车间	生产工人	4 054.00
026	刘伯温	装配车间	生产工人	3 987.00
027	张纲	生产车间	车间管理人员	4 546.00
028	丁一富	机修车间	生产工人	3 134.00
029	门大功	机修车间	生产工人	2 980.00
030	周瑜	机修车间	生产工人	4 456.00
	合计			125 992.00

图 3-1　职工基本工资表

【资料 3】辉煌电脑公司职工岗位工资分为定额岗位工资及绩效岗位工资两类，其中定额岗位工资标准为：厂长 4 800 元/月、办公室主任及科长 4 000 元/月、车间主任 3 500 元/月、其他科员 3 300 元/月。销售部门业务员按照当月销售业绩计算岗位工资，生产工人按当月产量计算岗位工资。

【资料 4】辉煌电脑公司销售人员的岗位工资根据当月销售业绩计算，岗位绩效工资 = 绩效收入 - 绩效支出。其中：绩效收入 = 合同总收入 ×6‰；绩效支出 = 超标应收账款总额 ×10%。辉煌电脑公司 2020 年 12 月销售人员业绩统计表，如图 3-2 所示。

销售人员业绩统计表

2020 年 12 月　　　　单位：元

姓名	合同总收入	超标应收账款总额
郝明	2 800 000.00	84 000.00
吴昊	1 980 000.00	
合计	4 780 000.00	84 000.00

图 3-2　销售人员业绩统计表

【资料 5】辉煌电脑公司生产工人岗位工资按照其产量×单位工资率计算。各产品单位工资率分别为：主板 10 元/块、液晶显示器 80 元/台、硬盘 15 元/块、畅想 189 电脑 80/台、畅想 1189 电脑 90 元/台、欢想 C81 电脑 100 元/台、机器修理 45 元/小时；辉煌电脑公司 2020 年 12 月生产工人产量统计表，如图 3－3 所示。

生产工人产量统计表

2020 年 12 月

姓名	部门	产品名称	单位	数量
高明	加工车间	主板	块	680
朱德	加工车间	主板	块	300
		液晶显示器	台	30
李煜	加工车间	硬盘	块	110
		液晶显示器	台	60
刘邦	加工车间	硬盘	块	500
刘禹锡	加工车间	液晶显示器	台	100
赵小山	装配车间	畅想 189 电脑	台	48
		畅想 1189 电脑	台	30
刘伯温	装配车间	畅想 1189 电脑	台	20
		欢想 C81 电脑	台	35
丁一富	机修车间	机器修理	小时	150
门大功	机修车间	机器修理及日常维修	小时	215
周瑜	机修车间	机器修理	小时	180

图 3－3　生产工人产量统计表

【资料 6】辉煌电脑公司有关请假扣款规定如下：病假每天扣款 50 元；事假每天扣每日的基本工资；辉煌电脑公司有关加班薪酬规定如下：日常加班按日基本工资的 2 倍计算；节假日加班按日基本工资的 3 倍计算。2020 年 12 月职工出勤情况统计表，如图 3－4 所示。

辉煌电脑公司员工当月出勤情况表

2020 年 12 月

员工代码	姓名	所属部门	应出勤天数	病假天数	事假天数	实际出勤天数	日常加班天数	节日加班天数
001	郑明	厂办	24		3	21		
002	刘茵	厂办	24	1		23	3	
003	孙晓宁	厂办	24			24		
004	赵丽	财务科	24			24	1	

员工代码	姓名	所属部门	应出勤天数	病假天数	事假天数	实际出勤天数	日常加班天数	节日加班天数
005	刘全能	财务科	24			24		
006	周涛	财务科	24		1	23		
007	黄小明	财务科	24			24		1
008	赵丽洪	人事科	24	1		23	1	
009	刘黄山	人事科	24			24		
010	周晓月	供应科	24		1	23	1	
011	邹家华	供应科	24	1		23		
012	宋江	技术科	24			24	1	
013	郭楠	技术科	24			24		
014	李琳	技术科	24			24		
015	张峰	销售科	24	1		23	1	
016	郝明	销售科	24		1	23		
017	吴昊	销售科	24			24		2
018	吕梁	生产车间	24	5		19		
019	高明	加工车间	24			24		
020	朱德	加工车间	24	2		22		
021	李煜	加工车间	24		1	23		
022	刘邦	加工车间	24			24		1
023	刘禹锡	加工车间	24			24		1
024	宋小宝	生产车间	24		1	23		1
025	赵小山	装配车间	24	1		23		1
026	刘伯温	装配车间	24			24		
027	张纲	生产车间	24			24		
028	丁一富	机修车间	24	2	1	21		1
029	门大功	机修车间	24			24		1
030	周瑜	机修车间	24			24		

图 3－4　员工当月出勤情况表

【资料 7】辉煌电脑公司职工年工工资制定标准，按照职工入厂工作的时间计算工资项目。假定每增加一年工龄，工资增长 50 元，按整年计算。

【资料 8】辉煌电脑公司 2019 年职工月平均工资表，如图 3－5 所示。

2019 年职工月平均工资表　　单位：元

员工代码	姓名	所属部门	月平均工资
001	郑明	厂办	11 500.00
002	刘茵	厂办	9 300.00
003	孙晓宁	厂办	6 700.00
004	赵丽	财务科	9 000.00
005	刘全能	财务科	7 500.00
006	周涛	财务科	7 300.00
007	黄小明	财务科	6 500.00
008	赵丽洪	人事科	8 100.00
009	刘黄山	人事科	6 700.00
010	周晓月	供应科	7 500.00
011	邹家华	供应科	6 300.00
012	宋江	技术科	7 300.00
013	郭楠	技术科	6 700.00
014	李琳	技术科	6 000.00
015	张峰	销售科	8 300.00
016	郝明	销售科	7 600.00
017	吴昊	销售科	6 400.00
018	吕梁	生产车间	7 300.00
019	高明	加工车间	6 300.00
020	朱德	加工车间	6 000.00
021	李煜	加工车间	6 200.00
022	刘邦	加工车间	6 100.00
023	刘禹锡	加工车间	6 100.00
024	宋小宝	生产车间	7 400.00
025	赵小山	装配车间	6 000.00
026	刘伯温	装配车间	5 900.00
027	张纲	生产车间	7 200.00
028	丁一富	机修车间	6 300.00
029	门大功	机修车间	6 100.00
030	周瑜	机修车间	6 500.00
合计			212 100.00

图 3－5　2019 年职工月平均工资表

【资料 9】辉煌电脑公司员工专项扣除统计表，如图 3－6 所示。

2020 年专项扣除统计表　　　　单位：元

员工代码	姓名	专项扣除项目						合计
		子女教育	大病医疗	住房贷款利息	住房租金	赡养老人	继续教育	
001	郑明					500		500
002	刘茵	1 000				1 000		2 000
003	孙晓宁	1 000		1 000				2 000
004	赵丽	500				2 000	400	2 900
005	刘全能	1 000						1 000
006	周涛			1 000		1 000		2 000
007	黄小明	500				2 000		2 500
008	赵丽洪	1 000						1 000
009	刘黄山	1 000				2 000		3 000
010	周晓月	1 000		1 000			400	2 400
011	邹家华	500				1 000		1 500
012	宋江				800			800
013	郭楠	1 000				1 000		2 000
014	李琳			500				500
015	张峰	500				2 000		2 500
016	郝明	1 000						1 000
017	吴昊			500		1 000		1 500
018	吕梁	1 000						1 000
019	高明	1 000			800			1 800
020	朱德	500				2 000		2 500
021	李煜	1 000				1 000		2 000
022	刘邦				800			800
023	刘禹锡	1 000				1 000		2 000
024	宋小宝	1 000						1 000
025	赵小山			500		2 000		2 500
026	刘伯温	1 000		1 000				2 000
027	张纲	500				1 000		1 500
028	丁一富	1 000						1 000
029	门大功				800			800
030	周瑜	1 000				1 000		2 000
合计		19 000	0	5 500	3 200	21 500	800	50 000

图 3－6　公司员工专项扣除统计表

【资料 10】辉煌电脑公司职工福利工资按照每人每月交通补助 80 元，伙食补助 200 元。

【资料11】辉煌电脑公司计提五险一金以上年职工月平均工资为基数，具体计提标准如图3－7所示。

辉煌电脑公司五险一金计提标准表

项目	企业承担比例	个人承担比例	计提基数
养老保险金	20%	8%	上一年月平均工资
医疗保险金	10%	2%	
失业保险金	1%	0.5%	
工伤保险金	1.5%		
生育保险金	1%		
住房公积金	7%	7%	

图3－7　五险一金计提标准表

【资料12】辉煌电脑公司个人所得税税率表，如图3－8所示。

个人所得税税率表

级数	累计预扣预缴应纳税所得额	预扣税率	速算扣除数
1	不超过36 000元的部分	3%	0
2	超过36 000元至144 000元的部分	10%	2 520
3	超过144 000元至300 000元的部分	20%	16 920
4	超过300 000元至420 000元的部分	25%	31 920
5	超过420 000元至660 000元的部分	30%	52 920
6	超过660 000元至960 000元的部分	35%	85 920
7	超过960 000元的部分	45%	181 920

图3－8　个人所得税税率表

【资料13】辉煌电脑公司福利费按工资总额的14%计提，职工教育经费按工资总额的8%计提，工会经费按工资总额的2%计提。

【资料14】辉煌电脑公司2020年1～11月累计职工薪酬统计表，如图3－9所示。

1～11月累计职工薪酬统计表

2020年11月　　单位：元

员工代码	姓名	年度累计职工薪酬	累计已预扣预缴税额
001	郑明	132 316	1 490
002	刘茵	129 826	1 048
003	孙晓宁	76 019	—
004	赵丽	119 966	472
005	刘全能	98 975	556

员工代码	姓名	年度累计职工薪酬	累计已预扣预缴税额
006	周涛	88 647	—
007	黄小明	91 199	—
008	赵丽洪	209 984	3 852
009	刘黄山	86 700	—
010	周晓月	125 235	882
011	邹家华	89 932	180
012	宋江	112 085	1 027
013	郭楠	90 856	—
014	李琳	77 998	178
015	张峰	100 899	73
016	郝明	103 697	692
017	吴昊	117 428	1 008
018	吕梁	91 482	343
019	高明	75 361	—
020	朱德	86 115	—
021	李煜	87 082	—
022	刘邦	87 350	354
023	刘禹锡	85 909	—
024	宋小宝	98 006	533
025	赵小山	88 317	—
026	刘伯温	89 002	—
027	张纲	97 007	349
028	丁一富	84 589	194
029	门大功	84 478	268
030	周瑜	86 458	—
合　计		2 992 918	593 888

图 3－9　1～11 月累计职工薪酬统计表

扫一扫：了解短期薪酬的科目设置

工作任务

【要求】创建“工资管理工作簿”。

第一步：编制工资管理工作簿页面。

职工薪酬指企业为获得职工提供的服务或解除劳动关系而给予的各种形式的报酬或补偿。职工薪酬包括短期薪酬、离职后福利、辞退福利和其他长期职工福利。

企业提供给职工配偶、子女、受赡养人、已故员工遗属及其他受益人等的福利，也属于职工薪酬。

职工主要包括三类人员：一是与企业订立劳动合同的所有人员，含全职、兼职和临时职工；二是未与企业订立劳动合同、但由企业正式任命的企业治理层和管理层人员，如董事会成员、监事会成员等；三是在企业的计划和控制下，虽未与企业订立劳动合同或未由其正式任命，但为其提供与职工类似服务的人员。包括企业与劳务中介公司签订用工合同而向企业提供服务的人员。

工作步骤

1）打开 Excel 2013，自动新建一个工作簿，然后单击工具栏中的按钮，在“另存为”对话框中选择文件存放位置并将该文件命名为“辉煌电脑公司工资管理工作簿”，然后单击“保存”按钮。

2）在电脑桌面上找到刚刚保存的工作簿，双击打开工作簿。

3）单击工作簿下方工作表标签位置的插入表格图标，插入新工作表 Sheet 2 ~ Sheet 23。

4）将新添加 24 张表格按顺序重命名为“页面”“员工基本工资表”“销售人员业绩统计表”“生产工人产量统计表”“职工考勤表”“月平均工资表”“五险一金计提标准表”“专项抵扣明细表”“个人所得税税率表”“累计薪酬统计表”“销售人员岗位工资计算表”“生产工人岗位工资计算表”“年工工资计算表”“其他工资计算表”“三险一金计算表”“应发工资表”“个人所得税计算表”“工资结算表”“应发工资汇总表”“工资总额汇总表”“工资发放表”“工资条”“五险一金计提表”“工资费用分配表”“统计分析表”，并添加表格标签颜色。如图 3－10 所示。

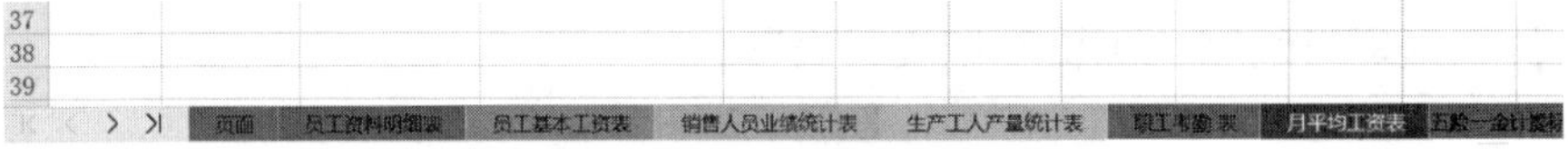

图 3－10

5）打开“页面”工作表，插入自己喜欢的图片，并插入 25 个自选图形，分别按照“页面”后表格名称命名，并设置超链接到对应工作表格。同时在各工作表格插入 1 个自选图形，并设置超链接返回页面。页面效果如图 3－11 所示。

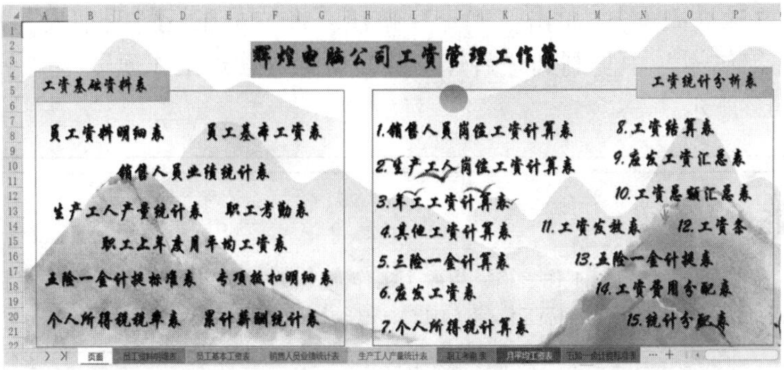

图 3－11　页面效果

第二步：编制工资基础资料表。

短期薪酬指企业在职工提供相关服务的年度报告期间结束后 12 个月内需要全部予以支付的职工薪酬。

1. 货币性职工薪酬

1）工资、奖金、津贴、补贴（计提、发放、结转），对于职工工资、奖金、津贴和补贴等货币性职工薪酬，企业应当在职工为其提供服务期间，将实际发生的职工工资、奖金、津贴和补贴等，根据职工提供服务的受益对象，确认职工薪酬。

2）五险、一金、两费，按国家规定计提标准计提的职工薪酬包括养老保险、医疗保险、失业保险、工伤保险、生育保险、住房公积金、工会经费和职工教育经费。

3）货币性职工福利，对于职工福利费，企业应当在实际发生时根据实际发生额计入当期损益或相关资产成本。

4）短期带薪缺勤，累计带薪缺勤是指带薪权利可以结转下期的带薪缺勤，本期尚未用完的带薪缺勤权利可以在未来期间使用。非累积带薪缺勤是指带薪权利不能结转下期的带薪缺勤，本期尚未用完的带薪缺勤权利将予以取消，并且职工离开企业时也无权获得现金支付。

5）短期利润分享计划，基于利润或其他经营成果提供薪酬的协议。

2. 非货币性职工薪酬

将产品或外购商品作为福利发放给职工；无偿提供住房、租赁资产供职工无偿使用；无偿提供服务如医疗保健。

工作任务

【要求】依据资料编制“工资基础资料表”。

工作步骤

1）打开“辉煌电脑公司工资管理工作簿”，打开“辉煌电脑公司日常资料管理工作簿”，右键单击“员工资料明细表”表格标签打开快捷菜单，选择“移动或复制工作表”，打开“移动或复制工作表”对话框，工作簿选择“工资管理工作簿”位置选择“员工基本工资表”，选择“建立副本”，单击“确定”按钮。将“员工资料明细表”从“辉煌电脑公司日常资料管理工作簿”中复制到“辉煌电脑公司工资管理工作簿”中“员工基本工资表”前面，如图 3－12 所示。

> **请注意：**
>
> 如果想把目标工作表格，由一个工作簿（数据源工作簿）中移动或复制到另一个工作簿（目标工作簿）中时，必须同时打开两个工簿。

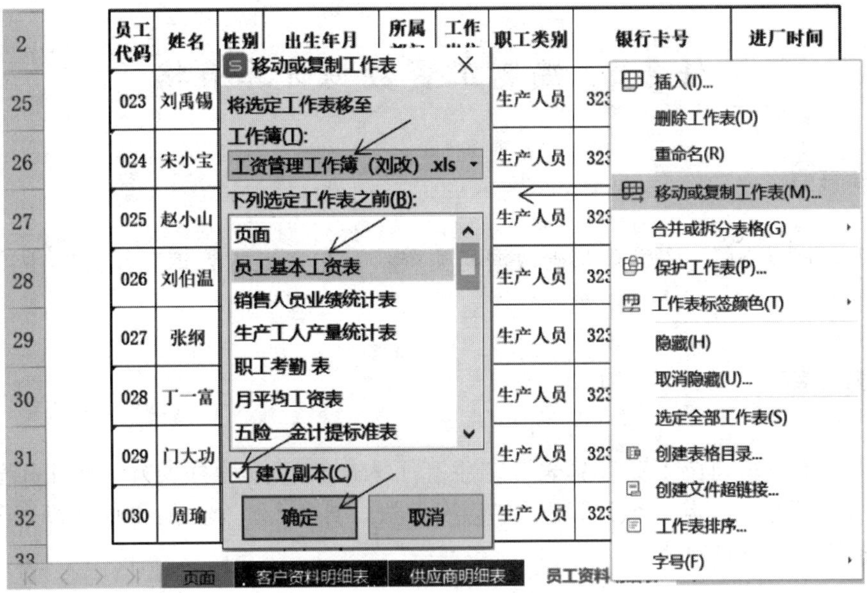

图 3－12　移动或复制工作表界面

2）打开“辉煌电脑公司工资管理工作簿”，在页面找到“职工基本工资表”并单击打开工作表，参照本项目中图 3－1，编制“职工基本工资表”，并排版保存。

3）打开“辉煌电脑公司工资管理工作簿”，在页面找到“销售人员业绩统计表”并单击打开工作表，参照本项目中图 3－2，编制“销售人员业绩统计表”，并排版保存。

4）打开“辉煌电脑公司工资管理工作簿”，在页面找到“生产工人产量统计表”并单击打开工作表，参照本项目中图 3－3，编制“生产工人产量统计表”，并排版保存。

5）打开“辉煌电脑公司工资管理工作簿”，在页面找到“职工考勤表”并单击打开工作表，参照本项目中图 3－4，编制“职工考勤表”，并排版保存。

6）打开“辉煌电脑公司工资管理工作簿”，在页面找到“月平均工资表”并单击打开工作表，参照本项目中图 3－5，编制“月平均工资表”，并排版保存。

7）打开“辉煌电脑公司工资管理工作簿”，在页面找到“五险一金计提标准表”并单击打开工作表，参照本项目中图 3－7，编制“五险一金计提标准表”，并排版保存。

8）打开“辉煌电脑公司工资管理工作簿”，在页面找到“专项扣除表”并单击打开工作表，参照本项目中图 3－6，编制“专项扣除表”，并排版保存。

9）打开“辉煌电脑公司工资管理工作簿”，在页面找到“个人所得税税率表”并单击打开工作表，参照本项目中图 3－8，编制“个人所得税税率表”，并排版保存。

10）打开“辉煌电脑公司工资管理工作簿”，在页面找到“1－11 月累计职工薪酬”并单击打开工作表，参照本项目中图 3－9，编制“1－11 月累计职工薪酬”，并排版保存。

扫一扫： 观看视频“工资管理工作簿页面设置”

任务2　编制工资数据计算表格

任务情景

根据辉煌电脑公司工资管理基础数据相关资料，在“工资管理工作簿”中编制各项目工资计算表格。

情景目标

编制“销售人员岗位工资计算表”“生产工人岗位工资计算表”“年工工资计算表”“其他工资计算表”“三险一金计算表”“应发工资计算表”“个人所得税计算表”“工资结算表”等各项目工资计算表格。

情景分析

辉煌电脑公司职工应发工资由“基本工资＋岗位工资＋年工工资＋补贴＋加班工资－病假扣款－事假扣款”组成，实发工资由“应发工资－三险一金－个人所得税”组成。因此依据基础工资数据表，计算编制各工资项目计算表，是编制“工资结算单”及为后期工资数据分析提供可能，也是企业工资管理中的重要环节。

预备知识及技能

第一步：编制销售人员岗位工资计算表。

为了提高企业经济效益，降低企业坏账风险，辉煌电脑公司对销售人员采用绩效奖罚制度，一方面激励销售业绩突出的个人，另一方面限制销售人员为提高销售业绩而盲目扩大赊销业务，致使企业发生坏账，从而导致经济损失。

辉煌电脑公司销售人员的岗位工资根据当月销售业绩计算，岗位绩效工资＝绩效收入－绩效支出。其中：绩效收入＝合同总收入×6‰；绩效支出＝超标应收账款总额×10%。辉煌电脑公司2020年12月销售人员业绩统计表，如图3－2所示。

工作任务

【要求】编制“销售人员岗位工资计算表”。

工作步骤

1）双击打开“辉煌电脑公司工资管理工作簿”。

2）在“页面”找到“销售人员岗位工资计算表”，单击打开工作表格。

3）选 A1 单元格，录入“销售人员岗位工资计算表”，合并单元格 A1：H1。

4）选 A2 单元格，录入“2020 年 12 月 31 日”，合并单元格 A2：H2。

5）选 A3 单元格，录入“姓名”，合并单元格 A3：A4。

6）选 B3 单元格，录入“绩效收入”，合并单元格 B3：D3。

7）选 B4 单元格，录入“合同收入”；选 C4 单元格，录入“比例”；选 D4 单元格，录入“金额”。

8）选 E3 单元格，录入“绩效支出”，合并单元格 E3：G3。

9）选 E4 单元格，录入“超标应收账款总额”；选 F4 单元格，录入“比例”选 G4 单元格，录入“金额”。

10）选 H3 单元格，录入“岗位工资总额”，合并单元格 H3：H4。

11）选 A5 单元格，录入“ = 销售人员业绩统计表！B4”；选 B5 单元格，录入“ = 销售人员业绩统计表！C4”；选 E5 单元格，录入“ = 销售人员业绩统计表！D4”（注意采用数据引用方式操作）。

12）选 A5：E5 单元格，采用自动填充方式向下拖动到 A7：E7。

13）选 C5 单元格，录入“0.6%”，向下自动填充至 C7 单元格。

14）选 D5 单元格，录入“ = B5 * C5”，向下自动填充至 D7 单元格。

15）选 F5 单元格，录入“10%”，向下自动填充至 F7 单元格。

16）选 G5 单元格，录入“ = E5 * F5”，向下自动填充至 G7 单元格。

17）选 H5 单元格，录入“ = C5 − G5”，向下自动填充至 H7 单元格。

18）设置并美化工作表格，如图 3 − 13 所示。

	A	B	C	D	E	F	G	H
1	销售人员岗位工资计算表							
2	2020年12月31日							单位：元
3	姓名	绩效收入			绩效支出			岗位工资总额
4		合同收入	比例	金额	超标应收账款总额	比例	金额	
5	郝明	2 800 000.00	0.6%	16 800.00	84 000.00	10%	8 400.00	8 400.00
6	吴昊	1 980 000.00	0.6%	11 880.00	0.00	10%	0.00	11 880.00
7	合计	4 780 000.00	0.6%	28 680.00	84 000.00	10%	8 400.00	20 280.00

图 3 − 13　销售人员岗位工资计算表

扫一扫：销售人员岗位工资计算表的编制

第二步：编制生产工人岗位工资计算表。

为了提高企业生产效益，充分体现企业“多劳多得、不劳不得、按劳取薪酬”的生产管理原则，辉煌电脑公司对生产工人的工资采用计件工资或计时工资。

辉煌电脑公司生产工人岗位工资按照其产量 × 单位工资率计算。各产品单位工资率分别为：主板 10 元/块、液晶显示器 80 元/台、硬盘 15 元/块、畅想 189 电脑 80/台、畅想 1189 电脑 90 元/台、欢想 C81 电脑 100 元/台、机器修理 45 元/小时；辉煌电脑公司 2020 年 12 月生产工人产量统计表，如图 3－3 所示。

工作任务

【要求】编制“生产工人岗位工资计算表”。

工作步骤

1）双击打开“辉煌电脑公司工资管理工作簿”。

2）在“页面”找到“生产工人岗位工资计算表”，单击打开工作表格。

3）选 A1 单元格，录入“生产工人岗位工资计算表”，合并单元格 A1：F1。

4）选 A2 单元格，录入“2020 年 12 月 31 日”，合并单元格 A2：F2。

5）采用数据引用的方式，将相关数据从“生产工人产量统计表”中引入本表中 A3：D17 单元格。

6）参照项目 3 任务 1【资料 5】中各产品单位工资率，录入 E3：E17 单元格数据。

7）选 F4 单元格，录入“＝D4＊E4”，并利用自动填充方式向下拖动至 F17 单元格。

8）修改 F5 单元格公式为“D5＊E5＋D6＊E6”，合并单元格 F5：F6。

9）修改 F7 单元格公式为“D7＊E7＋D8＊E8”，合并单元格 F7：F8。

10）修改 F11 单元格公式为“D11＊E11＋D12＊E12”，合并单元格 F11：F12。

11）修改 F13 单元格公式为“D13＊E13＋D14＊E14”，合并单元格 F13：F14。

12）设置并美化工作表格，如图 3－14 所示。

生产工人岗位工资计算表

2020年12月31日　　单位：元

姓名	部门	产品名称	数量	单位工资	工资总额
高明	加工车间	主板	680	10	6 800.00
朱德	加工车间	主板	300	10	5 400.00
		液晶显示器	30	80	
李煜	加工车间	硬盘	110	15	6 450.00
		液晶显示器	60	80	
刘邦	加工车间	硬盘	500	15	7 500.00
刘禹锡	加工车间	液晶显示器	100	80	8 000.00
赵小山	装配车间	畅想189电脑	48	80	6 540.00
		畅想1189电脑	30	90	
刘伯温	装配车间	畅想1189电脑	20	90	5 300.00
		欢想C81电脑	35	100	
丁一富	机修车间	机器修理	150	45	6 750.00
门大功	机修车间	机器修理及日常维修	215	45	9 675.00
周瑜	机修车间	机器修理	180	45	8 100.00
合　计					70 515.00

图 3－14　生产工人岗位工资计算表

扫一扫：生产工人岗位工资计算表的编制

第三步：编制职工年工工资计算表。

当今社会，人才流动较为频繁，企业投入大量的人力、物力和财力培养出来的人才，还没有真正为企业创造价值，便辞职离岗。辉煌电脑公司为了降低人才流动，节约人才培养成本，决定增加职工年工工资项目。

辉煌电脑公司职工年工工资制定标准，按照职工入厂工作的时间计算的工资项目。假定每增加 1 年工龄，工资增长 50 元，按整年计算。

DATEDIF 函数是 Excel 隐藏函数，在帮助和插入公式里面没有。返回 2 个日期之间的年\月\日间隔数。常使用 DATEDIF 函数计算两日期之差。

DATEDIF (start_date, end_date, unit)

Start_date 为 1 个日期，它代表时间段内的第 1 个日期或起始日期。

End_date 为 1 个日期，它代表时间段内的最后 1 个日期或结束日期。

Unit 为所需信息的返回类型。

Unit 返回

注：结束日期必须大于起始日期

quot；Y″时间段中的整年数。

quot；M″时间段中的整月数。

quot；D″时间段中的天数。

quot；MD″ start_date 与 end_date 日期中天数的差。忽略日期中的月和年。

quot；YM″ start_date 与 end_date 日期中月数的差。忽略日期中的日和年。

quot；YD″ start_date 与 end_date 日期中天数的差。忽略日期中的年。

【实例 1】

题目：计算出生日期为 1973 -4 -1 人的年龄。

公式：=DATEDIF（“1973 -4 -1”，TODAY（），“Y”）

结果：33

简要说明：当单位代码为“Y”时，计算结果是两个日期间隔的年数。

【实例 2】

题目：计算日期为 1973 -4 -1 和当前日期的间隔月份数。

公式：=DATEDIF（“1973 -4 -1”，TODAY（），“M”）

结果：403

简要说明：当单位代码为“M”时，计算结果是两个日期间隔的月份数。

【实例 3】

题目：计算日期为 1973 -4 -1 和当前日期的间隔天数。

公式：=DATEDIF（“1973 -4 -1”，TODAY（），“D”）

结果：12273

简要说明：当单位代码为“D”时，计算结果是两个日期间隔的天数。

工作任务

【要求】编制“职工年工工资计算表”。

工作步骤

1）双击打开“辉煌电脑公司工资管理工作簿”。

2）在“页面”找到“年工工资计算表”，单击打开工作表格。

3）选 A1 单元格，录入“职工年工工资计算表”，合并单元格 A1∶F1。

4）选 A2 单元格，录入“2020 年 12 月 31 日”，合并单元格 A2∶F2。

5）参照图 3－15，采用数据引用的方式，将相关数据从“员工资料明细表”中引入本表中 A3∶D33 单元格。

6）选 E2 单元格，录入“＝DATEDIF（D4，$A$2，“Y”）”，采用自动填充方式向下拖动到 E33。

7）选 F2 单元格，录入“＝E2＊50”，采用自动填充方式向下拖动到 F33。

8）设置并美化工作表格，如图 3－15 所示。

职工年工工资计算表

2020 年 12 月 31 日　　　　单位：元

员工代码	姓名	所属部门	进厂时间	工作年限	年工工资
001	郑明	厂办	2000/6/5	20	1 000.00
002	刘茵	厂办	2006/6/5	14	700.00
003	孙晓宁	厂办	2015/8/6	5	250.00
004	赵丽	财务科	2000/6/5	20	1 000.00
005	刘全能	财务科	2020/1/3	0	—
006	周涛	财务科	2012/6/7	8	400.00
007	黄小明	财务科	2016/8/1	4	200.00
008	赵丽洪	人事科	2010/6/9	10	500.00
009	刘黄山	人事科	2012/8/1	8	400.00
010	周晓月	供应科	2005/6/11	15	750.00
011	邹家华	供应科	2009/3/19	11	550.00
012	宋江	技术科	2000/6/13	20	1 000.00
013	郭楠	技术科	2002/4/13	18	900.00
014	李琳	技术科	2017/7/3	3	150.00
015	张峰	销售科	2015/6/16	5	250.00
016	郝明	销售科	2011/9/1	9	450.00
017	吴昊	销售科	2010/6/5	10	500.00
018	吕梁	生产车间	2006/6/19	14	700.00
019	高明	加工车间	2009/12/2	11	550.00

员工代码	姓名	所属部门	进厂时间	工作年限	年工工资
020	朱德	加工车间	2007/5/1	13	650.00
021	李煜	加工车间	2004/5/2	16	800.00
022	刘邦	加工车间	2017/5/3	3	150.00
023	刘禹锡	加工车间	2009/6/5	11	550.00
024	宋小宝	生产车间	2009/6/6	11	550.00
025	赵小山	装配车间	2005/8/1	15	750.00
026	刘伯温	装配车间	2018/6/5	2	100.00
027	张纲	生产车间	2010/6/5	10	500.00
028	丁一富	机修车间	2013/6/29	7	350.00
029	门大功	机修车间	2010/7/1	10	500.00
030	周瑜	机修车间	2013/7/1	7	350.00
合计					15 500.00

图 3－15　职工年工工资计算表

扫一扫：职工年工工资计算表的编制

第四步：编制其他工资计算表。

辉煌电脑公司为了提高职工福利待遇，决定按照每人每月交通补助 80 元，伙食补助 200 元给职工发放。

辉煌电脑公司有关请假扣款规定如下：病假每天扣款 50 元；事假每天扣日基本工资；辉煌电脑公司有关加班薪酬规定如下：日常加班按日基本工资的 2 倍计算；节假日加班按日基本工资的 3 倍计算。2020 年 12 月职工出勤情况统计表，如图 3－4 所示。

工作任务

【要求】编制“其他工资计算表”。

工作步骤

1）双击打开“辉煌电脑公司工资管理工作簿”。

2）在“页面”找到“其他工资计算表”，单击打开工作表格。

3）选 A1 单元格，录入“其他工资计算表”，合并单元格 A1：M1。

4）选 A2 单元格，录入“2020 年 12 月 31 日”，合并单元格 A2：M2。

5）采用数据引用的方式，将相关数据从“员工考勤表”中引入本表中 A3：F33 单元格。

6）选 G4 单元格，录入“80”选 H4 单元格，录入“200”，采用自动填充方式拖动至 H33 单元格。

7）采用数据引用的方式，将基本工资数据从“员工基本工资表”中引入本表中 J3：J33 单元格。

8）选 K4 单元格，录入“ = J4/24”，采用自动填充方式拖动至 K33 单元格。

9）选 L4 单元格，录入“ = E4 * K4 * 2 + F4 * K4 * 3”，采用自动填充方式拖动至 L33 单元格。

10）选 M4 单元格，录入“ = C4 * 50 + D4 * K4”，采用自动填充方式拖动至 M33 单元格。

11）设置并美化工作表格，如图 3 - 16 所示。

其他工资计算表

2020 年 12 月 31 日　　单位：元

员工代码	姓名	病假天数	事假天数	日常加班天数	节日加班天数	交通补助	伙食补助	补助	基础工资	日工资	加班工资	请假扣款
001	郑明	—	3	—	—	80	200	280	6 823	284	—	853
002	刘茵	1	—	3	—	80	200	280	5 384	224	1 346	50
003	孙晓宁	—	—	—	—	80	200	280	3 100	129	—	—
004	赵丽	—	—	1	—	80	200	280	5 528	230	461	—
005	刘全能	—	—	—	—	80	200	280	5 189	216	—	—
006	周涛	—	1	—	—	80	200	280	4 283	178	—	178
007	黄小明	—	—	—	1	80	200	280	3 839	160	480	—
008	赵丽洪	1	—	1	—	80	200	280	4 980	208	415	50
009	刘黄山	—	—	—	—	80	200	280	4 200	175	—	—
010	周晓月	—	1	1	—	80	200	280	5 122	213	427	213
011	邹家华	1	—	—	—	80	200	280	3 323	138	—	50
012	宋江	—	—	1	—	80	200	280	5 322	222	444	—
013	郭楠	—	—	—	—	80	200	280	4 212	176	—	—
014	李琳	—	—	—	—	80	200	280	3 133	131	—	—
015	张峰	1	—	1	—	80	200	280	5 322	222	444	50
016	郝明	—	1	—	—	80	200	280	3 890	162	—	162
017	吴昊	—	—	—	2	80	200	280	3 789	158	947	—
018	吕梁	5	—	—	—	80	200	280	4 058	169	—	250
019	高明	—	—	—	—	80	200	280	3 120	130	—	—
020	朱德	2	—	—	—	80	200	280	3 530	147	—	100
021	李煜	—	1	—	—	80	200	280	3 532	147	—	147
022	刘邦	—	—	—	1	80	200	280	3 587	149	448	—
023	刘禹锡	—	—	—	1	80	200	280	3 245	135	406	—
024	宋小宝	—	1	—	1	80	200	280	4 324	180	541	180
025	赵小山	1	—	—	1	80	200	280	4 054	169	507	50

员工代码	姓名	病假天数	事假天数	日常加班天数	节日加班天数	交通补助	伙食补助	补助	基础工资	日工资	加班工资	请假扣款
026	刘伯温	—	—	—	—	80	200	280	3 987	166	—	—
027	张纲	—	—	—	—	80	200	280	4 546	189	—	—
028	丁一富	2	1	—	1	80	200	280	3 134	131	392	231
029	门大功	—	—	—	1	80	200	280	2 980	124	373	—
030	周瑜	—	—	—	—	80	200	280	4 456	186	—	—
合计						2 400	6 000	8 400	125 992	5 250	7 628	2 565

图 3－16　其他工资计算表

扫一扫：其他工资计算表的编制

第五步：三险一金计算表。

辉煌电脑公司实行为职工代扣代缴三险一金的政策，每月按照国家规定的标准，计算并计提由职工个人负担的医疗保险、养老保险、失业保险及住房公积金，并分别交给社会保险公司及住房公积金管理中心。

辉煌电脑公司计提五险一金以上年度职工月平均工资为基数，具体计提标准，如图 3－7 所示。

工作任务

【要求】编制“三险一金计算表”。

工作步骤

1）双击打开“辉煌电脑公司工资管理工作簿”。

2）在“页面”找到“三险一金计算表”，单击打开工作表格。

3）选 A1 单元格，录入“三险一金计算表”，合并单元格 A1:I1。

4）选 A2 单元格，录入“2020 年 12 月 31 日”，合并单元格 A2:I2。

5）采用数据引用的方式，将相关数据从“月平均工资表”中引入本表 A3:C33 单元格。

6）分别在 D3、E3、F3、G3、H3、J3 单元格，录入“医疗保险”“养老保险”“失业保险”“社会保险”“住房公积金”“三险一金”。

7）分别在 D4、E4、F4、G4、H4、J4 单元格，录入“ = C4 * 0.08” “ = C4 * 0.02” “ = C4 * 0.005” “ = D4 + E4 + F4” “ = C4 * 0.07” “ = G4 + H4”；选中单元格 D4:J4，运用自动填充向下拖动至 J33 单元格。

8）选 C34 单元格，录入“=SUM（C4：C33）”，运用自动填充向后拖动至 J34 单元格。

9）设置并美化工作表格，如图 3－17 所示。

三险一金计算表

2020 年 12 月 31 日

单位：元

姓名	所属部门	月平均工资	医疗保险	养老保险	失业保险	社会保险	住房公积金	三险一金
郑明	厂办	11 500.00	920.00	230.00	57.50	1 207.50	805.00	2 012.50
刘茵	厂办	9 300.00	744.00	186.00	46.50	976.50	651.00	1 627.50
孙晓宁	厂办	6 700.00	536.00	134.00	33.50	703.50	469.00	1 172.50
赵丽	财务科	9 000.00	720.00	180.00	45.00	945.00	630.00	1 575.00
刘全能	财务科	7 500.00	600.00	150.00	37.50	787.50	525.00	1 312.50
周涛	财务科	7 300.00	584.00	146.00	36.50	766.50	511.00	1 277.50
黄小明	财务科	6 500.00	520.00	130.00	32.50	682.50	455.00	1 137.50
赵丽洪	人事科	8 100.00	648.00	162.00	40.50	850.50	567.00	1 417.50
刘黄山	人事科	6 700.00	536.00	134.00	33.50	703.50	469.00	1 172.50
周晓月	供应科	7 500.00	600.00	150.00	37.50	787.50	525.00	1 312.50
邹家华	供应科	6 300.00	504.00	126.00	31.50	661.50	441.00	1 102.50
宋江	技术科	7 300.00	584.00	146.00	36.50	766.50	511.00	1 277.50
郭楠	技术科	6 700.00	536.00	134.00	33.50	703.50	469.00	1 172.50
李琳	技术科	6 000.00	480.00	120.00	30.00	630.00	420.00	1 050.00
张峰	销售科	8 300.00	664.00	166.00	41.50	871.50	581.00	1 452.50
郝明	销售科	7 600.00	608.00	152.00	38.00	798.00	532.00	1 330.00
吴昊	销售科	6 400.00	512.00	128.00	32.00	672.00	448.00	1 120.00
吕梁	生产车间	7 300.00	584.00	146.00	36.50	766.50	511.00	1 277.50
高明	加工车间	6 300.00	504.00	126.00	31.50	661.50	441.00	1 102.50
朱德	加工车间	6 000.00	480.00	120.00	30.00	630.00	420.00	1 050.00
李煜	加工车间	6 200.00	496.00	124.00	31.00	651.00	434.00	1 085.00
刘邦	加工车间	6 100.00	488.00	122.00	30.50	640.50	427.00	1 067.50
刘禹锡	加工车间	6 100.00	488.00	122.00	30.50	640.50	427.00	1 067.50
宋小宝	生产车间	7 400.00	592.00	148.00	37.00	777.00	518.00	1 295.00
赵小山	装配车间	6 000.00	480.00	120.00	30.00	630.00	420.00	1 050.00
刘伯温	装配车间	5 900.00	472.00	118.00	29.50	619.50	413.00	1 032.50
张纲	生产车间	7 200.00	576.00	144.00	36.00	756.00	504.00	1 260.00
丁一富	机修车间	6 300.00	504.00	126.00	31.50	661.50	441.00	1 102.50
门大功	机修车间	6 100.00	488.00	122.00	30.50	640.50	427.00	1 067.50
周瑜	机修车间	6 500.00	520.00	130.00	32.50	682.50	455.00	1 137.50
合计		212 100.00	16 968.00	4 242.00	1 060.50	22 270.50	14 847.00	37 117.50

图 3－17　三险一金计算表

扫一扫：三险一金计算表的编制

第六步：应发工资计算表。

辉煌电脑公司在每月末按职工出勤、绩效、工作量计算本月应发工资总额。职工应发工资是由“基本工资+岗位工资+年工工资+补助+加班工资-请假扣款”计算得出。

辉煌电脑公司职工岗位工资分为定额岗位工资及绩效岗位工资两类，其中定额岗位工资标准为：厂长4 800元/月、办公室主任及科长4 000元/月、车间主任3 500元/月、其他科员3 300元/月。销售部门业务员按照当月销售业绩计算岗位工资，生产工人按当月产量计算岗位工资。

辉煌电脑公司职工基本工资表如图3-1所示，销售人员岗位工资计算表如图3-13所示，生产工人岗位工资计算表如图3-14所示，年工工资计算表如图3-15所示，其他工资计算表如图3-16所示。

IF函数一般是指Excel中的IF函数，根据指定的条件来判断其“真”（TRUE）、“假”（FALSE），根据逻辑计算的真假值，从而返回相应的内容。可以使用函数IF对数值和公式进行条件检测。下面就介绍if函数的用法及实例。

1）IF函数的语法结构：IF（条件，结果1，结果2）。

2）IF函数的功能。对满足条件的数据进行处理，条件满足则输出结果1，不满足则输出结果2。可以省略结果1或结果2，但不能同时省略。

3）条件表达式。把两个表达式用关系运算符（主要有=，< >，>，<，> =，< = 6个关系运算符）连接起来就构成条件表达式。

举个简单点的例子：

=IF（A1=100，1，0）

意思是说，当A1=100时，返回1，否则返回0。

4）IF函数嵌套的执行过程。如果按等级来判断某个变量，IF函数的格式如下：

=IF（C1>60，IF（AND（C1>90），“优秀”，“合格”），“不合格”）

上述IF语句的语法解释：如果单元格C1的值大于60，则执行第二个参数，在这里为嵌套函数，继续判断单元格C1的值是否大于90（为了让大家体会一下AND函数的应用，写成AND（C1>90），实际上可以仅写C1>90），如果满足在单元格C2中显示优秀字样，不满足显示合格字样，如果C1的值以上条件都不满足，则执行第三个参数即在单元格C2中显示不合格字样。

工作任务

【要求】编制“应发工资计算表”。

工作步骤

1）双击打开“辉煌电脑公司工资管理工作簿”。

2）在“页面”找到“应发工资计算表”，单击打开工作表格。

3）选 A1 单元格，录入“应发工资计算表”，合并单元格 A1：K1。

4）选 A2 单元格，录入“2020 年 12 月 31 日”“单位：元”，合并单元格 A2：k2。

5）采用数据引用的方式，将相关数据从“员工基本情况表”中引入本表中 A3：C33 单元格。

6）采用数据引用的方式，将“岗位性质”“基本工资”从“基本工资表”中引入本表中 D3：E33 单元格。

7）选 F2 单元格，录入“岗位工资”选 F3 单元格，录入“=IF（D4=“厂长”，4800，IF（D4=“主任”4000，IF（D4=“科长”4000，IF（D4=“车间主任”，3500，IF（D4=“工人”，IF（D4=“业务员”，3300））））））”，运用自动填充将 F3 单元格向下拖动至 F33 单元格。

8）采用数据引用的方式，将销售部门业务员岗位工资数据从“销售人员岗位工资计算表”中引入本表中 F19：F20 单元格。

9）采用数据引用的方式，将生产工人岗位工资数据从“生产工人岗位工资计算表”中引入本表中 F22：F26、F28：F29、F31：F33 单元格。

10）采用数据引用的方式，将年工工资数据从“年工工资计算表”中引入本表中 G2：G33 单元格。

11）采用数据引用的方式，将补助、加班工资、请假扣款数据从“其他工资计算表”中引入本表中 H2：J33 单元格。

12）选 K2 单元格，录入“应发工资”选 F3 单元格，录入“=E4+F4+G4+H4+I4-J4”，运用自动填充将 K3 单元格向下拖动至 K33 单元格。

13）选 E34 单元格，录入“=SUM（E4：E33）”，运用自动填充将 E34 单元格向后拖动至 K34 单元格。

14）设置并美化工作表格，如图 3-18 所示。

应发工资计算表

2020 年 12 月 31 日　　单位：元

员工代码	姓名	所属部门	岗位性质	基础工资	岗位工资	年工工资	补助	加班工资	请假扣款	应发工资
001	郑明	厂办	厂长	6 823	4 800	1 000	280	—	853	12 050
002	刘茵	厂办	主任	5 384	4 000	700	280	1 346	50	11 660
003	孙晓宁	厂办	科员	3 100	3 300	250	280	—	—	6 930
004	赵丽	财务科	科长	5 528	4 000	1 000	280	461	—	11 269
005	刘全能	财务科	会计	5 189	3 300	—	280	—	—	8 769
006	周涛	财务科	保管员	4 283	3 300	400	280	—	178	8 085
007	黄小明	财务科	出纳	3 839	3 300	200	280	480	—	8 099
008	赵丽洪	人事科	科长	4 980	4 000	500	280	415	50	10 125
009	刘黄山	人事科	科员	4 200	3 300	400	280	—	—	8 180
010	周晓月	供应科	科长	5 122	4 000	750	280	427	213	10 365
011	邹家华	供应科	科员	3 323	3 300	550	280	—	50	7 403

员工代码	姓名	所属部门	岗位性质	基础工资	岗位工资	年工工资	补助	加班工资	请假扣款	应发工资
012	宋江	技术科	科长	5 322	4 000	1 000	280	444	—	11 046
013	郭楠	技术科	技术员	4 212	3 300	900	280	—	—	8 692
014	李琳	技术科	技术员	3 133	3 300	150	280	—	—	6 863
015	张峰	销售科	科长	5 322	4 000	250	280	444	50	10 246
016	郝明	销售科	业务员	3 890	8 400	450	280	—	162	12 858
017	吴昊	销售科	业务员	3 789	11 880	500	280	947	—	17 396
018	吕梁	生产车间	车间主任	4 058	3 500	700	280	—	250	8 288
019	高明	加工车间	工人	3 120	6 800	550	280	—	—	10 750
020	朱德	加工车间	工人	3 530	5 400	650	280	—	100	9 760
021	李煜	加工车间	工人	3 532	6 450	800	280	—	147	10 915
022	刘邦	加工车间	工人	3 587	7 500	150	280	448	—	11 965
023	刘禹锡	加工车间	工人	3 245	8 000	550	280	406	—	12 481
024	宋小宝	生产车间	车间主任	4 324	3 500	550	280	541	180	9 014
025	赵小山	装配车间	工人	4 054	6 540	750	280	507	50	12 081
026	刘伯温	装配车间	工人	3 987	5 300	100	280	—	—	9 667
027	张纲	生产车间	车间主任	4 546	3 500	500	280	—	—	8 826
028	丁一富	机修车间	工人	3 134	6 750	350	280	392	231	10 675
029	门大功	机修车间	工人	2 980	9 675	500	280	373	—	13 808
030	周瑜	机修车间	工人	4 456	8 100	350	280	—	—	13 186
合计				125 992	156 495	15 500	8 400	7 628	2 565	311 450

图3－18　应发工资计算表

扫一扫：应发工资计算表的编制

第七步：个人所得税计算表。

从2019年开始，辉煌电脑公司对职工个人所得税实施累计预扣法。单位在向职工支付工资、薪金所得时，需要按照累计预扣法来计算出预扣税款，并需要按月进行扣缴申报。

累计预扣预缴应纳税所得额＝累计收入－累计免税收入－累计专项扣除－累计减除费用－累计专项附加扣除－累计依法确定的其他扣除；

本期应预扣预缴税额＝（累计预扣预缴应纳税所得额×预扣率－速算扣除数）－累计减免税额－累计已预扣预缴税额；

辉煌电脑公司员工专项扣除统计表如图3－6所示，辉煌电脑公司个人所得税税率表如图3－8所示，辉煌电脑公司2020年1～11月累计职工薪酬统计表如图3－9所示。

纳税人需要退税、补税怎么办?

1）纳税人办理年度汇算中，若满足退税条件，可以申请退税。直接在申报表相应位置勾选“申请退税”，注意本人银行账户须有效。如果相关信息错误，经税务部门通知后，纳税人应当做好更正。

2）如果纳税人综合所得收入额未超过 6 万元，但个人所得税因特殊原因已进行预扣预缴。这种情况下，如纳税人收到税务部门的服务提示，只需对预缴税额进行确认，正确填写本人相关银行账户信息。即可实现退税服务的办理。

3）如果纳税人办理个人所得税汇算清缴过程中，需要补税，则可以通过网上银行、银行柜台、POS 机刷卡等方式进行补税。

工作任务

【要求】编制“个人所得税计算表”。

工作步骤

1）双击打开“辉煌电脑公司工资管理工作簿”。

2）在“页面”找到“个人所得税计算表”，单击打开工作表格。

3）选 A1 单元格，录入“个人所得税计算表”，合并单元格 A1：K1。

4）选 A2 单元格，录入“2020 年 12 月 31 日”“单位：元，合并单元格 A2：K2”。

5）采用数据引用的方式，将“姓名”“应发工资”从“应发工资计算表”中引入本表中 A3：B33 单元格。

6）采用数据引用的方式，将“年度累计职工薪酬”“累计已预扣预缴税额”从“1～11 月累计职工薪酬”中引入本表中 C4：C33、J3：J33 单元格。

7）选 D3 单元格，录入“免税收入”，选 D4 单元格，录入“5 000”，选中 D4 单元格，运用自动填充方式向下拖动到 D33 单元格。

8）采用数据引用的方式，将“三险一金”从“三险一金计算表”中引入本表中 E4：E33 单元格。

9）采用数据引用的方式，将“专项扣除”从“专项扣除计算表”中引入本表中 F4：F33 单元格。

10）选 G4 单元格，录入“=IF（（B4+C4）-（D4+E4+F4）*12>0，（B4+C4）-（D4+E4+F4）*12，0)”，选中 G4 单元格，运用自动填充方式向下拖动到 G33 单元格。

11）选 H4 单元格，录入“=IF（G4<36 000，3%，IF（AND（G4<=144 000)，10%，0))”，选中 H4 单元格，运用自动填充方式向下拖动到 H33 单元格。

12）选 I4 单元格，录入“=IF（H4=10%，2 520，0)”，选中 I4 单元格，运用自动填充方式向下拖动到 I33 单元格。

13）选 K4 单元格，录入“=G4*H4-I4-J4”，选中 K4 单元格，运用自动填充方式向下拖动到 K33 单元格。

14）选 B34 单元格，录入“=SUM（B4：B33)”，运用自动填充将 B34 单元格向后拖动至 K34 单元格。

15）设置并美化工作表格，如图 3-19 所示。

个人所得税计算表

2020年12月31日　　　　单位：元

姓名	应发工资	年度累计职工薪酬	免税收入	三险一金	专项扣除	累计预扣预缴应纳税所得额	适用税率	扣除数	累计已预扣预缴税额	本期个人所得税
郑明	12 050	132 316	5 000	2 013	500	54 216	10%	2 520	1 490	1 411
刘茵	11 660	129 826	5 000	1 628	2 000	37 956	10%	2 520	1 048	228
孙晓宁	6 930	76 019	5 000	1 173	2 000	—	3%	—	—	—
赵丽	11 269	119 966	5 000	1 575	2 900	17 535	3%	—	472	54
刘全能	8 769	98 975	5 000	1 313	1 000	19 994	3%	—	556	44
周涛	8 085	88 647	5 000	1 278	2 000	—	3%	—	—	—
黄小明	8 099	91 199	5 000	1 138	2 500	—	3%	—	—	—
赵丽洪	10 125	209 984	5 000	1 418	1 000	131 099	10%	2 520	3 852	6 738
刘黄山	8 180	86 700	5 000	1 173	3 000	—	3%	—	—	—
周晓月	10 365	125 235	5 000	1 313	2 400	31 050	3%	—	882	50
邹家华	7 403	89 932	5 000	1 103	1 500	6 105	3%	—	180	3
宋江	11 046	112 085	5 000	1 278	800	38 201	10%	2 520	1 027	273
郭楠	8 692	90 856	5 000	1 173	2 000	1 478	3%	—	—	44
李琳	6 863	77 998	5 000	1 050	500	6 261	3%	—	178	9
张峰	10 246	100 899	5 000	1 453	2 500	3 715	3%	—	73	39
郝明	12 858	103 697	5 000	1 330	1 000	28 595	3%	—	692	166
吴昊	17 396	117 428	5 000	1 120	1 500	43 384	10%	2 520	1 008	810
吕梁	8 288	91 482	5 000	1 278	1 000	12 440	3%	—	343	30
高明	10 750	75 361	5 000	1 103	1 800	—	3%	—	—	—
朱德	9 760	86 115	5 000	1 050	2 500	—	3%	—	—	—
李煜	10 915	87 082	5 000	1 085	2 000	977	3%	—	—	29
刘邦	11 965	87 350	5 000	1 068	800	16 905	3%	—	354	153
刘禹锡	12 481	85 909	5 000	1 068	2 000	1 580	3%	—	—	47
宋小宝	9 014	98 006	5 000	1 295	1 000	19 480	3%	—	533	52
赵小山	12 081	88 317	5 000	1 050	2 500	—	3%	—	—	—
刘伯温	9 667	89 002	5 000	1 033	2 000	2 279	3%	—	—	68
张纲	8 826	97 007	5 000	1 260	1 500	12 713	3%	—	349	32
丁一富	10 675	84 589	5 000	1 103	1 000	10 034	3%	—	194	107
门大功	13 808	84 478	5 000	1 068	800	15 876	3%	—	268	208
周瑜	13 186	86 458	5 000	1 138	2 000	1 994	3%	—	—	60
合计	311 450	2 992 918	150 000	37 118	50 000	513 866		12 600	13 500	10 656

图3－19　个人所得税计算表

扫一扫：个人所得税计算表的编制

第八步：编制工资结算单。

辉煌电脑公司工资结算单是详细反映职工人工资构成情况的明细表，它也是编制工资数据分析表的基础数据表格。其公式：“实发工资 = 应发工资 - 三险一金 - 个人所得税”。

辉煌电脑公司应发工资计算表如图 3 - 18 所示，辉煌电脑公司个人所得税计算表如图 3 - 19 所示，辉煌电脑公司三险一金计算表如图 3 - 17 所示。

工作任务

【要求】编制“工资结算单”。

工作步骤

1）双击打开“辉煌电脑公司工资管理工作簿”。

2）在“页面”找到“工资结算单”，单击打开工作表格。

3）选 A1 单元格，录入“工资结算单”，合并单元格 A1:N1。

4）选 A2 单元格，录入“2020 年 12 月 31 日”“单位：元，合并单元格 A2:N2”。

5）采用数据引用的方式，将“员工代码”“姓名”“所属部门”“基础工资”从“员工基本工资表”中引入本表中 A3:D33 单元格。

6）采用数据引用的方式，将“岗位工资”“年工工资”“补助”“加班工资”“请假扣款”“应发工资”从“应发工资表”中引入本表中 E3:J33 单元格。

7）采用数据引用的方式，将“岗位工资”“年工工资”“补助”“加班工资”“请假扣款”“应发工资”从“应发工资表”中引入本表中 E3:J33 单元格。

8）采用数据引用的方式，将“三险一金”“本期个人所得税”从“个人所得税计算表”中引入本表中 K3:L33 单元格。

9）选择 M4 单元格，录入“ = J4 - K4 - L4”，选中 M4 单元格，运用自动填充方式向下拖动到 M33 单元格。

10）选 N4 单元格，设置数据有效性为序列“管理费用，销售费用，制造费用，生产成本”，选中 N4 单元格，运用自动填充方式向下拖动到 N33 单元格。参照表 3 - 20 选择对应科目。

11）选 D34 单元格，录入“ = SUM（D4:D33）”，运用自动填充将 D34 单元格向后拖动至 M34 单元格。

12）设置并美化工作表格，如图 3 - 20 所示。

工资结算单

2020年12月31日

单位:元

员工代码	姓名	所属部门	基础工资	岗位工资	年工工资	补助	加班工资	请假扣款	应发工资	三险一金	本期个人所得税	实发工资	对应科目
001	郑明	厂办	6 823	4 800	1 000	280	—	853	12 050	2 013	1 411	8 626	管理费用
002	刘茵	厂办	5 384	4 000	700	280	1 346	50	11 660	1 628	228	9 805	管理费用
003	孙晓宁	厂办	3 100	3 300	250	280	—	—	6 930	1 173	—	5 758	管理费用
004	赵丽	财务科	5 528	4 000	1 000	280	461	—	11 269	1 575	54	9 640	管理费用
005	刘全能	财务科	5 189	3 300	—	280	—	—	8 769	1 313	44	7 413	管理费用
006	周涛	财务科	4 283	3 300	400	280	—	178	8 085	1 278	—	6 807	管理费用
007	黄小明	财务科	3 839	3 300	200	280	480	—	8 099	1 138	—	6 961	管理费用
008	赵丽洪	人事科	4 980	4 000	500	280	415	50	10 125	1 418	6 738	1 969	管理费用
009	刘黄山	人事科	4 200	3 300	400	280	—	—	8 180	1 173	—	7 008	管理费用
010	周晓月	供应科	5 122	4 000	750	280	427	213	10 365	1 313	50	9 003	管理费用
011	邹家华	供应科	3 323	3 300	550	280	—	50	7 403	1 103	3	6 297	管理费用
012	宋江	技术科	5 322	4 000	1 000	280	444	—	11 046	1 278	273	9 495	管理费用
013	郭楠	技术科	4 212	3 300	900	280	—	—	8 692	1 173	44	7 475	管理费用
014	李琳	技术科	3 133	3 300	150	280	—	—	6 863	1 050	9	5 804	管理费用
015	张峰	销售科	5 322	4 000	250	280	444	50	10 246	1 453	39	8 754	销售费用
016	郝明	销售科	3 890	8 400	450	280	—	162	12 858	1 330	166	11 362	销售费用
014	李琳	技术科	3 133	3 300	150	280	—	—	6 863	1 050	9	5 804	管理费用
015	张峰	销售科	5 322	4 000	250	280	444	50	10 246	1 453	39	8 754	销售费用

员工代码	姓名	所属部门	基础工资	岗位工资	年工工资	补助	加班工资	请假扣款	应发工资	三险一金	本期个人所得税	实发工资	对应科目
016	郝明	销售科	3 890	8 400	450	280	—	162	12 858	1 330	166	11 362	销售费用
017	吴昊	销售科	3 789	11 880	500	280	947	—	17 396	1 120	810	15 466	销售费用
018	吕梁	生产车间	4 058	3 500	700	280	—	250	8 288	1 278	30	6 980	制造费用
019	高明	加工车间	3 120	6 800	550	280	—	—	10 750	1 103	—	9 648	生产成本
020	朱德	加工车间	3 530	5 400	650	280	—	100	9 760	1 050	—	8 710	生产成本
021	李煜	加工车间	3 532	6 450	800	280	—	147	10 915	1 085	29	9 801	生产成本
022	刘邦	加工车间	3 587	7 500	150	280	448	—	11 965	1 068	153	10 745	生产成本
023	刘禹锡	加工车间	3 245	8 000	550	280	406	—	12 481	1 068	47	11 366	生产成本
024	宋小宝	生产车间	4 324	3 500	550	280	541	180	9 014	1 295	52	7 668	制造费用
025	赵小山	装配车间	4 054	6 540	750	280	507	50	12 081	1 050	—	11 031	生产成本
026	刘伯温	装配车间	3 987	5 300	100	280	—	—	9 667	1 033	68	8 566	生产成本
027	张纲	生产车间	4 546	3 500	500	280	—	—	8 826	1 260	32	7 534	制造费用
028	丁一富	机修车间	3 134	6 750	350	280	392	231	10 675	1 103	107	9 465	生产成本
029	门大功	机修车间	2 980	9 675	500	280	373	—	13 808	1 068	208	12 532	生产成本
030	周瑜	机修车间	4 456	8 100	350	280	—	—	13 186	1 138	60	11 989	生产成本
合计			125 992	156 495	15 500	8 400	7 628	2 565	311 450	37 118	10 656	263 677	

图 3-20　工资结算单

扫一扫：工资结算单的编制

任务 3　编制工资数据分析表格

任务情景

根据任务 2 工作成果，辉煌电脑公司工资数据计算表中相关数据资料，在“工资管理工作簿”中编制各类工资数据分析表格。

情景目标

依据工资数据计算表，编制“应发工资汇总表”“工资总额汇总表”“工资发放表”“工资条”“五险一金计算表”“工资费用分配表”等各类工资数据分析表格。

情景分析

辉煌电脑公司在完成工资项目计算工作后，获取了本单位工资项目相关数据，还需要依据职工个人工资数据，按部门分类汇总编制工资总额汇总表，据以考核各部门预算费用计划完成情况。还需要编制“应发工资汇总表”“工资发放表”“五险一金计提表”“工资费用分配表”等表格，作为工资核算的原始凭证，进行账务处理。

预备知识及技能

第一步：编制应发工资汇总表。

“应发工资汇总表”是依据“应发工资计算表”，将本期全体职工的应发工资，按照受益对象所属部门进行分类汇总而产生的表格，它是编制企业计提工资账务处理原始凭证。

借方依据受益对象所属部门确定，贷方通过“应付职工薪酬——工资”科目核算，具体账务处理如下：

借：生产成本（生产工人工资汇总额）

　　制造费用（车间管理人员工资汇总额）

　　管理费用（行政管理部门人员工资汇总额）

　　销售费用（销售部门人员工资汇总额）

　　贷：应付职工薪酬——工资（应发工资总额）

辉煌电脑公司“应发工资计算表”，如图 3－18 所示。

扫一扫：了解 SUMIF 函数的使用方法

工作任务

【要求】编制“应发工资汇总表”。

工作步骤

1）双击打开“辉煌电脑公司工资管理工作簿”。

2）在“页面”找到“应发工资汇总表”，单击打开工作表格。

3）选择 A1 单元格，录入“应发工资汇总表”，合并单元格 A1：I1。

4）选择 A2 单元格，录入“2020 年 12 月 31 日”“单位：元，合并单元格 A2：I2”。

5）参照图 3－21，录入“所属部门”“岗位性质”信息到本表中 A3：B13 单元格。

6）选 C4 单元格，录入“＝SUMIF（应发工资表！$C$4：$C$33，A4，应发工资表！$E$4：$E$33）”，运用自动填充功能，将 C4 单元格向下拖动至 C13 单元格。

7）选 D4 单元格，录入“＝SUMIF（应发工资表！$C$4：$C$33，A4，应发工资表！$F$4：$F$33）”，运用自动填充功能，将 D4 单元格向下拖动至 D13 单元格。

8）选 E4 单元格，录入“＝SUMIF（应发工资表！$C$4：$C$33，A4，应发工资表！$G$4：$G$33）”，运用自动填充功能，将 E4 单元格向下拖动至 E13 单元格。

9）选 F4 单元格，录入“＝SUMIF（应发工资表！$C$4：$C$33，A4，应发工资表！$H$4：$H$33）”，运用自动填充功能，将 F4 单元格向下拖动至 F13 单元格。

10）选 G4 单元格，录入“＝SUMIF（应发工资表！$C$4：$C$33，A4，应发工资表！$I$4：$I$33）”，运用自动填充功能，将 G4 单元格向下拖动至 G13 单元格。

11）选 H4 单元格，录入“＝SUMIF（应发工资表！$C$4：$C$33，A4，应发工资表！$J$4：$J$33）”，运用自动填充功能，将 H4 单元格向下拖动至 H13 单元格。

12）选 I4 单元格，录入“＝SUMIF（应发工资表！$C$4：$C$33，A4，应发工资表！$K$4：$K$33）”，运用自动填充功能，将 I4 单元格向下拖动至 I13 单元格。

13）选 C14 单元格，录入“＝SUM（C4：C13）”，运用自动填充功能，将 C14 单元格向后拖动至 I14 单元格。

14）设置并美化工作表格，如图 3－21 所示。

应发工资汇总表

2020 年 12 月 31 日　　　　单位：元

所属部门	岗位性质	基础工资	岗位工资	年工工资	补助	加班工资	请假扣款	应发工资
厂办	管理人员	15 307	12 100	1 950	840	1 346	903	30 640
财务科	管理人员	18 839	13 900	1 600	1 120	941	178	36 221
人事科	管理人员	9 180	7 300	900	560	415	50	18 305

所属部门	岗位性质	基础工资	岗位工资	年工工资	补助	加班工资	请假扣款	应发工资
供应科	管理人员	8 445	7 300	1 300	560	427	263	17 768
技术科	管理人员	12 667	10 600	2 050	840	444	—	26 601
销售科	销售人员	13 001	24 280	1 200	840	1 391	212	40 500
生产车间	车间管理人员	12 928	10 500	1 750	840	541	430	26 128
加工车间	生产工人	17 014	34 150	2 700	1 400	854	247	55 871
装配车间	生产工人	8 041	11 840	850	560	507	50	21 748
机修车间	生产工人	10 570	24 525	1 200	840	764	231	37 669
合计		125 992	156 495	15 500	8 400	7 628	2 565	311 450

图 3－21　应发工资汇总表

扫一扫： 应发工资汇总表

第二步：编制工资总额汇总表。

“工资总额汇总表”是将本期全体职工的工资费用，按照受益对象所属部门进行分类汇总而产生的表格，它是编制代扣代缴三险一金、代扣代缴个人所得税业务账务处理原始凭证。

辉煌电脑公司工资结算单如图 3－20 所示。

代扣三险一金及个人所得税时：

借：应付职工薪酬——工资（三险一金＋个人所得税金额合计）

　　贷：应交税费——应交个人所得税（个人所得税金额）

　　　　其他应付款——社会保险（三险合计金额）

　　　　其他应付款——住房公积金（住房公积金项目金额）

代缴三险一金及个人所得税时：

借：应交税费——应交个人所得税（个人所得税金额）

　　其他应付款——社会保险（三险合计金额）

　　其他应付款——住房公积金（住房公积金项目金额）

　　贷：银行存款（三险一金＋个人所得税金额合计）

工作任务

【要求】编制“工资总额汇总表”。

工作步骤

1）双击打开“辉煌电脑公司工资管理工作簿”。

2）在“页面”找到“工资总额汇总表”，单击打开工作表格。

3）选择 A1 单元格，录入“工资总额汇总表”，合并单元格 A1：K1。

4）选择 A2 单元格，录入“2020 年 12 月 31 日”“单位：元”，合并单元格 A2：K2。

5）参照图 3－22，将“所属部门”“岗位性质”“应发工资”信息从“应发工资汇总表”中引入本表中 A3：C13 单元格。

6）选择 D4 单元格，录入“＝SUMIF（三险一金计算表！$B$4：$B$33，A4，三险一金计算表！$D$4：$D$33）”，运用自动填充功能，将 D4 单元格向下拖动至 D13 单元格。

7）选择 E4 单元格，录入“＝SUMIF（三险一金计算表！$B$4：$B$33，A4，三险一金计算表！$E$4：$E$33）”，运用自动填充功能，将 E4 单元格向下拖动至 E13 单元格。

8）选择 F4 单元格，录入“＝SUMIF（三险一金计算表！$B$4：$B$33，A4，三险一金计算表！$F$4：$F$33）”，运用自动填充功能，将 F4 单元格向下拖动至 F13 单元格。

9）选择 G4 单元格，录入“＝SUMIF（三险一金计算表！$B$4：$B$33，A4，三险一金计算表！$G$4：$G$33）”，运用自动填充功能，将 G4 单元格向下拖动至 G13 单元格。

10）选择 H4 单元格，录入“＝SUMIF（三险一金计算表！$B$4：$B$33，A4，三险一金计算表！$H$4：$H$33）”，运用自动填充功能，将 H4 单元格向下拖动至 H13 单元格。

11）选择 I4 单元格，录入“＝SUMIF（三险一金计算表！$B$4：$B$33，A4，三险一金计算表！$I$4：$I$33）”，运用自动填充功能，将 I4 单元格向下拖动至 I13 单元格。

12）选择 J4 单元格，录入“＝SUMIF（工资结算表！$C$4：$C$33，A4，工资结算表！$L$4：$L$33）”，运用自动填充功能，将 J4 单元格向下拖动至 J13 单元格。

13）选择 K4 单元格，录入“＝SUMIF（工资结算表！$C$4：$C$33，A4，工资结算表！$M$4：$M$33）”，运用自动填充功能，将 K4 单元格向下拖动至 K13 单元格。

14）选择 C14 单元格，录入“＝SUM（C4：C13）”，运用自动填充功能，将 C14 单元格向后拖动至 K14 单元格。

15）设置并美化工作表格，如图 3－22 所示。

工资总额汇总表

2020 年 12 月 31 日　　单位：元

所属部门	岗位性质	应发工资	医疗保险	养老保险	失业保险	社会保险	住房公积金	三险一金	个人所得税	实发工资
厂办	管理人员	30 640	550	2 200	138	2 888	1 925	4 813	1 639	24 188
财务科	管理人员	36 221	606	2 424	152	3 182	2 121	5 303	98	30 821
人事科	管理人员	18 305	296	1 184	74	1 554	1 036	2 590	6 738	8 977
供应科	管理人员	17 768	276	1 104	69	1 449	966	2 415	53	15 301
技术科	管理人员	26 601	400	1 600	100	2 100	1 400	3 500	327	22 774
销售科	销售人员	40 500	446	1 784	112	2 342	1 561	3 903	1 015	35 582
生产车间	车间管理人员	26 128	438	1 752	110	2 300	1 533	3 833	114	22 182
加工车间	生产工人	55 871	614	2 456	154	3 224	2 149	5 373	230	50 269
装配车间	生产工人	21 748	238	952	60	1 250	833	2 083	68	19 597
机修车间	生产工人	37 669	378	1 512	95	1 985	1 323	3 308	375	33 986
合计		311 450	4 242	16 968	1 061	22 271	14 847	37 118	10 656	263 677

图 3－22　工资总额汇总表

扫一扫：工资总额汇总表的编制

第三步：编制工资发放表。

“工资发放表”是将依据“工资结算单”编制的职工工资发放明细表，辉煌电脑公司将该发放表作为原始凭证之一交存银行，委托银行按表格列示的金额及卡号，将职工工资分别转入其工资卡，通过这种方式发放工资，既方便又安全。

辉煌电脑公司工资结算单，如图 3－20 所示。

依据“工资发放表”发放工资时：

借：应付职工薪酬——工资（实发工资金额）

　　贷：银行存款（实发工资金额）

工作任务

【要求】编制“工资发放表”。

工作步骤

1）双击打开“辉煌电脑公司工资管理工作簿”。

2）在“页面”找到“工资发放表”，单击打开工作表格。

3）选择 A1 单元格，录入“工资发放表”，合并单元格 A1：E1。

4）选择 A2 单元格，录入“2020 年 12 月 31 日”“单位：元”，合并单元格 A2：E2。

5）参照图 3－23，将“员工代码”“姓名”“所属部门”“实发工资”信息从“工资结算单”中引入本表中 A3：D33 单元格。

6）参照图 3－23，将“银行卡号”信息从“员工资料明细表”中引入本表中 E3：E33 单元格。

7）选 D34 单元格，录入“＝SUM（D4：D33）”。

8）设置并美化工作表格，如图 3－23 所示。

工资发放表

2020 年 12 月 31 日　　　　单位：元

员工代码	姓名	所属部门	实发工资	银行卡号
001	郑明	厂办	8 626	323236574098000
002	刘茵	厂办	9 805	323236574098001
003	孙晓宁	厂办	5 758	323236574098002
004	赵丽	财务科	9 640	323236574098003
005	刘全能	财务科	7 413	323236574098004
006	周涛	财务科	6 807	323236574098005
007	黄小明	财务科	6 961	323236574098006

员工代码	姓名	所属部门	实发工资	银行卡号
008	赵丽洪	人事科	1 969	323236574098007
009	刘黄山	人事科	7 008	323236574098008
010	周晓月	供应科	9 003	323236574098009
011	邹家华	供应科	6 297	323236574098010
012	宋江	技术科	9 495	323236574098011
013	郭楠	技术科	7 475	323236574098012
014	李琳	技术科	5 804	323236574098013
015	张峰	销售科	8 754	323236574098014
016	郝明	销售科	11 362	323236574098015
017	吴昊	销售科	15 466	323236574098016
018	吕梁	生产车间	6 980	323236574098017
019	高明	加工车间	9 648	323236574098018
020	朱德	加工车间	8 710	323236574098019
021	李煜	加工车间	9 801	323236574098020
022	刘邦	加工车间	10 745	323236574098021
023	刘禹锡	加工车间	11 366	323236574098022
024	宋小宝	生产车间	7 668	323236574098023
025	赵小山	装配车间	11 031	323236574098024
026	刘伯温	装配车间	8 566	323236574098025
027	张纲	生产车间	7 534	323236574098026
028	丁一富	机修车间	9 465	323236574098027
029	门大功	机修车间	12 532	323236574098028
030	周瑜	机修车间	11 989	323236574098029
合计			263 677	

图 3-23　工资发放表

扫一扫：工资发放表的编制

预备知识及技能

第四步：工资条的生成。

“工资条”是依据“工资结算单”编制的，以便职工及时了解自己本月工资项目内容及金额。

辉煌电脑公司工资结算单，如图 3-20 所示。

------ MOD函数的公式语法 ------

MOD函数主要作用是返回商的余数，即两数取余后返回两数相除的余数。Excel中MOD函数用于返回两数相除的余MOD（number，divisor）number（必选）：表示被除数。divisor(必选)：表示除数。如果该参数为0，MOD函数将返回错误值#DIV/O！。

ROW（）：返回所选择的某一个单元格的行数；

MOD（ROW（），3）=0：所选择单元格的行数能被3整除；

MOD（ROW（），3）=1：所选择单元格的行数除3，余数是1。

扫一扫：了解INDEX函数的使用方法

工作任务

【要求】自动生成工资条。

工作步骤

1）双击打开“辉煌电脑公司工资管理工作簿”。

2）在“页面”找到“工资发放表”，单击打开工作表格。

3）选择A1单元格，录入“=IF(MOD(ROW(),3)=0,"",IF(MOD(ROW(),3)=1，工资结算表！A$3，INDEX（工资结算表！$A$1：$M$33，INT(ROW()-1)/3+4，COLUMN()))))”，选择A1单元格，运用自动填充功能向后向下拖动至M89单元格。

4）设置并美化工作表格，如图3-24所示。

	A	B	C	D	E	F	G	H	I	J	K	L	M
1	员工代码	姓名	所属部门	基础工资	岗位工资	年工工资	补助	加班工资	请假扣款	应发工资	三险一金	本期个人所得税	实发工资
2	001	郑明	厂办	6 823	4 800	1 000	280	0	853	12 050	2 013	1 411	8 626
3													
4	员工代码	姓名	所属部门	基础工资	岗位工资	年工工资	补助	加班工资	请假扣款	应发工资	三险一金	本期个人所得税	实发工资
5	002	刘茵	厂办	5 384	4 000	700	280	1 346	50	11 660	1 628	228	9 805
6													
7	员工代码	姓名	所属部门	基础工资	岗位工资	年工工资	补助	加班工资	请假扣款	应发工资	三险一金	本期个人所得税	实发工资
8	003	孙晓宁	厂办	3 100	3 300	250	280	0	0	6 930	1 173	0	5 758
9													
10	员工代码	姓名	所属部门	基础工资	岗位工资	年工工资	补助	加班工资	请假扣款	应发工资	三险一金	本期个人所得税	实发工资
11	004	赵丽	财务	5 528	4 000	1 000	280	461	0	11 269	1 575	54	9 640
12													

图3-24 工资条（部分展示）

扫一扫：工资条的编制

预备知识及技能

第五步：五险一金计提表。

辉煌电脑公司在工资日常管理过程中，按照国家规定的标准，按照上年月平均工资的一定比例，计提公司应负担的“医疗保险”“养老保险”“工伤保险”“生育保险”“失业保险”及“住房公积金”。五险一金计提表也是企业据以编制计提五险一金账务处理的原始凭证。

计提五险一金时：

借：生产成本（企业负担生产工人五险一金）

　　制造费用（企业负担车间管理人员五险一金）

　　销售费用（企业负担销售人员五险一金）

　　管理费用（企业负担管理人员五险一金）

　　贷：应付职工薪酬——社会保险（企业负担的五险）

　　　　应付职工薪酬——住房公积金（企业负担住房公积金）

企业缴纳五险一金时：

借：应付职工薪酬——社会保险（企业负担的五险）

　　应付职工薪酬——住房公积金（企业负担住房公积金）

　　贷：银行存款（企业负担五险一金总额）

辉煌电脑公司 2019 年职工月平均工资表，图 3－5，辉煌电脑公司计提五险一金以上年度职工月平均工资为基数，具体计提标，图 3－7。

工作任务

【要求】编制五险一金计提表。

工作步骤

1）双击打开“辉煌电脑公司工资管理工作簿”。

2）在“页面”找到“五险一金计提表”，单击打开工作表格。

3）选择 A1 单元格，录入“五险一金计提表”，合并单元格 A1：K1。

4）选择 A2 单元格，录入“2020 年 12 月 31 日”“单位：元”，合并单元格 A2：K2。

5）参照图 3－23，将“所属部门”“岗位性质”信息从“工资总额汇总表”中引入本表中 A3：B13 单元格。

6）参照图 3－26，将“月平均工资”信息从“月平均工资表”中引入本表中 C3：C13 单元格。

7）选择 D4 单元格，录入“ =C4 * 0.2”，选择 D4 单元格，运用自动填充功能向下拖动至 D13 单元格。

8）选择 E4 单元格，录入“ =C4 * 0.1”，选择 E4 单元格，运用自动填充功能向下拖动至 E13 单元格。

9）选择 F4 单元格，录入“ =C4 * 0.01”，选择 F4 单元格，运用自动填充功能向下拖动至 F13 单元格。

10）选择 G4 单元格，录入“ =C4 * 0.015”，选择 G4 单元格，运用自动填充功能向下拖动至 G13 单元格。

11）选择 H4 单元格，录入“ =C4 * 0.01”，选择 H4 单元格，运用自动填充功能向下拖动至 H13 单元格。

12）选择 I4 单元格，录入“ =SUM（D4：H4）”，选择 I4 单元格，运用自动填充功能向下拖动至 I13 单元格。

13）选择 J4 单元格，录入“ =C4 * 0.07”，选择 J4 单元格，运用自动填充功能向下拖动至 J13 单元格。

14）选择 K4 单元格，录入“ =I4 + J4”，选择 K4 单元格，运用自动填充功能向下拖动至 K13 单元格。

15）选择 C14 单元格，录入“ =SUM（C4：C13）”，选择 C14 单元格，运用自动填充功能向下拖动至 K14 单元格。

16）设置并美化工作表格，如图 3 -25 所示。

五险一金计提表

2020 年 12 月 31 日　　单位：元

所属部门	岗位性质	月平均工资	养老保险	医疗保险	失业保险	工伤保险	生育保险	小计	住房公积金	合计
厂办	管理人员	27 500	5 500	2 750	275	413	275	9 213	1 925	11 138
财务科	管理人员	30 300	6 060	3 030	303	455	303	10 151	2 121	12 272
人事科	管理人员	14 800	2 960	1 480	148	222	148	4 958	1 036	5 994
供应科	管理人员	13 800	2 760	1 380	138	207	138	4 623	966	5 589
技术科	管理人员	20 000	4 000	2 000	200	300	200	6 700	1 400	8 100
销售科	销售人员	22 300	4 460	2 230	223	335	223	7 471	1 561	9 032
生产车间	车间管理人员	21 900	4 380	2 190	219	329	219	7 337	1 533	8 870
加工车间	生产工人	30 700	6 140	3 070	307	461	307	10 285	2 149	12 434
装配车间	生产工人	11 900	2 380	1 190	119	179	119	3 987	833	4 820
机修车间	生产工人	18 900	3 780	1 890	189	284	189	6 332	1 323	7 655
合计		212 100	42 420	21 210	2 121	3 182	2 121	71 054	14 847	85 901

图 3 -25　五险一金计提表

扫一扫：五险一金计提表的编制

预备知识及技能

第六步：工资费用分配表。

辉煌电脑公司在工资日常管理过程中，按照国家规定的标准，按照本月“应发工资”的一定比例，计提公司应负担的“工会经费”“职工教育经费”“职工福利费”。工资费用分配表也是企业据以编制计提三费账务处理的原始凭证。

计提三费时：

借：生产成本（生产工人三费合计）

　　制造费用（车间管理人员三费合计）

　　销售费用（销售人员三费合计）

　　管理费用（行政管理人员三费合计）

　　贷：应付职工薪酬——工会经费（工会经费合计）

　　　　应付职工薪酬——职工教育经费（职工教育经费合计）

　　　　应付职工薪酬——福利费（福利费合计）

辉煌电脑公司福利费按工资总额的14%计提，职工教育经费按工资总额的8%计提，工会经费按工资总额的2%计提。

辉煌电脑公司工资总额汇总表，如图3－23所示。

工作任务

【要求】编制工资费用分配表。

工作步骤

1）双击打开“辉煌电脑公司工资管理工作簿”。

2）在“页面”找到“工资费用分配表”，单击打开工作表格。

3）选择A1单元格，录入“工资费用分配表”，合并单元格A1：G1。

4）选择A2单元格，录入“2020年12月31日”“单位：元”，合并单元格A2：G2。

5）参照图3－27，将“所属部门”“岗位性质”“应发工资”信息从“工资总额汇总表”中引入本表中A3：C13单元格。

6）选择D4单元格，录入“＝C4＊0.02”，选择D4单元格，运用自动填充功能向下拖动至D13单元格。

7）选择E4单元格，录入“＝C4＊0.08”，选择E4单元格，运用自动填充功能向下拖动至E13单元格。

8）选择F4单元格，录入“＝C4＊0.14”，选择F4单元格，运用自动填充功能向下拖动至 F13 单元格。

9）选择 G4 单元格，录入“ = SUM（D4：F4）”，选择 G4 单元格，运用自动填充功能向下拖动至 G13 单元格。

10）选择 C14 单元格，录入“ = SUM（C4：C13）”，选择 C14 单元格，运用自动填充功能向后拖动至 G14 单元格。

11）设置并美化工作表格，如图 3 – 26 所示。

工资费用分配表

2020 年 12 月 31 日　　单位：元

所属部门	岗位性质	应发工资	工会经费（2%）	教育经费（8%）	福利费（14%）	合计
厂办	管理人员	30 640	613	2 451	4 290	7 354
财务科	管理人员	36 221	724	2 898	5 071	8 693
人事科	管理人员	18 305	366	1 464	2 563	4 393
供应科	管理人员	17 768	355	1 421	2 488	4 264
技术科	管理人员	26 601	532	2 128	3 724	6 384
销售科	销售人员	40 500	810	3 240	5 670	9 720
生产车间	车间管理人员	26 128	523	2 090	3 658	6 271
加工车间	生产工人	55 871	1 117	4 470	7 822	13 409
装配车间	生产工人	21 748	435	1 740	3 045	5 219
机修车间	生产工人	37 669	753	3 013	5 274	9 040
合计		311 450	6 229	24 916	43 603	74 748

图 3 – 26　工资费用分配表

扫一扫：工资费用分配表的编制

预备知识及技能

第七步：统计分析表的编制。

辉煌电脑公司在工资日常管理过程中，运用 Excel 中数据透视表和数据透视图功能，建立应付工资汇总表、实发工资汇总表，应付工资透视图，通过相关图表的编制，可以依据部门和职工类别进行统计分析。

编制辉煌电脑公司工资总额汇总表，参见图 3 – 23。

工作任务

【要求】编制工资统计分析表。

工作步骤

1）双击打开“辉煌电脑公司工资管理工作簿”。

2）在“页面”找到“工资统计分析表”，单击打开工作表格。

3）选择 A1 单元格，录入“实发工资汇总表”，合并单元格 A1∶E1。

4）选择 A2 单元格，录入“2020 年 12 月 31 日”“单位：元”，合并单元格 A2∶E2。

5）选择 A3 单元格，单击“插入”选择“数据透视表”，打开数据透视表对话框，数据范围选择“工资总额汇总表 A3∶K13”，选择“所属部门”到行区域，选择“岗位性质”到列区域，选择“实发工资”到数值区域。

6）选择 A18 单元格，单击“插入”选择“数据透视图”，打开数据透视图对话框，数据范围选择“工资总额汇总表 A3∶K13”，选择“所属部门”到行区域，选择“岗位性质”到列区域，选择“应发工资”到数值区域，选择图形类别。

7）设置并美化工作表格，如图 3－27、图 3－28 所示。

应发工资汇总表

2020 年 12 月 31 日　　单位：元

所属部门	管理费用	生产成本	销售费用	制造费用	总计
财务科	36 221				36 221
厂办	30 640				30 640
供应科	17 768				17 768
机修车间		37 669			37 669
技术科	26 601				26 601
加工车间		55 871			55 871
人事科	18 305				18 305
生产车间				26 128	26 128
销售科			40 500		40 500
装配车间		21 748			21 748
总计	129 535	115 287	40 500	26 128	311 450

图 3－27　应发工资汇总表（透视表）

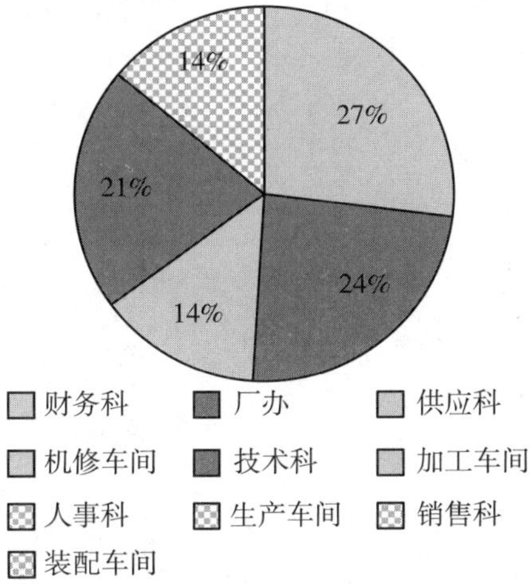

图 3－28　应发工资汇总表（透视图）

扫一扫：工资统计分析表的编制

项目4

Excel 在存货进销存中的应用

学习目标

知识目标

1. 了解存货进销存的处理流程；
2. 掌握存货进销存管理数据之间的关系；
3. 了解企业存货、供应商、客户的编码方法。

能力目标

1. 建立存货进销存管理系统；
2. 进行采购与付款业务的管理；
3. 进行销售与收款业务的管理；
4. 进行存货库存管理；
5. 掌握 VLOOKUP、SUMIF 函数的应用。

项目情景

为了更加有效地对存货进行管理，辉煌电脑公司决定采用 Excel 建立存货进销存管理系统。有效辅助企业解决业务管理、分销管理、存货管理、营销计划的执行和监控、统计信息的收集等方面的业务问题。刘全能同学能否顺利完成公司交给他的这项工作，他又需要掌握 Excel 的哪些知识与技巧呢？

情景目标

通过完成本项目的工作任务，学习者能够利用 Excel 建立存货进销存管理系统。从接收订单开始，进行物料采购、入库、领用到产成品完工入库、交货、回收货款等，每一步都提供详尽准确的数据。

情景分析

辉煌电脑公司利用 Excel 建立存货进销存管理系统的具体工作主要有以下几个方面：首先，输入存货期初数据，作为手工账和新的进销存管理系统的衔接；其次，由采购部门根据相关采购业务的原始凭证编制“材料采购业务表”，财务部门根据相关货款支付资料编制“付款业务表”，便于企业及时了解采购与付款情况；再次，销售部门与仓储部门依据相关原始凭证编制“产品销售业务表”和“车间领用材料表”，财务部门根据相关货款收款凭证编制“收款业务表”，便于企业及时了解销售与收款业务情况；最后，根据材料收发资料生成存货库存管理表格，完成企业对存货进销存管理的全过程。

工作步骤

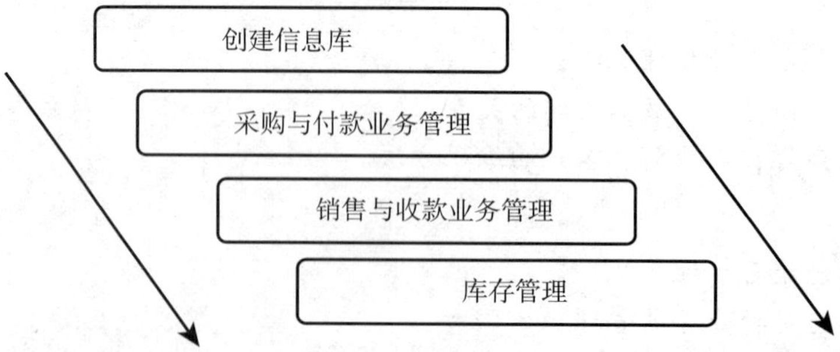

任务1　创建信息库

任务情景

刘全能同学虚心地与公司各个相关职能部门进行沟通，了解公司建立进销存管理系统的大致思路。明确了利用 Excel 建立存货进销存管理系统的具体步骤。他首先需要创建基本信息库，为日后自动生成其他存货管理表格所需的数据提供依据。

情景目标

通过对相关数据的搜集、整理，设计出较为合理的工作表格，明确表格项目及内容，为后期表格数据的有效利用奠定基础。

情景分析

辉煌电脑公司存货管理系统是由多个工作表组成。首先我们需要将一些基础数据、期初结存数据以及存货本期收发业务数据手工输入，创建信息库，为以后自动生成其他存货管理表格所需的数据奠定基础。

工作任务

【要求】创建信息库。

工作步骤

任务 1－1　编制“原材料期初数据表”

1）打开 Excel 2013，自动新建一个工作簿，然后单击工具栏中的按钮，在“另存为”

对话框中选择文件存放位置并将该文件命名为“辉煌电脑公司存货进销存管理工作簿”，如图 4－1 所示。然后单击“保存”按钮。

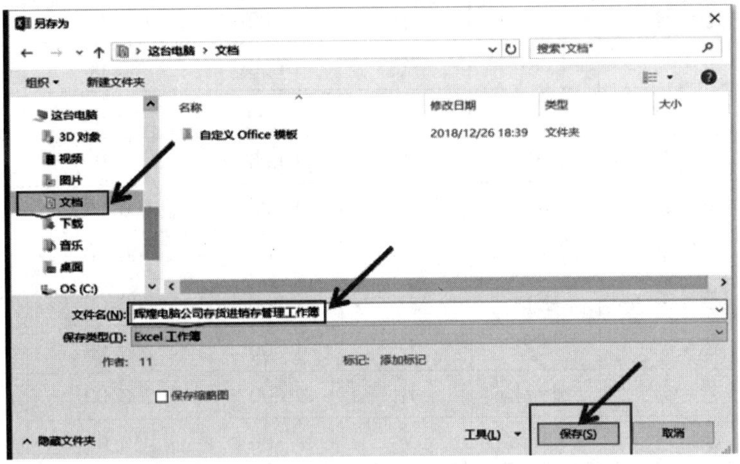

图 4－1　“保存”界面

2）双击打开“辉煌电脑公司存货进销存管理工作簿”，单击工作簿下方工作表标签位置的插入表格图标，插入新工作表 Sheet 2 ~ Sheet 5，如图 4－2 所示。

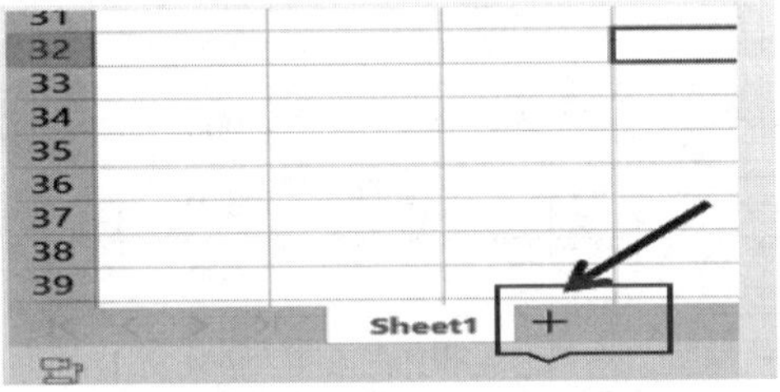

图 4－2　插入新工作表

3）按照步骤 2）的操作方法，分别将 Sheet 1、Sheet 2、Sheet 3、Sheet 4、Sheet 5 工作表标签更名为“原材料期初数据表”“自制半成品期初余额表”“库存商品期初余额表”“车间领用材料表”“完工产品入库表”，如图 4－3 所示。

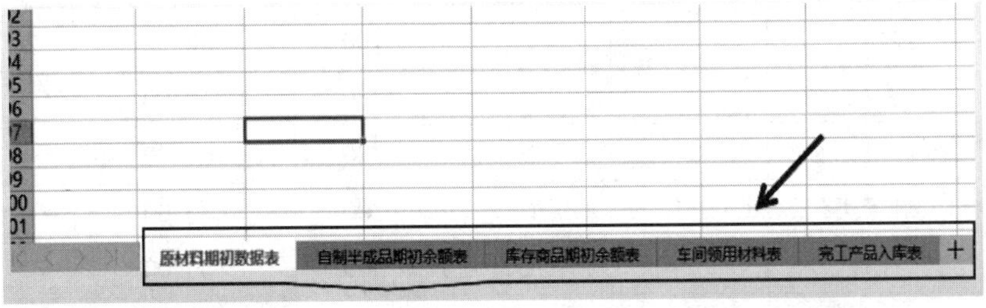

图 4－3　更名界面

4）编制原材料期初数据表。打开“原材料期初数据表”工作表，参照图 4－4 情景资料，输入相应的标题信息内容。

原材料明细账账户期初余额

单位：元

材料代码	材料名称	型号规格	计量单位	期初库存	期初单位成本	期初余额
CL－01	电容类	C	个	1 000	100. 00	100 000. 00
CL－02	电阻类	R	个	1 000	80. 00	80 000. 00
CL－03	电感类	L	个	1 800	50. 00	90 000. 00
CL－04	二极管	D	根	1 000	50. 00	50 000. 00
CL－05	三极管	Q	根	1 000	100. 00	100 000. 00
CL－06	扩展槽		个	500	100. 00	50 000. 00
CL－07－01	芯片类	主板	片	2 500	200. 00	500 000. 00
CL－07－02	芯片类	硬盘	片	1 500	200. 00	300 000. 00
CL－07－03	芯片类	显示器	片	1 000	200. 00	200 000. 00
CL－08	保险丝		M	800	50. 00	40 000. 00
CL－09	焊条类		根	40 000	2. 00	80 000. 00
CL－10	PCB 板		m^2	2 000	100. 00	200 000. 00
CL－11	总线		M	1 800	50. 00	90 000. 00
CL－12	电路构造		组	400	200. 00	80 000. 00
CL－13	固定面板		张	1 100	100. 00	110 000. 00
CL－14	接口类		个	4 000	20. 00	80 000. 00
CL－15	磁头类		个	1 800	50. 00	90 000. 00
CL－16	盘片类		个	2 000	25. 00	50 000. 00
CL－17	主轴类		根	12 000	10. 00	120 000. 00
CL－18	电机类		个	5 000	80. 00	400 000. 00
CL－19	钢片类		个	5 000	20. 00	100 000. 00
CL－20	缓存类		个	2 000	100. 00	200 000. 00
CL－21	金属薄膜		kg	1 000	50. 00	50 000. 00
CL－22	控制面板		个	700	100. 00	70 000. 00
CL－23	显示屏		个	100	500. 00	50 000. 00
CL－24	音柱		个	330	300. 00	99 000. 00
CL－25	变压电路板		张	700	100. 00	70 000. 00
CL－26	灯管类		个	800	50. 00	40 000. 00
CL－27	面板		张	500	100. 00	50 000. 00
CL－28	连接器		个	1 200	50. 00	60 000. 00
CL－29	灯管升压板		个	1 000	50. 00	50 000. 00
CL－30	线路板		张	750	40. 00	30 000. 00

材料代码	材料名称	型号规格	计量单位	期初库存	期初单位成本	期初余额
CL-31	机壳		个	400	100.00	40 000.00
CL-32	显像管		根	700	100.00	70 000.00
CL-33	LCD 主板		张	300	100.00	30 000.00
CL-34	DVI 接口		个	1 000	20.00	20 000.00
CL-35	液晶层		个	1 000	50.00	50 000.00
CL-36	液晶面板		个	200	200.00	40 000.00
CL-37	有机玻璃		片	1 000	20.00	20 000.00
CL-38	电源适配器		个	600	50.00	30 000.00
CL-39	导热硅脂		个	1 000	10.00	10 000.00
CL-40	CPU 类		个	242	2 400.00	580 800.00
CL-41	CPU-COOLER		个	540	130.00	70 200.00
CL-42	内存		个	334	300.00	100 200.00
CL-43	声卡		个	322	310.00	99 820.00
CL-44	纯平显示器		个	200	1 000.00	200 000.00
CL-45	光驱		个	312	385.00	120 120.00
CL-46	软驱		个	350	299.00	104 650.00
CL-47	包装材料		M	2 000	10.00	20 000.00
CL-48	油漆		桶	2 000	40.00	80 000.00
CL-49	燃料		桶	1 000	50.00	50 000.00
CL-50	钢板类		M	1 000	200.00	200 000.00
CL-51	塑钢类		M	1 000	50.00	50 000.00
CL-52	辅助材料类		M	120	50.00	6 000.00
CL-53-01	其他材料类	主板	组	1 400	400.00	560 000.00
CL-53-02	其他材料类	硬盘	组	300	500.00	150 000.00
CL-53-03	其他材料类	显示器	组	150	600.00	90 000.00
CL-54	电源		个	600	50.00	30 000.00
CL-55	键盘		个	500	100.00	50 000.00
CL-56	鼠标		个	340	60.00	20 400.00
CL-57	显卡		个	300	500.00	150 000.00
	合计					6 721 190.00

图 4-4　原材料期初数据表

5）选中 G3 单元格，在“公式”文本框中输入公式“=E3*F3”，计算期初余额，再利用自动填充功能完成该列的填制。

6）其他单元格的数据按照“原材料明细账账户期初余额”资料填写，依次完成原材料期初数据表的编制。将表格添加边框，进行相应美化后，单击工具栏中的按钮，保存文件。

电算化材料管理最基础的工作是对材料、供应商、产成品建立基础资料代码管理制度，确定各自的代码。这也是编制公式进行计算与引用的基础。

扫一扫：如何快速获取帮助

扫一扫：根据条件选择单元格

任务1－2 编制“自制半成品期初余额表”

1）打开“自制半成品期初余额表”工作表，参照情景资料图4－5，输入自制半成品期初余额表的相关内容。

	A	B	C	D	E	F
1	自制半成品明细账账户期初余额表					
2	产品编码	产品名称	单位	数量	单位成本（元）	总成本（元）
3	BCP-01	主板	片	1 000.00	600.00	600 000.00
4	BCP-02	硬盘	个	1 500.00	900.00	1 350 000.00
5	BCP-03	液晶显示器	台	200.00	1 800.00	360 000.00
6	BCP-04	纯平显示器	台	800.00	1 100.00	880 000.00
7	BCP-05	机箱	个	2 000.00	260.00	520 000.00
8		合计				3 710 000.00

图4－5 自制半成品期初余额表

2）选中F3单元格，在“公式”文本框中输入公式“＝D3＊E3”，计算出总成本，再利用自动填充功能完成该列的填制。

3）其他单元格的数据参照“自制半成品期初余额表”资料填写，依次完成自制半成品期初余额表的编制，将表格添加边框，进行相应美化后，单击工具栏中的按钮，保存文件。

任务1－3 编制“库存商品期初余额表”

1）编制库存商品期初余额表。打开“库存商品期初余额表”工作表，参照情景资料图4－6，输入库存商品期初余额表的相关内容。选中F3单元格，在“公式”文本框中输入公式“＝D3＊E3”，计算出库存商品总成本，再利用自动填充功能完成该列的填制。

2）其他单元格的数据参照“库存商品期初余额表”资料填写，依次完成库存商品期初余额表的编制，将表格添加边框，进行相应美化后，单击工具栏中的按钮，保存文件。

库存商品明细账户期初余额

产品编码	产品名称	单位	数量	单位成本（元）	总成本（元）
SP-01	畅想189电脑	台	990	5 500.00	5 445 000.00
SP-02	畅想1189电脑	台	400	9 500.00	3 800 000.00
SP-03	欢想B80电脑	台	11	5 000.00	55 000.00
SP-04	欢想C80电脑	台	1 600	4 000.00	6 400 000.00
	合　计				15 700 000.00

图4-6　库存商品期初余额表

扫一扫：库存商品期初余额表的编制

任务1-4　编制“车间领用材料表”

1）编制车间领用材料表。打开“车间领用材料表”工作表，参照情景资料图4-7，输入车间领用材料表的相关内容。

辉煌电脑公司车间领用材料表

材料编码	材料名称	规格型号	计量单位	本期发出			产品代码	产品名称
				数量	单价（元）	金额（元）		
CL-01	电容类	C	个	600	100.00	60 000.00	BCP-01	主板
CL-02	电阻类	R	个	500	80.00	40 000.00	BCP-01	主板
CL-03	电感类	L	个	1 000	50.00	50 000.00	BCP-01	主板
CL-04	二极管	D	根	600	50.00	30 000.00	BCP-01	主板
CL-05	三极管	Q	根	700	100.00	70 000.00	BCP-01	主板
CL-06	扩展槽		个	200	100.00	20 000.00	BCP-01	主板
CL-07-01	芯片类		片	1 000	200.00	200 000.00	BCP-01	主板
CL-08	保险丝		M	200	50.00	10 000.00	BCP-01	主板
CL-09	焊条类		根	600	50.00	30 000.00	BCP-01	主板
CL-10	PCB板		m^2	900	100.00	90 000.00	BCP-01	主板
CL-11	总线		M	1 000	50.00	50 000.00	BCP-01	主板
CL-53-01	其他材料类		组	375	400.00	150 000.00	BCP-01	主板
CL-07-02	芯片类		片	1 250	200.00	250 000.00	BCP-02	硬盘
CL-13	固定面板		张	600	100.00	60 000.00	BCP-02	硬盘
CL-14	接口类		个	2 000	20.00	40 000.00	BCP-02	硬盘
CL-15	磁头类		个	1 000	50.00	50 000.00	BCP-02	硬盘

材料编码	材料名称	规格型号	计量单位	本期发出			产品代码	产品名称
				数量	单价（元）	金额（元）		
CL－16	盘片类		个	1 200	25.00	30 000.00	BCP－02	硬盘
CL－17	主轴类		根	7 000	10.00	70 000.00	BCP－02	硬盘
CL－18	电机类		个	2 500	80.00	200 000.00	BCP－02	硬盘
CL－19	钢片类		个	2 500	20.00	50 000.00	BCP－02	硬盘
CL－20	缓存类		个	1 000	100.00	100 000.00	BCP－02	硬盘
CL－21	金属薄膜		kg	400	50.00	20 000.00	BCP－02	硬盘
CL－22	控制面板		个	300	100.00	30 000.00	BCP－02	硬盘
CL－53－02	其他材料类		组	250	400.00	100 000.00	BCP－02	硬盘
CL－07－03	芯片类	显示器	片	750	200.00	150 000.00	BCP－03	液晶显示器
CL－12	电路构造		组	100	200.00	20 000.00	BCP－03	液晶显示器
CL－23	显示屏		个	40	500.00	20 000.00	BCP－03	液晶显示器
CL－25	变压电路板		张	400	100.00	40 000.00	BCP－03	液晶显示器
CL－26	灯管类	高压	个	200	50.00	10 000.00	BCP－03	液晶显示器
CL－27	面板		张	200	100.00	20 000.00	BCP－03	液晶显示器
CL－28	连接器		个	400	50.00	20 000.00	BCP－03	液晶显示器
CL－29	灯管升压板		个	600	50.00	30 000.00	BCP－03	液晶显示器
CL－30	线路板		张	500	40.00	20 000.00	BCP－03	液晶显示器
CL－31	机壳		个	100	100.00	10 000.00	BCP－03	液晶显示器
CL－32	显像管		根	400	100.00	40 000.00	BCP－03	液晶显示器
CL－33	LCD 主板		张	100	100.00	10 000.00	BCP－03	液晶显示器
CL－34	DVI 接口		个	500	20.00	10 000.00	BCP－03	液晶显示器
CL－35	液晶层		个	400	50.00	20 000.00	BCP－03	液晶显示器
CL－36	液晶面板		个	50	200.00	10 000.00	BCP－03	液晶显示器
CL－37	有机玻璃		片	250	20.00	5 000.00	BCP－03	液晶显示器
CL－38	电源适配器		个	200	50.00	10 000.00	BCP－03	液晶显示器
CL－39	导热硅脂		个	500	10.00	5 000.00	BCP－03	液晶显示器
CL－53－03	其他材料类	显示器	组	100	600.00	60 000.00	BCP－03	液晶显示器
CL－24	音柱		个	200	300.00	60 000.00	SP－04	畅想 189 电脑
CL－40	CPU 类		个	200	2 400.00	480 000.00	SP－04	畅想 189 电脑
CL－41	CPU－COOLER		个	200	130.00	26 000.00	SP－04	畅想 189 电脑
CL－42	内存		个	200	300.00	60 000.00	SP－04	畅想 189 电脑
CL－43	声卡		个	200	310.00	62 000.00	SP－04	畅想 189 电脑
CL－45	光驱		个	200	385.00	77 000.00	SP－04	畅想 189 电脑
CL－46	软驱		个	200	299.00	59 800.00	SP－04	畅想 189 电脑
CL－47	包装材料		M	200	10.00	2 000.00	SP－04	畅想 189 电脑
CL－52	辅助材料类		M	10	50.00	500.00	SP－04	畅想 189 电脑
CL－54	电源		个	200	50.00	10 000.00	SP－04	畅想 189 电脑

材料编码	材料名称	规格型号	计量单位	本期发出			产品代码	产品名称
				数量	单价（元）	金额（元）		
CL－55	键盘		个	200	100.00	20 000.00	SP－04	畅想 189 电脑
CL－56	鼠标		个	200	60.00	12 000.00	SP－04	畅想 189 电脑
CL－57	显卡		个	200	500.00	100 000.00	SP－04	畅想 189 电脑
BCP－01	主板		片	240	600.00	144 000.00	SP－04	畅想 189 电脑
BCP－02	硬盘		个	200	900.00	180 000.00	SP－04	畅想 189 电脑
BCP－03	液晶显示器		台	200	1 800.00	360 000.00	SP－04	畅想 189 电脑
BCP－05	机箱		个	200	260.00	52 000.00	SP－04	畅想 189 电脑
合计						4 015 300.00		

图 4－7　车间领用材料表

2）选中 G4 单元格，在“公式”文本框中输入公式“＝E4＊F4”，计算发出材料金额，再利用自动填充功能完成该列的填制。

3）其他单元格的数据参照“车间领用材料表”资料填写，依次完成车间领用材料表的编制，将表格添加边框，进行相应美化后，单击工具栏中的按钮，保存文件。

扫一扫： 进销存管理对企业的意义

任务 1－5　编制“完工产品入库表”

1）编制完工产品入库表。打开“完工产品入库表”工作表，参照情景资料图 4－8，输入完工产品入库表的相关内容。

	A	B	C	D	E	F	G
1	辉煌电脑公司完工产品入库表						
2	产品类别	产品编码	产品名称	单位	完工入库		
3					数量	单位成本（元）	总成本（元）
4		BCP-01	主板	片	1 800	600.00	1 080 000.00
5		BCP-02	硬盘	个	2 000	900.00	1 800 000.00
6	自制半成品	BCP-03	液晶显示器	台	400	1 800.00	720 000.00
7		SP-01	畅想189电脑	台	500	5 500.00	2 750 000.00
8		SP-02	畅想1189电脑	台	200	9 500.00	1 900 000.00
9	库存商品	SP-04	欢想C80电脑	台	1 000	4 000.00	4 000 000.00
10	合计				5 900	22 300.00	12 250 000.00

图 4－8　完工产品入库表

2）选中 G4 单元格，在“公式”文本框中输入公式“ = E4 * F4”，计算出完工产品总成本，再利用自动填充功能完成该列的填制。

3）将表格添加边框，进行相应美化后，单击工具栏中的按钮，保存文件后，关闭“辉煌电脑公司存货进销存管理工作簿”。

任务2　采购与付款业务管理

任务情景

刘全能同学根据前段时间掌握的制作 Excel 表格的知识，结合公司的实际情况，认真而努力地完成了利用 Excel 建立存货进销存管理系统的第一步——创建基本信息库，为以后自动生成其他存货管理表格所需的数据奠定了基础。

接下来刘全能同学需要根据公司的业务情况，利用 Excel 进行采购与付款业务的管理，他需要建立采购业务和付款业务的数据清单。他能顺利完成这项任务吗?

情景目标

通过完成该工作任务，学习者需要了解公司的采购流程，在采购与付款业务处理中，需要了解企业的商品或材料购入的基本信息和付款的有关信息。

情景分析

辉煌电脑公司决定利用 Excel 进行采购与付款业务管理，需要建立采购业务和付款业务的数据清单。公司有稳定的供应商，货款采用一月一结的制度。

该公司采购流程为：采购部门接到缺料通知（注明存货编码、产品型号、数量），分析合理性——向供应商提供订单——采购材料，实物检验后入库，登记库存账——对已经入库尚未支付货款的业务，转入应付账款业务表进行管理。

预备知识及技能

扫一扫：外购原材料成本确认

扫一扫：原材料采用实际成本法核算

扫一扫：VLOOKUP 函数的应用

工作任务

【要求】编制“采购业务表”“付款业务表”。

工作步骤

任务 2－1 编制“采购业务表”

1）参照情景资料图 4－1 至图 4－3，建立“辉煌电脑公司采购与付款业务管理工作簿”，单击工作簿下方工作表标签位置的插入表格图标，插入新工作表 Sheet 2 如图 4－2 所示。

2）分别将 Sheet 1、Sheet 2 工作表标签更名为“材料采购业务表”“付款业务表”。

3）参照情景资料图 4－9，输入材料采购业务表的相应标题信息内容。

4）选中 D4 单元格，选择“数据”/“有效性”命令，打开“数据有效性”对话框，在“设置”选项卡中设置允许为“序列”，来源为“四平宏大材料厂，长春春蕾材料厂，吉林华强有限公司，辉南电器材料厂，胜利电脑公司，铁岭光明电器材料厂，哈尔滨明辉电脑公司，哈尔滨英雄电器厂，齐齐哈尔腾讯材料厂”（注意中间的逗号应在英文输入法下输入），如图 4－10 所示。

5）在 I4:I21 单元格输入材料编码。

6）选择 J4 单元格，输入公式“＝VLOOKUP（I4，[辉煌电脑公司存货进销存管理工作簿.xlsx] 原材料期初数据表！$A$2：$G$64，2，0）”；

选中 K4 单元格，输入公式“＝VLOOKUP（I4，[辉煌电脑公司存货进销存管理工作簿.xlsx] 原材料期初数据表！$A$2：$G$64，3，0）”；

选中 L4 单元格，输入公式“＝VLOOKUP（I4，[辉煌电脑公司存货进销存管理工作簿.xlsx] 原材料期初数据表！$A$2：$G$64，4，0）”，引用原材料期初数据表中的相关数据。如图 4－11 所示。

7）选中 J4:L4 单元格区域，鼠标指针向下移动到单元格右下角出现黑实心“＋”时，向下拖动到 L22 单元格，将公式自动添加到各单元格内，将“原材料期初数据表”中的数据引入“材料采购业务表”中。

8）选中 O4 单元格，输入“＝M4＊N4”；选中 P4 单元格，输入“＝O4＊0.13”（增值税税率）；选中 Q4 单元格，输入“＝O4＋P4”。

9）选中 O4:Q4 单元格区域，将鼠标指针向下移动到单元格右下角，当出现黑实心“＋”时，向下拖动到 Q22 单元格，将公式自动添加到各单元格内。

10）选中 S4 单元格，输入“＝Q4－R4”，选中 S4 单元格，将鼠标指针向下移动到单元格右下角，当出现黑实心“＋”时，向下拖动鼠标至 S22 单元格，将公式自动添加到各单元格内。

辉煌电脑公司 12 月材料采购业务表

单位:元

业务日期	采购发票号	摘要	供应商	在途材料				已入库材料				进货数量	进货单价	进货金额	增值税额	应付货款	实付货款	应付货款余额
				材料编码	材料名称	规格型号	单位	材料编码	材料名称	规格型号	单位							
12 月 3 日	1100012	购入材料	四平宏大材料厂					CL－05	三极管	Q	根	200	100.00	20 000.00	2 600.00	22 600.00	22 600.00	—
			四平宏大材料厂					CL－07－02	芯片类	硬盘	片	500	200.00	100 000.00	13 000.00	113 000.00	113 000.00	—
			四平宏大材料厂					CL－07－03	芯片类	显示器	片	500	200.00	100 000.00	13 000.00	113 000.00	113 000.00	—
12 月 12 日	213789	购入材料	四平宏大材料厂					CL－10	PCB 板		m^2	500	100.00	50 000.00	6 500.00	56 500.00		56 500.00
			四平宏大材料厂					CL－13	固定面板		张	300	100.00	30 000.00	3 900.00	33 900.00		33 900.00
			四平宏大材料厂					CL－16	盘片类		个	500	25.00	12 500.00	1 625.00	14 125.00		14 125.00
			四平宏大材料厂					CL－21	金属薄膜		kg	320	50.00	16 000.00	2 080.00	18 080.00		18 080.00
12 月 15 日	4123567	购入材料	辉南电器材料厂					CL－24	音柱		个	120	300.00	36 000.00	4 680.00	40 680.00	40 680.00	—
			辉南电器材料厂					CL－29	灯管升压板		个	300	50.00	15 000.00	1 950.00	16 950.00	16 950.00	—
			辉南电器材料厂					CL－30	线路板		张	30	40.00	1 200.00	156.00	1 356.00	1 356.00	—

业务日期	采购发票号	摘要	供应商	在途材料				已入库材料				进货数量	进货单价	进货金额	增值税额	应付货款	实付货款	应付货款余额
				材料编码	材料名称	规格型号	单位	材料编码	材料名称	规格型号	单位							
12月15日	4123567	购入材料	辉南电器材料厂					CL－33	LCD主板		张	10	300.00	3 000.00	390.00	3 390.00	3 390.00	—
12月19日	563424	购入材料	铁岭光明电器材料厂					CL－36	液晶面板		个	50	200.00	10 000.00	1 300.00	11 300.00	11 300.00	—
			铁岭光明电器材料厂					CL－38	电源适配器		个	50	60.00	3 000.00	390.00	3 390.00	3 390.00	—
			铁岭光明电器材料厂					CL－42	内存		个	100	200.00	20 000.00	2 600.00	22 600.00	22 600.00	—
			铁岭光明电器材料厂					CL－44	纯平显示器		个	15	1 000.00	15 000.00	1 950.00	16 950.00	16 950.00	—
12月23日	8457342	购入材料	齐齐哈尔腾讯材料厂					CL－48	油漆		桶	200	40.00	8 000.00	1 040.00	9 040.00		9 040.00
12月26日	8965363	购入材料	哈尔滨明辉电脑公司					CL－53－03	其他材料类	显示器	组	50	600.00	30 000.00	3 900.00	33 900.00	33 900.00	—
			哈尔滨明辉电脑公司					CL－54	电源		个	100	58.00	5 800.00	754.00	6 554.00	6 554.00	—
12月29日	786540	购入材料	胜利电脑公司	CL－45	光驱	0	个					80	385.00	30 800.00	4 004.00	34 804.00	—	34 804.00
合计														506 300.00	65 819.00	572 119.00	405 670.00	166 449.00

图 4－9 辉煌电脑公司 12 月材料采购业务表

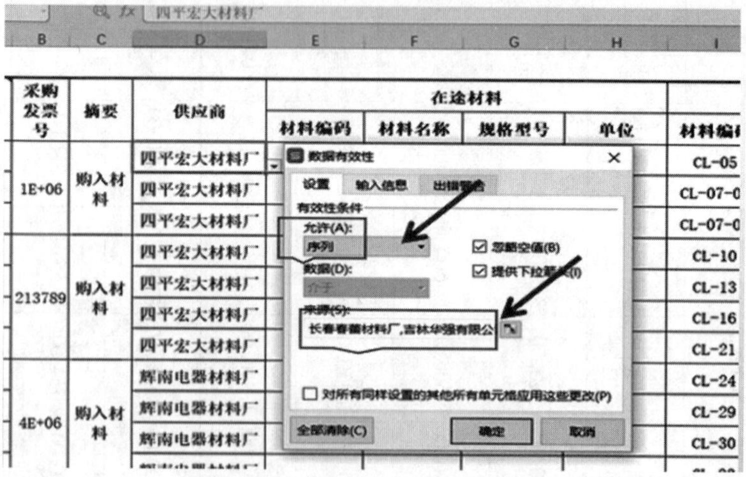

图 4－10 “数据有效性”对话框

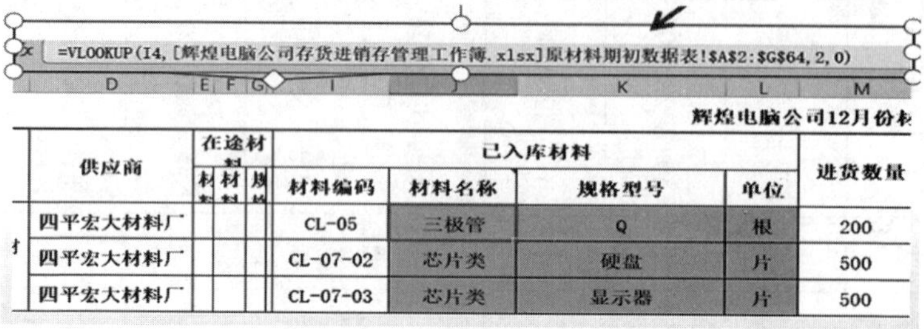

图 4－11 引用数据表界面

11）依次完成材料采购业务表的编制，并计算出最后一行数据的合计数。将表格添加边框，进行相应美化后，单击工具栏中的按钮，保存文件。

任务 2－2 编制“付款业务表”

1）打开“辉煌电脑公司采购与付款业务管理工作簿”，点击“付款业务表”工作表，参照情景资料图 4－12，输入付款业务表的相关内容。

辉煌电脑公司2019年12月付款业务表

付款日期	结算方式	结算票据号	供应商	应付货款	已付货款	应付账款余额	预付账款
12月3日	转账支票	001023	四平宏大材料厂	371 205.00	248 600.00	122 605.00	
12月15日	转账支票	432321	辉南电器材料厂	62 376.00	62 376.00	-	
12月19日	银行汇票	697438	铁岭光明电器材料厂	54 240.00	54 240.00	-	
12月23日			齐齐哈尔腾讯材料厂	9 040.00	-	9 040.00	
12月26日	银行本票	701029	哈尔滨明辉电脑公司	40 454.00	40 454.00	-	
12月29日			胜利电脑公司	34 804.00	-	34 804.00	
12月30日	转账支票	001027	吉林华强有限公司	-	-	-	50 000.00
合计				572,119.00	405,670.00	166 449.00	50 000.00

图 4－12 付款业务表

2）选中 B3 单元格，选择“数据”／“有效性”命令，打开“数据有效性”对话框，在“设置”选项卡中设置允许为“序列”，来源为“现金支票，转账支票，银行汇票，银行本票，汇兑，信用证”（注意中间的逗号应在英文输入法下输入），设置方式和结果如图4－13所示。

图4－13 “数据有效性”对话框

3）运用相同的方法将“供应商”一列的数据有效性设置为“四平宏大材料厂，吉林华强有限公司，辉南电器材料厂，胜利电脑公司，铁岭光明电器材料厂，哈尔滨明辉电脑公司，哈尔滨英雄电器厂，齐齐哈尔腾讯材料厂”。

4）选中“应付货款”所在的E3单元格，输入公式“＝SUMIF（材料采购业务表！$D：$D，D3，材料采购业务表！Q：Q）”，然后向下填充至本列的其他单元格中。选中“已付货款”所在的F3单元格，输入公式“＝SUMIF（材料采购业务表！$D：$D，D3，材料采购业务表！R：R）”，然后向下填充至本列的其他单元格中。

5）选中G3单元格，输入“＝E3－F3”。选中G3单元格，将鼠标指针向下移动到单元格右下角，当出现黑实心“＋”时，向下拖动鼠标，将公式自动填充到各单元格内。

6）依次完成付款业务表的编制，并计算出最后一行数据的合计数。将表格添加边框，进行相应美化后，单击工具栏中的按钮，保存文件。

扫一扫： 如何选定多个工作表

扫一扫： 付款业务表的编制

任务3 销售与收款业务管理

任务情景

刘全能同学利用自学的Excel函数知识，根据辉煌电脑公司12月的采购业务资料顺利完成了“材料采购业务表”和“付款业务表”的编制工作。接下来刘全能同学还需要根据公司的销售业务情况，利用 Excel 进行销售与收款业务管理，建立销售业务与收款业务的数据清单。他能顺利完成这项工作任务吗？

情景目标

销售是企业生产经营活动中的一个重要环节，是取得营业收入的必要手段。通过完成该工作任务，学习者需要了解公司的销售流程。在企业销售与收款业务处理中，企业要了解有关的商品销售基本信息和收款结算的信息，同时还要与客户建立良好的合作关系。

情景分析

辉煌电脑公司利用 Excel 进行销售收款业务处理，应建立销售业务与收款业务的数据清单。

该公司销售流程为：销售部门接收客户订单——签订销售合同并组织货源——向客户发货并收款——对已发货尚未收款的业务，转入应收账款业务表中进行管理。辉煌电脑公司的销售业务，开票与发货同时进行。

预备知识及技能

扫一扫：销售商品的确认条件

工作任务

【要求】编制“产品销售业务表”，编制“收款业务表”。

工作步骤

任务 3－1　编制“产品销售业务表”

1）参照图 4－1 至图 4－3，建立“辉煌电脑公司销售与收款业务管理工作簿”，单击工作簿下方工作表标签位置的插入表格图标，插入新工作表 Sheet 2 如图 4－2 所示。

2）分别将 Sheet 1、Sheet 2 工作表标签更名为“产品销售业务表”“收款业务表”。

3）参照情景资料图 4－14，输入产品销售业务表的相关内容。

4）对“客户”“产品类别”两列、“计量单位”一列分别设置数据有效性，选择“数据”/“有效性”命令，打开“数据有效性”对话框，在“设置”选项卡中设置允许为“序列”，如图 4－15 所示。设置完毕后，运用自动填充功能将数据有效性向下复制到该列的其他单元格中。

辉煌电脑公司商品销售明细表

单位：元

业务日期	业务摘要	客户	产品类别	产品编码	产品名称	单位	销售数量	销售单价	销售成本	应收货款	应收增值税	应收账款	实收账款	应收账款余额	是否出库	总成本	毛利润
12月5日	销售商品	吉林祥光数码科技城	库存商品	SP－01	畅想189电脑	台	600	7 000.00	5 500.00	4 200 000.00	546 000.00	4 746 000.00	4 746 000.00	—	是	3 300 000.00	900 000.00
		吉林祥光数码科技城	库存商品	SP－02	畅想1189电脑	台	20	12 000.00	9 500.00	240 000.00	31 200.00	271 200.00	271 200.00	—	是	190 000.00	50 000.00
12月8日	销售产品	吉林光明数码科技城	自制半成品	BCP－02	硬盘	个	100	1 200.00	900.00	120 000.00	15 600.00	135 600.00	135 600.00	—	是	90 000.00	30 000.00
		吉林光明数码科技城	自制半成品	BCP－01	主板	片	200	900.00	600.00	180 000.00	23 400.00	203 400.00	203 400.00	—	是	120 000.00	60 000.00
		吉林光明数码科技城	自制半成品	BCP－03	液晶显示器	台	50	2 400.00	1 800.00	120 000.00	15 600.00	135 600.00	135 600.00	—	是	90 000.00	30 000.00
12月9日	销售商品	长春光复路电脑城	库存商品	SP－04	欢想C80电脑	台	800	5 000.00	4 000.00	4 000 000.00	520 000.00	4 520 000.00	4 520 000.00	—	是	3 200 000.00	800 000.00
12月12日	销售商品	四平国贸商场	库存商品	SP－04	欢想C80电脑	台	200	5 000.00	4 000.00	1 000 000.00	130 000.00	1 130 000.00	1 130 000.00	—	是	800 000.00	200 000.00

业务日期	业务摘要	客户	产品类别	产品编码	产品名称	单位	销售数量	销售单价	销售成本	应收货款	应收增值税	应收账款	实收账款	应收账款余额	是否出库	总成本	毛利润
12月16日	销售产品	哈尔滨电脑广场	自制半成品	BCP－02	硬盘	个	200	1 200.00	900.00	240 000.00	31 200.00	271 200.00		271 200.00	是	180 000.00	60 000.00
		哈尔滨电脑广场	自制半成品	BCP－01	主板	片	100	900.00	600.00	90 000.00	11 700.00	101 700.00		101 700.00	是	60 000.00	30 000.00
		哈尔滨电脑广场	自制半成品	BCP－05	机箱	个	300	380.00	260.00	114 000.00	14 820.00	128 820.00		128 820.00	是	78 000.00	36 000.00
12月19日	销售商品	长春重庆路电脑大世界	库存商品	SP－04	欢想C80电脑	台	40	5 000.00	4 000.00	200 000.00	26 000.00	226 000.00	226 000.00	—	是	160 000.00	40 000.00
12月25日	销售商品	铁岭数码科技城	库存商品	SP－03	欢想B80电脑	台	10	6 500.00	5 000.00	65 000.00	8 450.00	73 450.00		73 450.00	是	50 000.00	15 000.00
合计										10 569 000.00	1 373 970.00	11 942 970.00	11 367 800.00	575 170.00		8 318 000.00	2 251 000.00

图 4－14　产品销售业务表

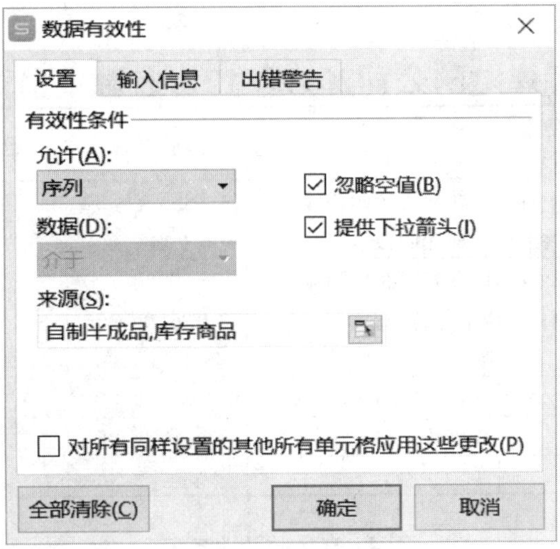

图 4－15 “数据有效性”设置

5）选中“应收货款”所在列 K3 单元格，输入“＝H3＊I3”。选中 K3 单元格，将鼠标指针向下移动到单元格右下角，当出现黑实心“＋”时，向下拖动鼠标，将公式自动添加到各单元格内。

6）继续选中 L3 单元格，输入“＝K3＊0.13”（增值税税率）；选中 M3 单元格，输入“＝K3＋L3”；选中 N3 单元格，输入实收账款金额；选中 O3 单元格，输入“＝M3－N3”。然后将公式自动添加到各单元格内，并加总计算出最后一行的合计金额。

7）在“商品是否出库 P”栏管理中，此项如果为“否”，表明尚未发货。对于已收款，但尚未发出货物的，应提醒仓储部门及时发送货物。

8）选中 Q3 单元格，输入“＝H3＊J3”，向下拖动鼠标，将公式自动添加到各单元格内，计算出总成本。

9）选中 R3 单元格，输入“＝K3－Q3”，并向下拖动鼠标，将公式自动添加到各单元格内，计算出毛利润。

10）依次完成产品销售业务表的编制，将表格添加边框，进行相应美化后，单击工具栏中的按钮，保存文件。

任务 3－2 编制“收款业务表”

1）打开“辉煌电脑公司销售与收款业务管理工作簿”，点击“收款业务表”工作表，参照情景资料图 4－16，输入收款业务表的相关内容。

2）对“客户”所在列，设置数据有效性，方法略。

3）选中 E3：G3 单元格，分别输入公式“＝SUMIF（产品销售业务表！$C：$C，D3，产品销售业务表！M：M）”“＝SUMIF（产品销售业务表！$C：$C，D3，产品销售业务表！N：N）”“＝SUMIF（产品销售业务表！$C：$C，D3，产品销售业务表！O：O）”，并向下自动填充到相应单元格。将“产品销售业务表”中的数据填列在“收款业务表”中，具体见图 4－17。

	A	B	C	D	E	F	G
1	辉煌电脑公司2019年12月收款业务表						单位：元
2	收款日期	结算方式	结算票据号	客户	应收货款	已收货款	应收账款余额
3	12月5日	转账支票	231567	吉林祥光数码科技城	5 017 200.00	5 017 200.00	0.00
4	12月8日	转账支票	426347	吉林光明数码科技城	474 600.00	474 600.00	0.00
5	12月9日	银行本票	643567	长春光复路电脑城	4 520 000.00	4 520 000.00	0.00
6	12月12日	转账支票	231848	四平国贸商场	1 130 000.00	1 130 000.00	0.00
7	12月16日			哈尔滨电脑广场	501 720.00	0.00	501 720.00
8	12月19日	银行汇票	862734	长春重庆路电脑大世界	226 000.00	226 000.00	0.00
9	12月25日			铁岭数码科技城	73 450.00	0.00	73 450.00
10	合计				11 942 970.00	11 367 800.00	575 170.00

图 4 – 16　收款业务表

E3　fx　=SUMIF(产品销售业务表!$C:$C,D3,产品销售业务表!M:M)

	A	B	C	D	E	F	G
1	辉煌电脑公司2019年12月收款业务表						单位：元
2	收款日期	结算方式	结算票据号	客户	应收货款	已收货款	应收账款余额
3	12月5日	转账支票	231567	吉林祥光数码科技城	5 017 200.00	5 017 200.00	0.00
4	12月8日	转账支票	426347	吉林光明数码科技城	474 600.00	474 600.00	0.00
5	12月9日	银行本票	643567	长春光复路电脑城	4 520 000.00	4 520 000.00	0.00
6	12月12日	转账支票	231848	四平国贸商场	1 130 000.00	1 130 000.00	0.00
7	12月16日			哈尔滨电脑广场	501 720.00	0.00	501 720.00
8	12月19日	银行汇票	862734	长春重庆路电脑大世界	226 000.00	226 000.00	0.00
9	12月25日			铁岭数码科技城	73 450.00	0.00	73 450.00
10	合计				11 942 970.00	11 367 800.00	575 170.00

图 4 – 17　收款业务表

4）其他单元格的数据按照“收款业务表”与辉煌电脑公司 12 月销售业务资料填写，依次完成收款业务表的编制，将表格添加边框，进行相应美化后，单击工具栏中的按钮，保存文件。

扫一扫：如何对多个工作表快速编辑

扫一扫：收款业务表的编制

练一练：

如何利用前面学过的超链接知识，对产品销售业务表与收款业务表进行管理呢？动动手，把你的工作簿做得美美的吧！

任务 4　库存管理

任务情景

通过创建信息库，建立采购与付款业务、销售与收款业务的相应表格，刘全能同学不仅掌握了 Excel 的数据录入及表格设置的操作，而且对一些常见函数也能够熟练应用。他对自己能够运用 Excel 软件对公司的进销存系统进行有效管理充满信心。接下来他决定采用 Excel 对库存情况进行核算和管理，建立库存管理工作簿，他能顺利完成这项任务吗？

情景目标

库存是指企业在正常生产经营过程中持有的、以备出售的产品或商品；或为了出售仍然处于生产过程中的产品；或在生产过程、劳务过程中需要消耗的材料、物料等。

库存是反映一个企业流动资金运作情况的晴雨表。通过完成该工作任务，学习者需要了解公司的库存情况，通过建立 Excel 表格对公司的库存进行管理。

情景分析

库存在企业营运资本中占有很大比重，而且还是流动资产的重要组成部分，可以说是企业流动资产运作情况的晴雨表。因此辉煌电脑公司决定采用 Excel 对库存情况进行核算和管理，以达到提高经济效益的最终目的。

该公司库存管理流程为：

入库：存储部门根据到货单（注明存货编码、产品型号、数量）验收货物——验收合格的货物填写入库单办理入库手续——分类存放并登记——月末对账。

出库：根据销售单或领料单填写出库单——发出存货并登记——月末对账。

预备知识及技能

扫一扫：发出存货的计价方法

大家试着做一做，销售库存商品核算成本的会计分录！

工作任务

【要求】生成“材料库存管理表”“自制半成品库存管理表”“库存商品库存管理表”“材料成本汇总表”。

工作步骤

任务 4 -1　生成“材料库存管理表”

1）参照图 4 -1 至图 4 -3，建立“辉煌电脑库存管理工作簿”，单击工作簿下方工作表标签位置的插入表格图标，插入新工作表 Sheet 2 ~ Sheet 4，如图 4 -2 所示。

2）分别将 Sheet 1、Sheet 2、Sheet 3、Sheet 4 工作表标签更名为“材料库存管理表”“自制半成品库存管理表”“库存商品库存管理表”“材料成本汇总表”。

3）参照情景资料图 4 -18，输入材料库存管理表的相关内容。

4）在 A4:G4 单元格中依次输入“= [辉煌电脑公司存货进销存管理工作簿 . xlsx] 原材料期初数据表! $A3”“= [辉煌电脑公司存货进销存管理工作簿 . xlsx] 原材料期初数据表! $B3”“= [辉煌电脑公司存货进销存管理工作簿 . xlsx] 原材料期初数据表! $C3”“= [辉煌电脑公司存货进销存管理工作簿 . xlsx] 原材料期初数据表! $D3”“= [辉煌电脑公司存货进销存管理工作簿 . xlsx] 原材料期初数据表! $E3”“= [辉煌电脑公司存货进销存管理工作簿 . xlsx] 原材料期初数据表! $F3”“= [辉煌电脑公司存货进销存管理工作簿 . xlsx] 原材料期初数据表! $G3”，引用原材料期初数据表中相应数据，然后选中 A4:G4 单元格，向下自动填充到对应单元格中，将“辉煌电脑公司存货进销存管理工作簿”中的“原材料期初数据表”中的数据引入“材料库存管理表”中，见图 4 -19。

5）在 H4:J4 单元格中依次输入“=SUMIF（[辉煌电脑公司采购与付款业务管理工作簿 . xlsx] 材料采购业务表! $I: $I，A4，[辉煌电脑公司采购与付款业务管理工作簿 . xlsx] 材料采购业务表! M:M）”

“=SUMIF（[辉煌电脑公司采购与付款业务管理工作簿 . xlsx] 材料采购业务表! $I: $I，A4，[辉煌电脑公司采购与付款业务管理工作簿 . xlsx] 材料采购业务表! N:N）”

“=SUMIF（[辉煌电脑公司采购与付款业务管理工作簿 . xlsx] 材料采购业务表! $I: $I，A4，[辉煌电脑公司采购与付款业务管理工作簿 . xlsx] 材料采购业务表! O:O）”，然后选中 H4:J4 单元格，向下自动填充到对应单元格中，将“辉煌电脑公司采购与付款业务管理工作簿”中的“材料采购业务表”中的数据引入“材料库存管理表”中。

6）在 K4:M4 单元格中依次输入

辉煌电脑公司车间领用材料表

单位：元

材料编码	材料名称	规格型号	单位	期初结存			本期购入			本期发出			期末结余		
				数量	单价	金额	数量	单价	金额	数量	单价	金额	数量	单价	金额
CL-01	电容类	C	个	1 000	100.00	100 000.00	0	0	0.00	600	100.000	60 000.00	400	100.00	40 000.00
CL-02	电阻类	R	个	1 000	80.00	80 000.00	0	0	0.00	500	80.000	40 000.00	500	80.00	40 000.00
CL-03	电感类	L	个	1 800	50.00	90 000.00	0	0	0.00	1 000	50.000	50 000.00	800	50.00	40 000.00
CL-04	二极管	D	根	1 000	50.00	50 000.00	0	0	0.00	600	50.000	30 000.00	400	50.00	20 000.00
CL-05	三极管	Q	根	1 000	100.00	100 000.00	200	100	20 000.00	700	100.000	70 000.00	500	100.00	50 000.00
CL-06	扩展槽		个	500	100.00	50 000.00	0	0	0.00	200	100.000	20 000.00	300	100.00	30 000.00
CL-07-01	芯片类	主板	片	2 500	200.00	500 000.00	0	0	0.00	1 000	200.000	200 000.00	1 500	200.00	300 000.00
CL-07-02	芯片类	硬盘	片	1 500	200.00	300 000.00	500	200	100 000.00	1 250	200.000	250 000.00	750	200.00	150 000.00
CL-07-03	芯片类	显示器	片	1 000	200.00	200 000.00	500	200	100 000.00	750	200.000	150 000.00	750	200.00	150 000.00
CL-08	保险丝		M	800	50.00	40 000.00	0	0	0.00	200	50.000	10 000.00	600	50.00	30 000.00
CL-09	焊条类		根	40 000	2.00	80 000.00	0	0	0.00	600	50.000	30 000.00	39 400	2.00	50 000.00
CL-10	PCB板		m^2	2 000	100.00	200 000.00	500	100	50 000.00	900	100.000	90 000.00	1 600	100.00	160 000.00
CL-11	总线		M	1 800	50.00	90 000.00	0	0	0.00	1 000	50.000	50 000.00	800	50.00	40 000.00
CL-12	电路构造		组	400	200.00	80 000.00	0	0	0.00	100	200.000	20 000.00	300	200.00	60 000.00
CL-13	固定面板		张	1 100	100.00	110 000.00	300	100	30 000.00	600	100.000	60 000.00	800	100.00	80 000.00
CL-14	接口类		个	4 000	20.00	80 000.00	0	0	0.00	2 000	20.000	40 000.00	2 000	20.00	40 000.00
CL-15	磁头类		个	1 800	50.00	90 000.00	0	0	0.00	1 000	50.000	50 000.00	800	50.00	40 000.00
CL-16	盘片类		个	2 000	25.00	50 000.00	500	25	12 500.00	1 200	25.000	30 000.00	1 300	25.00	32 500.00
CL-17	主轴类		根	12 000	10.00	120 000.00	0	0	0.00	7 000	10.000	70 000.00	5 000	10.00	50 000.00
CL-18	电机类		个	5 000	80.00	400 000.00	0	0	0.00	2 500	80.000	200 000.00	2 500	80.00	200 000.00
CL-19	钢片类		个	5 000	20.00	100 000.00	0	0	0.00	2 500	20.000	50 000.00	2 500	20.00	50 000.00
CL-20	缓存类		个	2 000	100.00	200 000.00	0	0	0.00	1 000	100.000	100 000.00	1 000	100.00	100 000.00
CL-21	金属薄膜		kg	1 000	50.00	50 000.00	320	50	16 000.00	400	50.000	20 000.00	920	50.00	46 000.00

材料编码	材料名称	规格型号	单位	期初结存			本期购入			本期发出			期末结余		
				数量	单价	金额	数量	单价	金额	数量	单价	金额	数量	单价	金额
CL－22	控制面板		个	700	100.00	70 000.00	0	0	0.00	300	100.000	30 000.00	400	100.00	40 000.00
CL－23	显示屏		个	100	500.00	50 000.00	0	0	0.00	40	500.000	20 000.00	60	500.00	30 000.00
CL－24	音柱		个	330	300.00	99 000.00	120	300	36 000.00	200	300.000	60 000.00	250	300.00	75 000.00
CL－25	变压电路板		张	700	100.00	70 000.00	0	0	0.00	400	100.000	40 000.00	300	100.00	30 000.00
CL－26	灯管类		个	800	50.00	40 000.00	0	0	0.00	200	50.000	10 000.00	600	50.00	30 000.00
CL－27	面板		张	500	100.00	50 000.00	0	0	0.00	200	100.000	20 000.00	300	100.00	30 000.00
CL－28	连接器		个	1 200	50.00	60 000.00	0	0	0.00	400	50.000	20 000.00	800	50.00	40 000.00
CL－29	灯管升压板		个	1 000	50.00	50 000.00	300	50	15 000.00	600	50.000	30 000.00	700	50.00	35 000.00
CL－30	线路板		张	750	40.00	30 000.00	30	40	1 200.00	500	40.000	20 000.00	280	40.00	11 200.00
CL－31	机壳		个	400	100.00	40 000.00	0	0	0.00	100	100.000	10 000.00	300	100.00	30 000.00
CL－32	显像管		根	700	100.00	70 000.00	0	0	0.00	400	100.000	40 000.00	300	100.00	30 000.00
CL－33	LCD 主板		张	300	100.00	30 000.00	10	300	3 000.00	100	100.000	10 000.00	210	100.00	23 000.00
CL－34	DVI 接口		个	1 000	20.00	20 000.00	0	0	0.00	500	20.000	10 000.00	500	20.00	10 000.00
CL－35	液晶层		个	1 000	50.00	50 000.00	0	0	0.00	400	50.000	20 000.00	600	50.00	30 000.00
CL－36	液晶面板		个	200	200.00	40 000.00	50	200	10 000.00	50	200.000	10 000.00	200	200.00	40 000.00
CL－37	有机玻璃		片	1 000	20.00	20 000.00	0	0	0.00	250	20.000	5 000.00	750	20.00	15 000.00
CL－38	电源适配器		个	600	50.00	30 000.00	50	60	3 000.00	200	50.000	10 000.00	450	50.00	23 000.00
CL－39	导热硅脂		个	1 000	10.00	10 000.00	0	0	0.00	500	10.000	5 000.00	500	10.00	5 000.00
CL－40	CPU 类		个	242	2 400.00	580 800.00	0	0	0.00	200	2 400.000	480 000.00	42	2 400.00	100 800.00
CL－41	CPU－COOLER		个	540	130.00	70 200.00	0	0	0.00	200	130.000	26 000.00	340	130.00	44 200.00
CL－42	内存		个	334	300.00	100 200.00	100	200	20 000.00	200	300.000	60 000.00	234	300.00	60 200.00

材料编码	材料名称	规格型号	单位	期初结存			本期购入			本期发出			期末结余		
				数量	单价	金额	数量	单价	金额	数量	单价	金额	数量	单价	金额
CL－43	声卡		个	322	310.00	99 820.00	0	0	0.00	200	310.000	62 000.00	122	310.00	37 820.00
CL－44	纯平显示器		个	200	1 000.00	200 000.00	15	1000	15 000.00	0	0.000	0.00	215	1 000.00	215 000.00
CL－45	光驱		个	312	385.00	120 120.00	0	0	0.00	200	385.000	77 000.00	112	385.00	43 120.00
CL－46	软驱		个	350	299.00	104 650.00	0	0	0.00	200	299.000	59 800.00	150	299.00	44 850.00
CL－47	包装材料		M	2 000	10.00	20 000.00	0	0	0.00	200	10.000	2 000.00	1 800	10.00	18 000.00
CL－48	油漆		桶	2 000	40.00	80 000.00	200	40	8 000.00	0	0.000	0.00	2 200	40.00	88 000.00
CL－49	燃料		桶	1 000	50.00	50 000.00	0	0	0.00	0	0.000	0.00	1 000	50.00	50 000.00
CL－50	钢板类		M	1 000	200.00	200 000.00	0	0	0.00	0	0.000	0.00	1 000	200.00	200 000.00
CL－51	塑钢类		M	1 000	50.00	50 000.00	0	0	0.00	0	0.000	0.00	1 000	50.00	50 000.00
CL－52	辅助材料类		M	120	50.00	6 000.00	0	0	0.00	10	50.000	500.00	110	50.00	5 500.00
CL－53－01	其他材料类	主板	组	1 400	400.00	560 000.00	0	0	0.00	375	400.000	150 000.00	1 025	400.00	410 000.00
CL－53－02	其他材料类	硬盘	组	300	500.00	150 000.00	0	0	0.00	250	400.000	100 000.00	50	500.00	50 000.00
CL－53－03	其他材料类	显示器	组	150	600.00	90 000.00	50	600	30 000.00	100	600.000	60 000.00	100	600.00	60 000.00
CL－54	电源		个	600	50.00	30 000.00	100	58	5 800.00	200	50.000	10 000.00	500	50.00	25 800.00
CL－55	键盘		个	500	100.00	50 000.00	0	0	0.00	200	100.000	20 000.00	300	100.00	30 000.00
CL－56	鼠标		个	340	60.00	20 400.00	0	0	0.00	200	60.000	12 000.00	140	60.00	8 400.00
CL－57	显卡		个	300	500.00	150 000.00	0	0	0.00	200	500.000	100 000.00	100	500.00	50 000.00
				115 490	11 311.00	6 721 190.00			475 500.00			3 279 300.00			3 917 390.00

图4－18　材料库存管理表

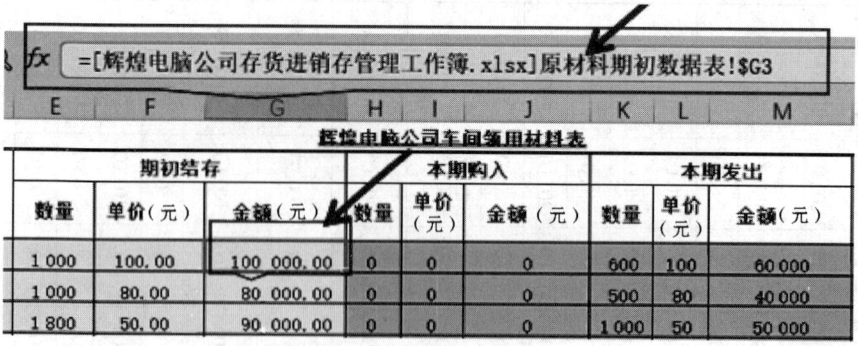

图 4－19　材料库存管理表

“＝SUMIF（［辉煌电脑公司存货进销存管理工作簿.xlsx］车间领用材料表！$A：$A，A4，［辉煌电脑公司存货进销存管理工作簿.xlsx］车间领用材料表！$E：$E)”

“＝SUMIF（［辉煌电脑公司存货进销存管理工作簿.xlsx］车间领用材料表！$A：$A，A4，［辉煌电脑公司存货进销存管理工作簿.xlsx］车间领用材料表！$F：$F)”

“＝SUMIF（［辉煌电脑公司存货进销存管理工作簿.xlsx］车间领用材料表！$A：$A，A4，［辉煌电脑公司存货进销存管理工作簿.xlsx］车间领用材料表！$G：$G)”，然后选中K4：M4 单元格，向下自动填充到对应单元格中，将“辉煌电脑公司存货进销存管理工作簿”中的“车间领用材料表”中的数据引入“材料库存管理表”中。

7）继续选中 N4 单元格，输入“＝E4＋H4－K4”，向下自动填充到对应单元格中。

8）选中 O3 单元格，输入“＝F4”，向下自动填充到对应单元格中。

9）选中 P4 单元格，输入“＝G4＋J4－M4”，向下自动填充到对应单元格中，求和计算出期末结余。

10）设置“期末结余”数量所在的 N 列的条件格式，如图 4－20、图 4－21 所示。通过这种方法可以对 CL－－01 至 CL－－08 材料库存数量进行监控，如果数量小于 500，用黄色表示，提示进货，如果数量超过 1000，用红色表示，提示库存积压。

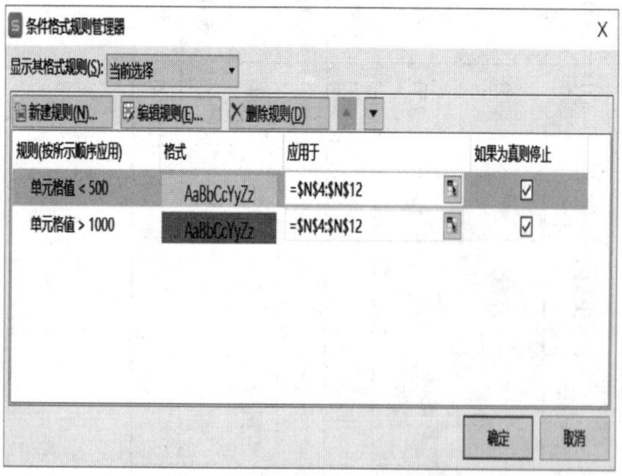

图 4－20　条件格式

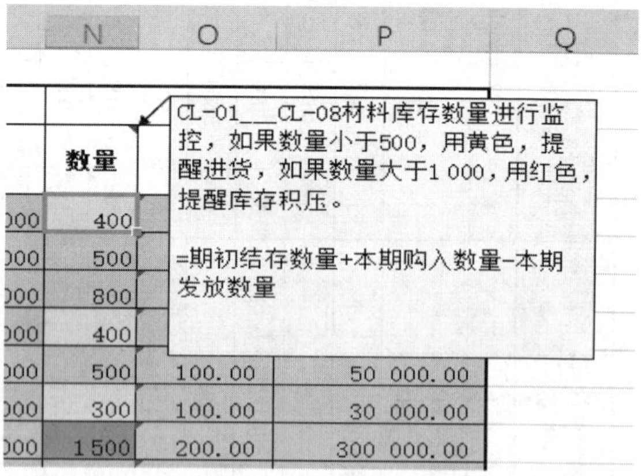

图 4－21　条件格式

11）将表格添加边框，进行相应美化后，单击工具栏中的按钮，保存文件。

任务4－2 生成“自制半成品库存管理表”

1）打开“辉煌电脑公司库存管理工作簿”，点击“自制半成品库存管理表”工作表，参照情景资料图4－22，输入自制半成品库存管理表的相关内容。

辉煌电脑公司自制半成品库存管理表

产品编码	产品名称	单位	期初库存			本期增加			本期减少			期末结余		
			数量	单位成本（元）	总成本（元）	数量	单位成本（元）	总成本（元）	数量	单位成本（元）	总成本（元）	数量	单位成本（元）	总成本（元）
BCP-01	主板	片	1 000	600.00	600 000.00	1800	600.00	1 080 000.00	540	600.00	324 000.00	2 260	600.00	1 356 000.00
BCP-02	硬盘	个	1 500	900.00	1 350 000.00	2000	900.00	1 800 000.00	500	900.00	450 000.00	3 000	900.00	2 700 000.00
BCP-03	液晶显示器	台	200	1 800.00	360 000.00	400	1 800.00	720 000.00	250	1 800.00	450 000.00	350	1 800.00	630 000.00
BCP-04	纯平显示器	台	800	1 100.00	880 000.00	0	0.00	0.00	0	1 100.00	0.00	800	1 100.00	880 000.00
BCP-05	机箱	个	2 000	260.00	520 000.00	0	0.00	0.00	500	260.00	130 000.00	1 500	260.00	390 000.00
合计					3 710 000.00			3 600 000.00			1 354 000.00			5 956 000.00

图4－22 自制半成品库存管理表

2）在A4:F4单元格中依次输入

“＝［辉煌电脑公司存货进销存管理工作簿.xlsx］自制半成品期初余额表！$A3”

“＝［辉煌电脑公司存货进销存管理工作簿.xlsx］自制半成品期初余额表！$B3”

“＝［辉煌电脑公司存货进销存管理工作簿.xlsx］自制半成品期初余额表！$C3”

“＝［辉煌电脑公司存货进销存管理工作簿.xlsx］自制半成品期初余额表！$D3”

“＝［辉煌电脑公司存货进销存管理工作簿.xlsx］自制半成品期初余额表！$E3”

“＝［辉煌电脑公司存货进销存管理工作簿.xlsx］自制半成品期初余额表！$F3”，并向下自动填充到对应单元格中，将“辉煌电脑公司存货进销存管理工作簿”中的“自制半成品期初余额表”中的数据引入“自制半成品库存管理表”中，见图4－23。

fx =[辉煌电脑公司存货进销存管理工作簿.xlsx]自制半成品期初余额表!$F3

辉煌电脑公司自制半成品

期初库存			本期增加		
数量	单位成本(元)	总成本(元)	数量	单位成本(元)	总成本(元)
1 000	600.00	600 000.00	1 800	600.00	1 080 000.00
1 500	900.00	1 350 000.00	2 000	900.00	1 800 000.00

图4－23 引用原数据

3）在G4:I4单元格中依次输入公式

“＝SUMIF（［辉煌电脑公司存货进销存管理工作簿.xlsx］完工产品入库表！$B:$B，A4，［辉煌电脑公司存货进销存管理工作簿.xlsx］完工产品入库表！E:E）”“＝SUMIF（［辉煌电脑公司存货进销存管理工作簿.xlsx］完工产品入库表！$B:$B，A4，［辉煌电脑公司存货进销存管理工作簿.xlsx］完工产品入库表！F:F）”“＝SUMIF（［辉煌电脑公司存货进销存管理工作簿.xlsx］完工产品入库表！$B：$B，A4，［辉煌电脑公司存货进销存管理工作簿.xlsx］完工产品入库表！G：G）”，并向下自动填充到对应单元格中，将“辉煌电脑公司存货进销存管理工作簿”中的“完工产品入库表”中的数据引入“自制半成品库存管理表”中。

4）选中 J4 单元格，输入公式“=（SUMIF（［辉煌电脑公司销售与收款业务管理工作簿.xlsx］产品销售业务表！$E：$E，A4，［辉煌电脑公司销售与收款业务管理工作簿.xlsx］产品销售业务表！H：H）+SUMIF（［辉煌电脑公司存货进销存管理工作簿.xlsx］车间领用材料表！$A：$A，A4，［辉煌电脑公司存货进销存管理工作簿.xlsx］车间领用材料表！E：E））”；

选中 K4 单元格，输入公式“=E4”；

选中 L4，输入公式“=J4＊K4”，并向下自动填充到对应单元格中，将“辉煌电脑公司销售与收款业务管理工作簿”中“产品销售业务表”与“辉煌电脑公司存货进销存管理工作簿”中的“车间领用材料表”中的数据计算引入“自制半成品库存管理表”中。

5）选中 M4 单元格，输入“=D4+G4-J4”；

选中 N4 单元格，输入“=E4”；

选中 O4 单元格，输入“=F4+I4-L4”，向下自动填充到对应单元格中，自动计算出自制半成品期末结余。

6）设置“期末结余”数量所在的 N 列的条件格式，如图 4-24 所示。对自制半成品结余数量进行监控管理，例如，显示数量小于 400，用黄色表示，说明库存短缺；如果显示数量超过 600 台，用红色表示，提醒库存积压。

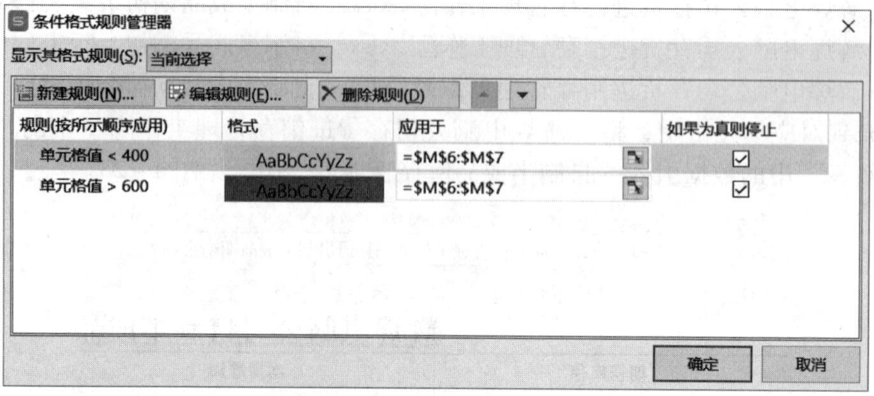

图 4-24　条件格式对话框

7）将表格添加边框，进行相应美化后，单击工具栏中的按钮，保存文件。

任务 4-3　生成“库存商品库存管理表”

1）打开“辉煌电脑公司库存管理工作簿”，点击“库存商品库存管理表”工作表，参照情景资料图 4-25，输入库存商品库存管理表的相关内容。

2）在 A4：F4 单元格中依次输入“=［辉煌电脑公司存货进销存管理工作簿.xlsx］库

辉煌电脑公司库存商品库存管理表

商品编码	商品名称	单位	期初库存			本期增加			本期减少			期末结余		
			数量	单位成本（元）	总成本（元）	数量	单位成本（元）	总成本（元）	数量	单位成本（元）	总成本（元）	数量	单位成本（元）	总成本（元）
SP-01	畅想189电脑	台	990	5 500.00	5 445 000.00	500	5 500.00	2 750 000.00	600	5 500.00	3 300 000.00	890	5 500.00	4 895 000.00
SP-02	畅想1189电脑	台	400	9 500.00	3 800 000.00	200	9 500.00	1 900 000.00	20	9 500.00	190 000.00	580	9 500.00	5 510 000.00
SP-03	欢想B80电脑	台	11	5 000.00	55 000.00	0	5 000.00	0.00	10	5 000.00	50 000.00	1	5 000.00	5 000.00
SP-04	欢想C80电脑	台	1 600	4 000.00	6 400 000.00	1 000	4 000.00	4 000 000.00	1 040	4 000.00	4 160 000.00	1 560	4 000.00	6 240 000.00
	合计				15 700 000.00			8 650 000.00			7 700 000.00			16 650 000.00

图 4－25 库存商品库存管理表

存商品期初余额表！A3”“＝［辉煌电脑公司存货进销存管理工作簿.xlsx］库存商品期初余额表！B3”“＝［辉煌电脑公司存货进销存管理工作簿.xlsx］库存商品期初余额表！C3”“＝［辉煌电脑公司存货进销存管理工作簿.xlsx］库存商品期初余额表！D3”“＝［辉煌电脑公司存货进销存管理工作簿.xlsx］库存商品期初余额表！E3”“＝［辉煌电脑公司存货进销存管理工作簿.xlsx］库存商品期初余额表！F3”，并向下自动填充到对应单元格中，将“辉煌电脑公司存货进销存管理工作簿”中的“库存商品期初余额表”中的数据引入“库存商品库存管理表”中。

3）选中G4单元格，在“公式”文本框中输入公式“＝SUMIF（［辉煌电脑公司存货进销存管理工作簿.xlsx］完工产品入库表！$B：$B，A4，［辉煌电脑公司存货进销存管理工作簿.xlsx］完工产品入库表！$E：$E）”，选中H4单元格，在“公式”文本框中输入公式“＝E4”，选中I4单元格，在“公式”文本框中输入公式“＝G4＊H4”，并向下自动填充到对应单元格中，将“辉煌电脑公司存货进销存管理工作簿”中的“完工产品入库表”中的数据引入，计算填列到“库存商品库存管理表”之中。

4）选中J4单元格，在“公式”文本框中输入公式“＝SUMIF（［辉煌电脑公司销售与收款业务管理工作簿.xlsx］产品销售业务表！$E：$E，A4，［辉煌电脑公司销售与收款业务管理工作簿.xlsx］产品销售业务表！$H：$H）”；选中K4单元格，在“公式”文本框中输入公式“＝E4”；选中L4，在“公式”文本框中输入公式“＝J4＊K4”，并向下自动填充到对应单元格中，将“辉煌电脑公司销售与收款业务管理工作簿”中“产品销售业务表”中的相关数据计算填列到“库存商品库存管理表”之中。

5）继续选中M4单元格，输入“＝D4＋G4－J4”；选中N4单元格，输入“＝E4”；选中O4单元格，输入“＝F4＋I4－L4”，并向下自动填充到对应单元格中，自动计算出库存商品期末结余情况。

6）同样可以运用条件格式来管理库存商品期末库存数量，具体标准可根据企业实际情况来决定，操作方法见任务4－2。

7）将表格添加边框，进行相应美化后，单击工具栏中的按钮，保存文件。

任务4－4 生成“材料成本汇总表”

1）打开“辉煌电脑公司库存管理工作簿”，打开“材料成本汇总表”工作表，参照情景资料图4－26，输入材料成本汇总表的相关内容。

材料成本汇总表

产品代码	产品名称	金额(元)	对应会计科目
BCP-01	主板	800 000.00	生产成本—基本生产成本
BCP-02	硬盘	1 000 000.00	生产成本—基本生产成本
BCP-03	液晶显示器	510 000.00	生产成本—基本生产成本
SP-04	畅想189电脑	1 705 300.00	生产成本—基本生产成本
合计		4 015 300.00	

图 4－26　材料成本汇总表

2）选中 B3 单元格，输入公式“ = VLOOKUP（A3，［辉煌电脑公司存货进销存管理工作簿 . xlsx］车间领用材料表！$H$4：$I$63，2，0）”，选中 C3 单元格，输入公式“ = SUMIF（［辉煌电脑公司存货进销存管理工作簿 . xlsx］车间领用材料表！$H：$H，A3，［辉煌电脑公司存货进销存管理工作簿 . xlsx］车间领用材料表！$G：$G）”，并向下自动填充到对应单元格中，将“辉煌电脑公司存货进销存管理工作簿”中“车间领用材料表”中的数据计算填列到“材料成本汇总表”中。

3）将表格添加边框，进行相应美化后，单击工具栏中的按钮，保存文件。

扫一扫：材料成本汇总表的编制

项目5

Excel在往来款项管理中的应用

学习目标

知识目标

1. 了解往来款项管理系统的内容及构成；
2. 掌握 Excel 在应收款项、应付款项账龄分析中的应用；
3. 掌握运用 Excel 进行应收账款坏账准备的计提方法。

能力目标

1. 能运用 Excel 创建企业往来款项管理信息库；
2. 能运用 Excel 为企业编制应收款项表及应付款项表；
3. 能运用 Excel 进行应收、应付款项的账龄分析；
4. 能运用 Excel 编制企业的应收账款坏账准备计提表；
5. 掌握 VLOOKUP、IF 函数的应用。

项目情景

刘全能同学通过自己的不懈努力，完成了利用 Excel 软件建立辉煌电脑公司的存货进、销、存管理系统的工作任务。为了提高企业管理的工作效率，也为了加强企业对资金的利用，辉煌电脑公司决定采用 Excel 建立往来款项管理系统，对往来款项进行有效管理。

刘全能同学能否顺利地完成公司交予的任务呢？他又将如何开展工作呢？

情景目标

辉煌电脑公司往来款项主要包括应收账款与应付账款两项。通过完成本项目的工作任务，学习者能够熟练运用 Excel 建立往来款项管理系统，并对应收、应付款项进行科学、合理地分析。

情景分析

辉煌电脑公司往来款项管理工作主要有建立客户、供应商信息管理表格，编制应收账款坏账准备计提表并计提本期坏账准备，利用账龄分析表、账龄分析图对应收账款、应付账款进行账龄分析等。要运用 Excel 进行往来款项的系统管理，应完成的任务包括：创建信息库——客户及应收款项管理——供应商及应付款项管理——相关业务处理。

工作步骤

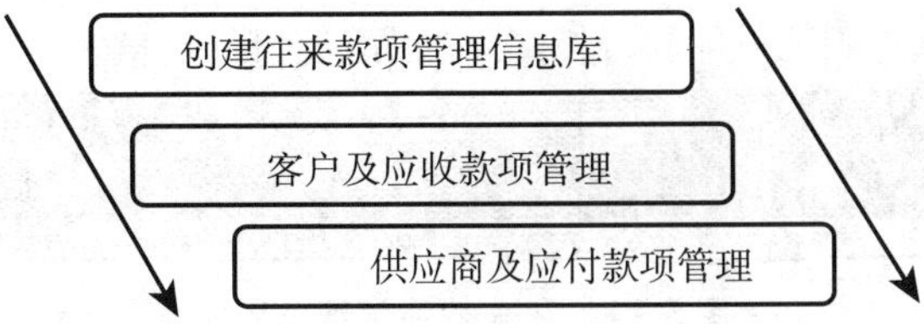

任务1 创建往来款项管理信息库

任务情景

刘全能同学认真地了解、学习了辉煌电脑公司对往来款项管理的相关工作流程，明确了自己继续开展工作的思路和步骤。往来款项是企业经济业务活动中发生的应收、应付、暂收、暂付款，是企业资产、负债的一个重要组成部分。往来账款在公司会计核算中涉及的内容多、项目杂，因此他首先需要创建往来款项管理信息库。

情景目标

通过对相关数据的搜集、整理，设计出较为合理的工作表格，明确表格项目及内容，为日后表格数据的有效利用奠定基础。

情景分析

辉煌电脑公司为生产型中小企业。现将构建一个企业的往来账款管理系统。往来款项主要包括应收账款和应付账款两项。

工作任务

【要求】创建“往来款项管理信息库”。

工作步骤

1）打开 Excel 2013，新建一个工作簿，然后单击工具栏中的按钮，在“另存为”对话框中选择文件存放位置并将该文件命名为“辉煌电脑公司往来款项管理信息库”，然后单击“保存”按钮。

2）在电脑桌面上找到刚刚保存的工作簿，双击打开工作簿。

3）单击工作簿下方工作表标签位置的插入表格图标，插入新工作表 Sheet 2 ~ Sheet 12，分别将工作表标签按顺序命名为“页面”“客户收款信息表”“客户一览表”“应收款项表”“应收账款账龄分析表”“应收账款账龄分析图”“坏账准备计提表”“供应商一览表”“应付款项表”“应付账款账龄分析表”“应付账款账龄分析图”“供应商付款信息表”，如图 5 -1 所示。

图 5 -1 往来款项管理信息库

4）打开“页面”工作表，插入自己喜欢的图片，并插入12个自选图形，分别按照“页面”后表格名称命名，并设置超链接到对应本文档中的工作表格位置。同时在各工作表格中插入1个自选图形，并设置超链接，返回页面。页面效果如图5－2所示。

图5－2　往来款项管理信息库页面

扫一扫： 辉煌电脑公司往来款项管理信息库页面设置

任务2　客户及应收账款管理

任务情景

刘全能同学创建了辉煌电脑公司往来款项管理信息库，接下来为了精确掌握本公司客户的收款信息，他需要运用Excel建立公司客户以及应收账款管理系统。他要怎样才能完成这项工作任务呢？

情景目标

学习者通过完成该项工作任务，制作相应的表格以及图形，有助于帮助公司及时了解资金动态，为公司加速资金收回、有效地利用资金提供强有力的保障。

情景分析

辉煌电脑公司在采用Excel建立客户及应收账款管理系统时，为了精确掌握本公司客户的收款信息，需要编制“客户收款信息表”“客户一览表”“应收账款表”，在这些信息的基础上进行账龄分析并计提坏账准备，同时编制“应收账款账龄分析表”“应收账款账龄分析图”“坏账准备计提表”。

这些图表的准确制作，有助于帮助企业及时了解资金的变动情况，为企业加速资金回收、有效利用资金提供强有力的保障。

预备知识及技能

扫一扫：坏账准备的核算方法

扫一扫：如何输入有规律的数字

工作任务

【要求】创建“客户及应收账款管理系统”。

工作步骤

任务2－1 编制“客户收款信息表”

1）双击打开“辉煌电脑公司往来款项管理信息库”。

2）单击“页面”中“客户收款信息表”标签，打开工作表，按照图5－3情景资料，编制“客户收款信息表”。

	A	B	C	D	E	F
1	返回	辉煌电脑公司客户收款信息表				
2	客户代码	客户名称	期初余额(元)	发票号码	开票日期	收款期
3	KH-01	吉林市光明数码科技城	50 000.00	890123	2019/9/4	90
4	KH-02	吉林市祥光数码科技城	80 000.00	892345	2019/10/4	80
5	KH-03	吉林省长春市光复路电脑城	320 000.00	892348	2019/11/28	30
6	KH-04	吉林省长春市重庆路电脑大世界	7 520.00	893214	2019/1/4	30
7	KH-05	四平市国贸商场	43 000.00	893217	2018/8/9	60
8	KH-06	哈尔滨电脑广场	410 000.00	893219	2019/11/26	30
9	KH-07	哈尔滨市光学仪器厂				20
10	KH-08	沈阳财经学院	180 000.00	894103	2019/10/3	30
11	KH-09	沈阳鹂丽电器有限公司	650 000.00	894194	2019/6/5	90
12	KH-10	沈阳卓越商贸公司				30
13	KH-11	铁岭数码科技城	40 000.00	896324	2019/10/23	90
14		合　计	1 780 520.00			

图5－3 客户收款信息表

3）设置 C 列为金额格式，设置 E 列为日期格式。

4）美化表格后，单击工作表中“返回”标签，返回页面。

扫一扫：常见的 Excel 工作簿中换行的方法

扫一扫：如何设置 Excel 的列宽和行高

扫一扫：如何自定义工具栏按钮

任务 2 –2 编制“客户一览表”

1）双击打开“辉煌电脑公司往来款项管理信息库”。

2）单击“页面”中“客户一览表”标签，打开工作表，参照图 5 –4 情景资料，输入相应的标题信息内容。

	A	B	C	D
1	返回	辉煌电脑公司客户一览表		单位：元
2	客户代码	客户名称	借或贷	期初余额
3	KH-01	吉林市光明数码科技城	借	50 000.00
4	KH-02	吉林市祥光数码科技城	借	80 000.00
5	KH-03	吉林省长春市光复路电脑城	借	320 000.00
6	KH-04	吉林省长春市重庆路电脑大世界	借	7 520.00
7	KH-05	四平市国贸商场	借	43 000.00
8	KH-06	哈尔滨电脑广场	借	410 000.00
9	KH-07	哈尔滨市光学仪器厂		0.00
10	KH-08	沈阳财经学院	借	180 000.00
11	KH-09	沈阳鹏丽电器有限公司	借	650 000.00
12	KH-10	沈阳卓越商贸公司		0.00
13	KH-11	铁岭数码科技城	借	40 000.00
14		合　计		1 780 520.00

图 5 –4　客户一览表

3）在“客户一览表”中，根据“客户收款信息表”中的内容进行相应的链接调用，选中 A3 单元格，输入公式“ = 客户收款信息表！A3”，鼠标指针向下移动到单元格右下角出现黑实心“ + ”时，向下拖动到 A13 单元格，将公式自动填写到各单元格内，将“客户收款信息表”中的数据引入“客户一览表”中。

4）选中 B3 单元格，输入公式“ = 客户收款信息表！B3”，操作方法同上。

5）选中 C3 单元格，输入公式“=IF（D3=0,“”,“借”）”，显示相应的计算结果后运用 Excel 的自动填充功能自动填充 C 列。

6）选中 D3 单元格，输入公式“=客户收款信息表！C3”，之后方法同步骤 1。

7）内容录入完成后，适当调整单元格宽度，并添加表格边框线。具体操作请扫一扫项目一“如何美化 Excel 工作表”。

8）美化表格后，单击工作表中“返回”标签，返回页面。单击工具栏中的[保存]按钮，保存文件。

任务2－3 编制“应收款项表”

1）双击打开“辉煌电脑公司往来款项管理信息库”。

2）单击“页面”中“应收款项表”标签，打开工作表，参照图 5－5 情景资料，输入相应的标题信息内容。

	A	B	C	D	E	F	G	H	I	J	K	L	M
1	辉煌电脑公司应收款项表												
2	2019年12月31日												
3	客户代码	客户名称	发票号码	应收款金额（元）	开票日期	收款期（天）	到期日	是否到期	未到期	0～60天	61～120天	121～365天	366～730天
4	KH-01	吉林市光明数码科技城	890123	50 000.00	2019/9/4	90	2019/12/3	是	-	50 000.00	-	-	-
5	KH-02	吉林市祥光数码科技城	892345	80 000.00	2019/10/4	80	2019/12/23	是	-	80 000.00	-	-	-
6	KH-03	吉林省长春市光复路电脑城	892348	320 000.00	2019/11/28	30	2019/12/28	是	-	320 000.00	-	-	-
7	KH-04	吉林省长春市重庆路电脑大世界	893214	7 520.00	2019/1/4	30	2019/2/3	是	-	-	-	7 520.00	-
8	KH-05	四平市国贸商场	893217	43 000.00	2018/8/9	60	2018/10/8	是	-	-	-	-	43 000.00
9	KH-06	哈尔滨电脑广场	893219	410 000.00	2019/11/26	30	2019/12/26	是	-	410 000.00	-	-	-
10	KH-07	哈尔滨市光学仪器厂							-	-	-	-	-
11	KH-08	沈阳财经学院	894103	180 000.00	2019/10/3	30	2019/11/2	是	-	180 000.00	-	-	-
12	KH-09	沈阳鹏丽电器有限公司	894194	650 000.00	2019/6/5	90	2019/9/3	是	-	-	650 000.00	-	-
13	KH-10	沈阳卓越商贸公司							-	-	-	-	-
14	KH-11	铁岭数码科技城	896324	40 000.00	2019/10/23	90	2020/1/21	否	40 000.00	-	-	-	-
15		合　计		1 780 520.00					40 000.00	1 040 000.00	650 000.00	7 520.00	43 000.00

图 5－5 应收款项表

3）原始数据输入完成后，选中 A4 单元格，在“公式”文本框中输入公式“=客户收款信息表！A3”，引用“客户收款信息表”中的客户代码信息，再利用自动填充功能完成该列的填制。

4）选中 B4 单元格，在“公式”文本框中输入公式“=客户收款信息表！B3”，引用“客户收款信息表”中的客户名称信息，再利用自动填充功能完成该列的填制。

5）同样方法进行 D 列、E 列、F 列的填制。

6）选中 G4 单元格，在“公式”文本框中输入公式“=E4+F4”（到期日=开票日期+收款期），按下 Enter 键，G4 单元格即显示到期日期。

7）使用自动填充功能填充 G 列，显示所有客户应收账款的到期日。

8）选中 H4 单元格，在“公式”文本框中输入公式“=IF（G4<$A$2,"是","否"）”，按下 Enter 键，显示应收款项是否到期。然后使用自动填充功能填充 H 列，判断每个客户的

应收账款是否到期。

9）选中I4单元格，在“公式”文本框中输入公式“=IF（$A$2－$G4＜0，$D4，"－"）”。

10）选中J4单元格，在“公式”文本框中输入公式
“=IF（AND（$A$2－$G4＞0，$A$2－$G4＜=60），$D4，"－"）”。

11）选中K4单元格，在“公式”文本框中输入公式
“=IF（AND（$A$2－$G4＞61，$A$2－$G4＜=120），$D4，"－"）”。

12）选中L4单元格，在“公式”文本框中输入公式
“=IF（AND（$A$2－$G4＞121，$A$2－$G4＜=365），$D4，"－"）”。

13）选中M4单元格，在“公式”文本框中输入公式
“=IF（AND（$A$2－$G4＞366，$A$2－$G4＜=730），$D4，"－"）”。

14）利用自动填充功能将公式自动填充到相应单元格。计算输入符合账龄判断条件的该笔应收款的金额。

15）运用自动求和公式，计算D15、I15至M15各项目合计数。

16）其他单元格的数据按照“应收款项表”资料填写，依次完成应收款项表的编制，将表格添加边框，进行相应美化后，单击工作表中“返回”标签，返回页面。单击工具栏中的按钮，保存文件。

任务2－4　编制“应收款项账龄分析表”

1）双击打开“辉煌电脑公司往来款项管理信息库”。

2）单击“页面”中“应收账款账龄分析表”标签，打开工作表，参照图5－6情景资料，输入相应的标题信息内容。

辉煌电脑公司2019年末应收账款账龄分析表

账龄	应收款金额（元）	百分比（%）
未到期	40 000.00	2.25
0～60天	1 040 000.00	58.41
61～120天	650 000.00	36.51
121～365天	7 520.00	0.42
366～730天	43 000.00	2.42
合计	1 780 520.00	100.00

图5－6　应收账款账龄分析表

3）复制应收款项表中的I3至M3，右键单击“应收账款账龄分析表”工作表中的A3单元格，在弹出的快捷菜单中选中“选择性粘贴”命令，设置粘贴为“数值”，运算为“无”，并选中“转置”复选框，将账龄区域垂直复制到A3：A7单元格区域中。如图5－7所示。

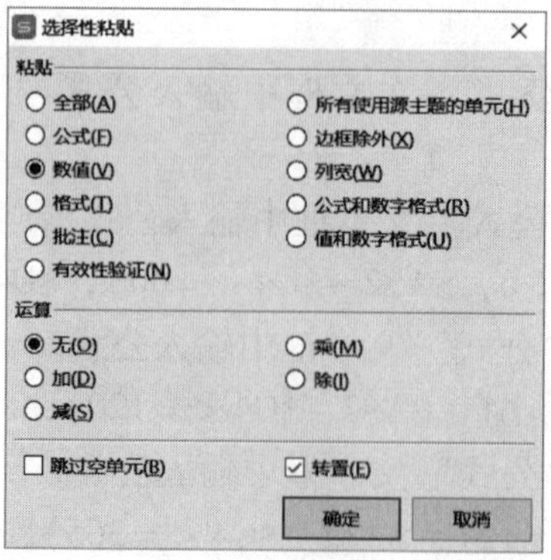

图 5－7　“选择性粘贴”对话框

4）复制应收款项表中的 I15 至 M15，粘贴输入 B 列应收款金额，操作方法同上。

5）单击 C3 单元格，输入公式“＝B3/$B$8”，并向下自动填充到相应单元格。设置 C3 列单元格格式为：百分比。

6）将表格添加边框，进行相应美化后，单击工作表中“返回”标签，返回页面。单击工具栏中的按钮，保存文件。

扫一扫： 应收账款账龄分析表的编制

任务 2－5　编制“应收账款账龄分析图”

1）双击打开“辉煌电脑公司往来款项管理信息库”。

2）单击“页面”中“应收款项表”标签，打开工作表。

3）选中“应收款项表”工作表中需要分析的 I3：M3 和 I15：M15 单元格区域（可按住 Ctrl 键选择不连续区域），然后选择工具栏中“插入”——“图表”命令。选择图表类型为“柱形图”，点击插入。如图 5－8 所示。

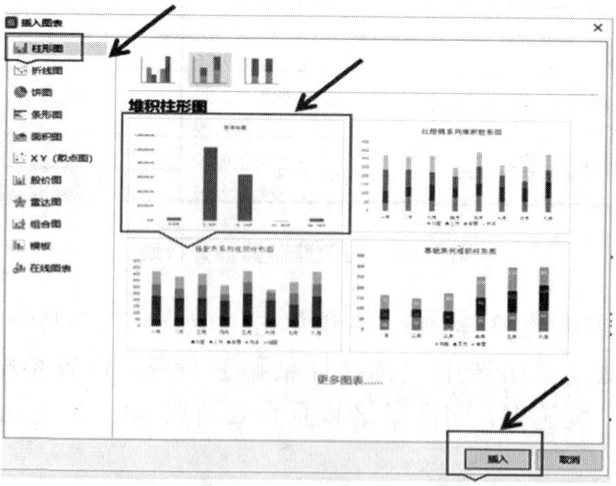

图 5－8　柱形图

4）在“图表标题”文本框中输入“应收账款账龄分析”。在“图表工具”栏中，添加横轴与纵轴标题分别为“到期天数”“应收金额”。

5）可继续按照喜好制作出柱形分析图，复制粘贴到“应收账款账龄分析图”工作表中，成果见图5－9。

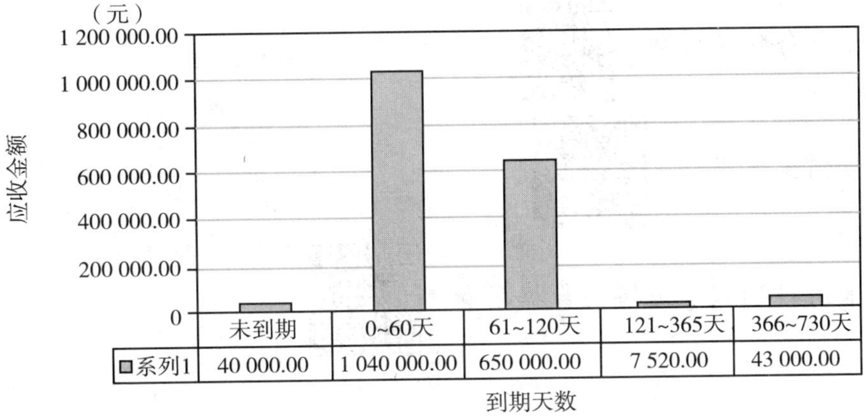

图5－9　应收账款账龄分析图

扫一扫：应收账款账龄分析图的编制

任务2－6　编制“坏账准备计提表”

1）双击打开“辉煌电脑公司往来款项管理信息库”。

2）单击“页面”中“坏账准备计提表”标签，打开工作表，参照图5－10情景资料，输入相应的标题信息内容。

	A	B	C	D
1	**2019年末辉煌电脑公司坏账准备计提表**			单位：元
2	账龄	应收账款金额	估计损失比率	估计损失金额
3	未到期	40 000.00	0.50%	200.00
4	0~60天	1 040 000.00	1.00%	10 400.00
5	61~120天	650 000.00	2.00%	13 000.00
6	121~365天	7 520.00	3.00%	225.60
7	366~730天	43 000.00	5.00%	2 150.00
8	合计	1 780 520.00		25 975.60

图5－10　坏账准备计提表

3）选中A3:B3单元格，分别输入公式“＝账龄分析表！A3”“＝账龄分析表！B3”，并向下自动填充到相应单元格。将“账龄分析表”中的数据引用填列在“坏账准备计提表”中。

4）选中C3至C7单元格，分别输入估计损失比率为0.5%、1%、2%、3%、5%。

5）单击D3单元格，输入公式“＝B3＊C3”，并向下自动填充到相应单元格，计算出估计损失金额。

6）在 B8、D8 单元格中，分别运用自动求和公式，计算出应收账款合计金额以及估计损失合计金额。

7）将表格添加边框，进行相应美化后，单击工作表中“返回”标签，返回页面。单击工具栏中的按钮，保存文件。

扫一扫：如何备份工作簿

扫一扫：如何批量求和

扫一扫：如何对相邻单元格的数据求和

任务 3　供应商及应付账款管理

任务情景

刘全能同学通过与相关职能部门的通力配合，同时通过自己的认真努力，成功地创建了辉煌电脑公司客户以及应收账款管理系统。接下来，为了进一步顺利开展工作，他还需要运用 Excel 建立供应商及应付账款管理系统，那么他要怎样操作才能完成这项工作任务呢？

他在完成工作的过程中会遇到哪些问题，他又会掌握哪些新的工作技巧呢？

情景目标

学习者通过完成该项工作任务，制作相应的表格以及图形，有助于帮助公司及时了解资金的情况，为公司加速资金收回、有效地利用资金提供强有力的帮助。

情景分析

辉煌电脑公司在运用 Excel 建立供应商及应付账款管理系统时，首先要精确掌握本公司供应商的付款信息，需要编制“供应商付款信息表”“供应商一览表”“应付款项表”，然后在这些信息的基础上进行账龄分析，编制“应付账款账龄分析表”“应付账款账龄分析图”。

预备知识及技能

请大家想一想，企业对应付账款进行管理有什么意义呢？

工作任务

【要求】编制“供应商及应付账款管理系统”。

工作步骤

任务3－1 编制“供应商付款信息表”

1）双击打开“辉煌电脑公司往来款项管理信息库”。

2）单击“页面”中“供应商付款信息表”标签，打开工作表，参照图5－11情景资料，输入相应的标题信息内容。

	A	B	C	D	E	F	G
1	辉煌电脑公司供应商付款信息表						
2	供应商代码	供应商名称	应付金额（元）	已付金额（元）	发票号码	开票日期	付款期（天）
3	GYS-01	长春春蕾材料厂	50 000.00	30 000.00	348928	2019/9/4	120
4	GYS-02	吉林市华强有限公司	540 000.00	540 000.00	562839	2019/1/23	90
5	GYS-03	四平宏大材料厂	80 000.00	0.00	467390	2019/10/29	30
6	GYS-04	辉南市电器材料厂	123 480.00	63 480.00	453722	2018/2/24	120
7	GYS-05	胜利电脑公司	8 000.00	0.00	564790	2019/10/25	90
8	GYS-06	铁岭光明电器材料厂	45 300.00	20 000.00	759932	2019/9/5	90
9	GYS-07	哈尔滨明辉电脑公司	180 000.00	100 000.00	859950	2019/8/5	60
10	GYS-08	哈尔滨英雄电器厂	87 960.00	87 960.00	899383	2019/11/17	60
11	GYS-09	齐齐哈尔腾讯材料厂	45 600.00	20 000.00	453745	2019/5/6	120
12		合 计	1 160 340.00	861 440.00			

图5－11 供应商付款信息表

3）设置C列、D列为数值格式，设置F列为日期格式。依次输入表格中相应内容，完成辉煌电脑供应商付款信息表的编制。

4）将表格添加边框，进行相应美化后，单击工作表中“返回”标签，返回页面。单击工具栏中的按钮，保存文件。

扫一扫：巧变文本为数字

扫一扫：巧变数字为文本

扫一扫：输入数字、文字、日期或时间

任务3－2　编制“供应商一览表”

1）双击打开“辉煌电脑公司往来款项管理信息库”。

2）单击“页面”中“供应商一览表”标签，打开工作表，参照图5－12情景资料，输入相应的标题信息内容。

	A	B	C
1	辉煌电脑公司供应商一览表		
2	供应商代码	供应商名称	应付金额（元）
3	GYS-01	长春春蕾材料厂	50 000.00
4	GYS-02	吉林市华强有限公司	540 000.00
5	GYS-03	四平宏大材料厂	80 000.00
6	GYS-04	辉南市电器材料厂	123 480.00
7	GYS-05	胜利电脑公司	8 000.00
8	GYS-06	铁岭光明电器材料厂	45 300.00
9	GYS-07	哈尔滨明辉电脑公司	180 000.00
10	GYS-08	哈尔滨英雄电器厂	87 960.00
11	GYS-09	齐齐哈尔腾讯材料厂	45 600.00
12	合　计		1 160 340.00

图5－12　供应商一览表

3）在“供应商一览表”中，根据“供应商付款信息表”中的内容进行相应的链接调用，选中A3单元格，输入公式“＝供应商付款信息表！A3”，鼠标指针向下移动到单元格右下角出现黑实心“＋”时，向下拖动到A11单元格，将公式自动添加到各单元格内，将“供应商付款信息表”中的数据引入“供应商一览表”中。

4）选中B3单元格，输入公式“＝供应商付款信息表！B3”，操作方法同上。

5）选中C3单元格，输入公式“＝供应商付款信息表！C3”，操作方法同上。

6）选中C12单元格，输入公式“＝SUM（C3：C11）”，计算出应付总金额。

7）内容输入完成后，适当调整单元格宽度，并添加表格边框线。进行相应美化后，单击工作表中“返回”标签，返回页面。单击工具栏中的按钮，保存文件。

扫一扫：辉煌电脑公司供应商一览表的编制

任务3－3　编制“应付款项表”

1）双击打开“辉煌电脑公司往来款项管理信息库”。

2）单击“页面”中“应付款项表”标签，打开工作表，参照图5－13情景资料，输入相应的标题信息内容。

辉煌电脑公司应付款项表

2019年12月31日

供应商代码	供应商名称	发票号码	应付款金额	已付款金额	未付款金额	开票日期	付款期限（天）	到期日期	是否到期	未到期金额	0~30天	31~60天	61~90天	91~120天	120天以上
GYS-01	长春春蕾材料厂	348928	50 000.00	30 000.00	20 000.00	2019/9/4	120	2020/1/2	否	20 000.00	-	-	-	-	-
GYS-02	吉林市华强有限公司	562839	540 000.00	540 000.00	0.00	2019/1/23	90	2019/4/23	是	-	-	-	-	-	0.00
GYS-03	四平宏大材料厂	467390	80 000.00	0.00	80 000.00	2019/10/29	30	2019/11/28	是	-	-	80 000.00	-	-	-
GYS-04	辉南市电器材料厂	453722	123 480.00	63 480.00	60 000.00	2018/2/24	120	2018/6/24	是	-	-	-	-	-	60 000.00
GYS-05	胜利电脑公司	564790	8 000.00	0.00	8 000.00	2019/10/25	90	2020/1/23	否	8 000.00	-	-	-	-	-
GYS-06	铁岭光明电器材料厂	759932	45 300.00	20 000.00	25 300.00	2019/9/5	90	2019/12/4	是	-	25 300.00	-	-	-	-
GYS-07	哈尔滨明辉电脑公司	859950	180 000.00	100 000.00	80 000.00	2019/8/5	60	2019/10/4	是	-	-	-	80 000.00	-	-
GYS-08	哈尔滨英雄电器厂	899383	87 960.00	87 960.00	0.00	2019/11/17	60	2020/1/16	否	0.00	-	-	-	-	-
GYS-09	齐齐哈尔腾讯材料厂	453745	45 600.00	20 000.00	25 600.00	2019/5/6	120	2019/9/3	是	-	-	-	-	25 600.00	-
合计			1 160 340.00	861 440.00	298 900.00					28 000.00	25 300.00	80 000.00	80 000.00	25 600.00	60 000.00

图5－13 应付款项表

3）选中 A4 单元格，输入公式“＝供应商付款信息表！A3”，引用“供应商付款信息表”中的供应商代码信息，再利用自动填充功能完成该列的填制。

4）选中 B4 单元格，输入公式“＝供应商付款信息表！B3”，引用“供应商付款信息表”中的供应商名称信息，再利用自动填充功能完成该列的填制。

5）同样方法进行 D 列、E 列、G 列和 H 列的填制。

6）选中 F4 单元格，输入公式“＝D4－E4”，按下 Enter 键，计算出未付款金额。然后使用自动填充功能填充 F 列。

7）选中 I4 单元格，输入公式“＝G4＋H4”，按下 Enter 键，显示到期日期。然后使用自动填充功能填充 I 列，显示所有供应商应付账款的到期日。

8）选中 J4 单元格，输入公式“＝IF（（$I4－$A$2）＜0，"是"，"否"）”，按下 Enter 键，显示供应商应付款项是否到期。然后使用自动填充功能填充 J 列，判断每个供应商的应付账款是否到期。

9）选中 K4 单元格，在“公式”文本框中输入公式“＝IF（$I4－$A$2＜0，"－"，$F4）”。

10）选中 L4 单元格，在“公式”文本框中输入公式

“＝IF（AND（$A$2－$I4＞0，$A$2－$I4＜＝30），F4，"－"）”。

11）选中 M4 单元格，在“公式”文本框中输入公式

“＝IF（AND（$A$2－$I4＞31，$A$2－$I4＜＝60），$F4，"－"）”。

12）选中 N4 单元格，在“公式”文本框中输入公式

“＝IF（AND（$A$2－$I4＞61，$A$2－$I4＜＝90），$F4，"－"）”。

13）选中 O4 单元格，在“公式”文本框中输入公式

“＝IF（AND（$A$2－$I4＞91，$A$2－$I4＜＝120），$F4，"－"）”。

14）选中 P4 单元格，在“公式”文本框中输入公式“＝IF（$A$2－$I4＞120，$F4，"－"）”并向下自动填充到相应单元格。计算输入满足账龄判断条件的该笔应付款的金额。

15）运用自动求和公式，计算 D13 至 P13 各项目应计算总数合计。

16）其他单元格的数据参照“应付款项表”资料，依次输入并完成应付款项表的编制，将表格添加边框，进行相应美化后，单击工作表中“返回”标签，返回页面。单击工具栏中的按钮，保存文件。

任务 3－4　编制“应付账款账龄分析表”

1）双击打开“辉煌电脑公司往来款项管理信息库”。

2）单击“页面”中“应付账款账龄分析表”标签，打开工作表，参照图 5－14 情景资料，输入相应的标题信息内容。

3）复制应付款项表中的 K3 至 P3，右键单击“应付账龄分析表”工作表中的 A3 单元格，在弹出的快捷菜单中选中“选择性粘贴”命令，设置粘贴为“数值”，运算为“无”，并选中“转置”复选框，这样就将账龄区域垂直复制到 A3：A8 单元格区域中。

4）复制应付款项表中的 K13 至 P13，粘贴到 B 列应付款未付金额，操作方法同上。

辉煌电脑公司2019年末应付账款账龄分析表		
账龄	应付款未付金额(元)	百分比(%)
未到期金额	28 000.00	9.37
0～30天	25 300.00	8.46
31～60天	80 000.00	26.76
61～90天	80 000.00	26.76
91～120天	25 600.00	8.56
120天以上	60 000.00	20.07
合 计	298 900.00	100.00

图 5－14　应付账款账龄分析表

5）单击 C3 单元格，输入公式“＝B3/$B$9”，并向下自动填充到相应单元格。设置 C3 列单元格格式为：百分比。

6）其他单元格的数据参照资料，依次输入并完成编制，将表格添加边框，进行相应美化后，单击工作表中“返回”标签，返回页面。单击工具栏中的按钮，保存文件。

任务 3－5　编制“应付账款账龄分析图

1）双击打开“辉煌电脑公司往来款项管理信息库”。

2）单击“页面”中“应付款项表”标签，打开工作表。

3）选中“应付款项表”工作表中需要分析的 K3：P3 和 K13：P13 单元格区域（可按住 Ctrl 键选择不连续区域），然后选择工具栏中“插入”——“图表”命令。选择图表类型为“柱形图”，点击插入。

4）在“图表标题”文本框中输入“应付账款账龄分析图”。在“图表工具”栏中，添加横轴与纵轴标题分别为“账龄期间”“应付未付金额”。

5）可按照喜好制作出柱形分析图，复制粘贴到“应付账款账龄分析图”工作表中，成果如图 5－15 所示。

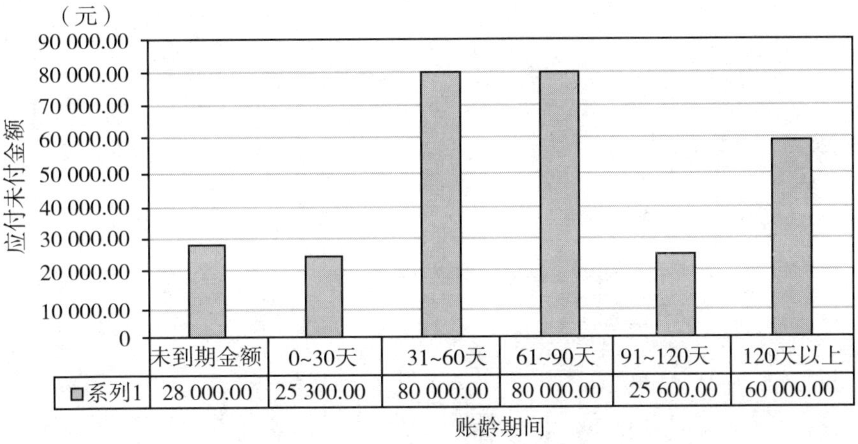

图 5－15　应付账款账龄分析

项目6

Excel 在会计报表中的应用

学习目标

知识目标

1. 了解财务报告的概念及种类；
2. 了解资产负债表及利润表的种类、格式及编制原则。

能力目标

1. 掌握编制电子版资产负债表的方法及原则；
2. 掌握编制电子版利润表的方法；
3. 掌握如何设置单元格数据的有效性；
4. 掌握链接使用某个表格或区域的方法。

项目情景

刘全能同学来到公司工作已有一段时间，某日，领导安排他一个新的任务，让其与老会计共同编制会计报表。在编制的过程中，他发现老会计运用了传统方法，将数据逐一录入报表中，每月都要重复操作，此种方法不仅烦琐还容易出错，如果运用 Excel 软件编制报表，只需在开始一个月设置好报表的公式，下月再编制报表时，刷新公式链接即可，此种方法不仅简单还不易出错。于是刘全能同学进行思索，他应如何教会老会计运用 Excel 软件编制会计报表呢？

情景目标

通过完成本项目的工作任务，学习者能够掌握运用 Excel 软件编制会计报表的知识及基本操作方法，如：应用公式计算资产负债表及利润表中相关数据的方法等，熟悉编制会计报表的操作过程，为日后的工作学习奠定坚实的基础。

情景分析

辉煌电脑公司为了实现运用 Excel 软件编制资产负债表、利润表工作的目标，财务人员应在总账科目期初余额表、科目汇总表以及总账试算平衡表 3 张数据表格基础上运用公式进行编制，从而熟悉并掌握运用 Excel 软件编制资产负债表以及利润表的相关知识与实际操作方法。

工作步骤

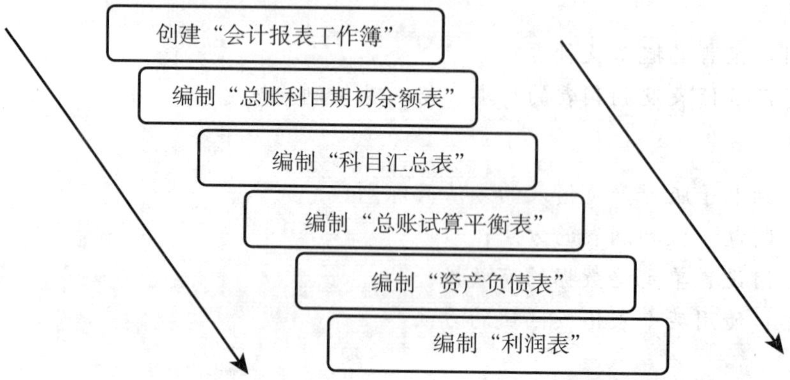

任务1 创建“会计报表工作簿”

任务情景

刘全能同学本次任务的工作职责，除了建立“会计报表工作簿”外，还需教会老会计运用 Excel 软件编制一些基础表格的操作方法，老会计能否独立完成“会计报表工作簿”的建立工作呢？

情景目标

通过完成此项工作任务，学习者能够掌握运用 Excel 软件编制基础表格的操作方法。

情景分析

会计报表是综合反映企业经营成果、财务状况及现金流量信息的书面文件，它是会计核算的最终结果，也是会计核算工作的总结。会计报表按照反映内容的不同，可以分为资产负债表、利润表等。本项目的主要内容是根据辉煌电脑公司提供的相关资料，介绍资产负债表、利润表的编制方法与步骤。

情景资料

辉煌电脑公司总账科目期初余额表如图 6－1 所示，辉煌电脑公司科目汇总表如图 6－2 所示。

总账科目期初余额表　　　　单位：元

科目代码	科目名称	期初借方余额	期初贷方余额
1001	库存现金	4 000.00	
1002	银行存款	49 007 211.88	
1009	其他货币资金	3 000 000.00	
1111	应收票据	600 000.00	
1131	应收账款	1 780 520.00	
1133	其他应收款	100 000.00	
1141	坏账准备	–5 400.00	
1151	预付账款	909 600.00	
1201	在途物资		
1211	原材料	6 721 190.00	
1221	包装物		
1231	低值易耗品		
1232	材料成本差异		
1241	自制半成品	3 710 000.00	
1242	在产品	8 465 300.00	
1243	库存商品	15 700 000.00	
1244	商品进销差价		
1281	存货跌价准备		
1501	固定资产	4 577 280.00	
1502	累计折旧	–1 983 801.88	
1505	固定资产减值准备		
1601	工程物资		
1603	在建工程		
1701	固定资产清理		
1801	无形资产	1 000 000.00	
1805	无形资产减值装备		
2101	短期贷款		
2111	应付票据		
2121	应付账款		298 900.00
2131	预收账款		
2151	应付职工薪酬		300 000.00
2153	应付福利费		
2171	应交税费		1 527 000.00
2176	其他应交款		
2181	其他应付款		355 000.00
2232	应付股利		
2301	长期借款		
2311	应付债券		
2321	长期应付款		
3101	实收资本		79 100 000.00
3111	资本公积		500 000.00
3121	盈余公积		4 005 000.00
3131	本年利润		7 500 000.00
3141	利润分配		
4101	生产成本		
4105	制造费用		
4107	劳务成本		
5101	主营业务收入		
5102	其他业务收入		
5201	投资收益		
5301	营业外收入		
5401	主营业务成本		
5402	税金及附加		
5405	其他业务成本		
5501	销售费用		
5502	管理费用		
5503	财务费用		
5601	营业外支出		
5701	所得税		
5801	资产减值损失		
	合计	93 585 900.00	93 585 900.00

图 6－1　辉煌电脑公司总账科目期初余额表

科目汇总表

2019年12月31日　　单位：元

科目名称	借方金额	贷方金额
库存现金	5 154.00	1 440.00
银行存款	11 940 200.00	1 099 498.71
其他货币资金	98 046.00	98 046.00
应收票据		
应收账款	595 530.00	50 000.00
其他应收款	15 040.00	1 950.00
坏账准备		20 575.60
预付账款	50 000.00	
在途物资	30 800.00	
原材料	475 500.00	3 279 300.00
自制半成品	3 600 000.00	1 273 000.00
在产品	333 007.36	8 465 300.00
库存商品	8 650 000.00	7 700 000.00
固定资产	7 020.00	358 000.00
累计折旧	213 840.80	24 584.89
固定资产清理	144 059.20	144 059.20
无形资产	200 000.00	
应付账款		172 341.00
预收账款		
应付职工薪酬	287 802.71	287 802.71
应付福利费		
应交税费	87 770.19	2 425 499.68
其他应交款		
其他应付款	147 914.00	112 653.19
应付股利		
盈余公积		205 202.07
本年利润	10 570 280.50	10 570 000.00
利润分配	991 810.00	2 154 621.71
生产成本	12 603 872.69	12 603 872.69
制造费用	65 346.40	65 346.40
主营业务收入	10 569 000.00	10 569 000.00
营业外收入	1 000.00	1 000.00
主营业务成本	8 237 000.00	3 237 000.00
税金及附加	171 065.90	171 065.90
销售费用	112 474.70	112 474.70
管理费用	176 086.73	176 086.73
财务费用	3 000.00	3 000.00
营业外支出	26 059.20	26 059.20
所得税	456 004.59	456 004.59
资产减值损失	20 575.60	20 575.60
合计	70 885 360.57	70 885 360.57

图 6－2　辉煌电脑公司科目汇总表

预备知识及技能

财务会计报表的分类，按反映的财务活动方式可分为静态报表（例如：资产负债表）和动态报表（例如：利润表和现金流量表）两类；按编报的对象不同可分为内部报表和外部报表两类；按编制的时间不同可分为年度财务会计报告和中期财务会计报告两类，其中期财务报告可分为月度报表、季度报表、半年度报表；按编制范围不同可分为个别报表和合并报表两类。

各期间财务会计报告编制的时间要求和基本内容是：

（1）月度财务会计报告。在每月终了时编制，应于月份终了后 6 日内报出，至少应包括资产负债表和利润表。

（2）季度财务会计报告。在每季终了时编制，应于季度终了后 15 日内报出，包括的内容与月度财务会计报告基本相同。

（3）半年度财务会计报告。在上半年终了时编制，应于季度终了后 60 日内报出。一般包括基本会计报表、利润表等附表以及财务情况说明书。

（4）年度财务会计报告。在每年度终了时编制，应于年度终了后 4 个月内报出。包括财务报告的全部内容。

工作任务

【要求】创建“会计报表工作簿”。

工作步骤

1）打开 Excel 2013，自动新建一个工作簿，然后单击工具栏中的按钮，在“另存为”对话框中选择文件存放位置并将该文件命名为“辉煌电脑公司会计报表工作簿”。

2）在电脑桌面上找到刚刚保存的工作簿，双击打开工作簿。

3）单击工作簿下方工作表标签位置的插入表格图标，插入新工作表 Sheet 4、Sheet 5、Sheet 6。

4）右键单击 Sheet 1 工作表标签，在弹出的快捷菜单中选择“重命名”命令，或双击 Sheet 1 工作表标签，将 Sheet 1 更名为“页面”。

5）按照步骤 4 的操作方法，分别将 Sheet 2、Sheet 3、Sheet 4、Sheet 5、Sheet 6 工作表标签更名为“总账科目期初余额表”“科目汇总表”“总账试算平衡表”“资产负债表”“利润表”。

6）单击工具栏中的按钮，保存文件后，关闭“辉煌电脑公司会计报表工作簿”。

任务 2　编制“总账科目期初余额表”

任务情景

刘全能同学为了减轻会计报表的工作任务，他制订了一系列工作计划，确定了运用 Excel 软件编制会计报表的具体步骤以及工作任务。第一个工作任务是教会老会计运用 Excel 基础知识建立编制会计报表时所需的基础数据，即“总账科目期初余额表”。他将如何教会老会计完成此项工作任务呢?

情景目标

通过完成此项工作任务，学习者能够掌握运用 Excel 软件建立基础数据表格的操作方法，为日后编制资产负债表及利润表奠定基础。

情景分析

辉煌电脑公司为了能够运用 Excel 软件编制会计报表，首先需建立编制会计报表时所涉及的基础数据，即“总账科目期初余额表”。“总账科目期初余额表”是根据总账中的科目余额进行编制的，其所提供的核算资料是编制会计报表的主要依据。

预备知识及技能

总账是指总分类账簿，也称总分类账，是根据总分类科目开设的账户，用来登记全部经济业务，进行分类核算，提供包括核算资料的分类账簿。总分类账所提供的核算资料是编制会计报表的主要依据，任何单位都必须设置总分类账。

扫一扫：快速移动/复制单元格

工作任务

【要求】编制“总账科目期初余额表”。

工作步骤

1）打开“辉煌电脑公司会计报表工作簿”，然后单击下方“总账科目期初余额表”标签。

2）在单元格 B1 中输入“总账科目期初余额表”，选择单元格 B1：E1，单击格式工具栏上的 按钮，将单元格进行合并。

3）右键单击 B1 单元格，在菜单栏中选择“设置单元格格式”，打开“单元格格式”对话框，单击“对齐”选项卡，在文本对齐方式下“水平对齐”选择“居中”在“垂直对齐”选择“居中”。

4）单击“字体”选项卡，在“字体”下选择“宋体”，在“字型”下选择“加粗”，在“字号”下选择“18”，在“下划线”下选择“双下划线”，单击“确定”，关闭“单元格格式”窗口。

5）在单元格 B2:E63 中，根据图 6-1 输入“总账科目期初余额表”资料内容。

6）“科目代码”一列设置“文本格式”，如图 6-3 所示。

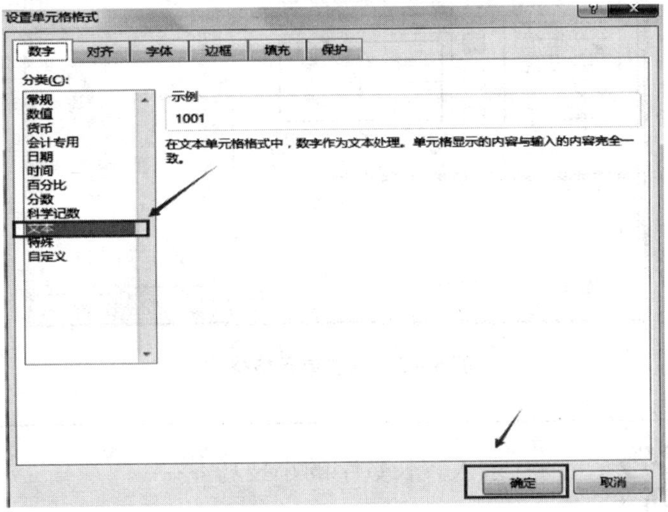

图 6-3　设置单元格格式

7）“期初借方余额”“期初贷方余额”两列设置“数值格式”，如图 6-4 所示。

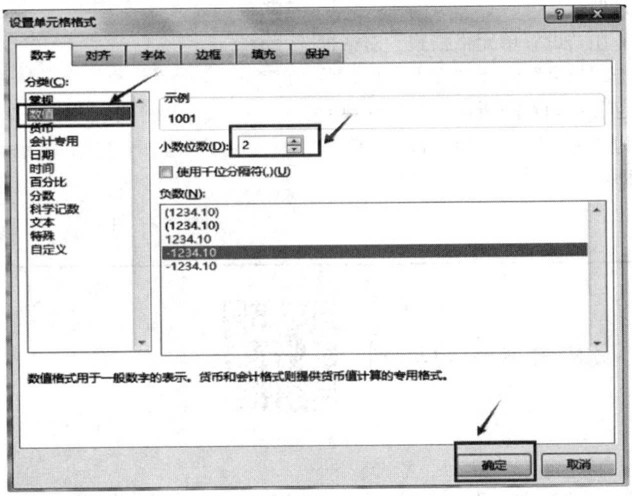

图 6-4　设置单元格格式

8）选择单元格 B2:E63，单击“字体”选项卡，在“字体”下选择“宋体”，在“字号”下选择“14”，单击“确定”，关闭“单元格格式”窗口，调整单元格的行高和列宽。

9）选择 B2:E63 单元格，单击右键，在菜单栏里选择“设置单元格格式”，打开“单元格格式”对话框，单击“边框”选项卡，在“线条样式”里选择“细实线”，单击内部，在“线条样式”里选择“粗实线”，单击外边框，单击“确定”按钮，关闭“单元格格式”对话框，如图 6-5 所示。

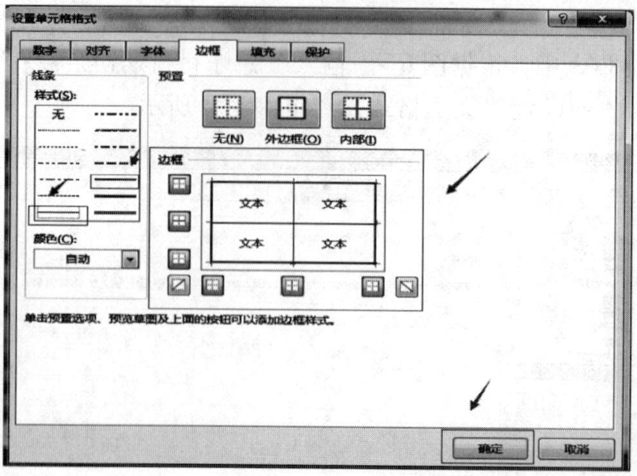

图 6-5　设置单元格格式

录入较长数字的小技巧

步骤一：右键单击需要录入数字的单元格，在弹出的菜单栏中选择“设置单元格格式”按钮，打开“设置单元格格式”对话框。

步骤二：在“设置单元格格式”对话框中，单击“数字”选择“文本”后，单击“确定”（如右图所示），将该单元格设置为“文本”格式后，再录入较长的数字即可。

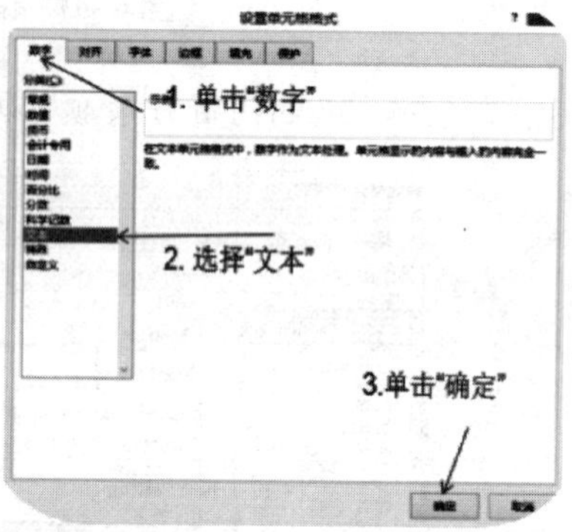

扫一扫： 总账科目期初余额表的编制

任务3　编制“科目汇总表”

任务情景

刘全能同学教会了老会计运用 Excel 软件建立基础数据的操作方法，并指导老会计独立完成了“总账科目期初余额表”的编制工作。下一步工作是指导老会计独立完成“科目汇总表”的编制工作，刘全能又将传授老会计哪些技能呢？老会计是否能够顺利完成工作任务呢？

情景目标

通过完成此项工作任务，学习者能够掌握数值格式的设置方法，从而提高学习者对表格的设计及美化能力，锻炼提升会计简单表格的编制能力，为日后从事会计工作奠定坚实的基础。

情景分析

由于辉煌电脑公司会计凭证数量较多，故采用科目汇总表账务处理程序来登记总分类账。这样一方面可以减少总账的登记工作，另一方面在科目汇总表的编制过程中，通过试算平衡，能够及时发现记账凭证在填制和汇总中出现的问题，便于提高企业会计工作效率。

预备知识及技能

科目汇总表账务处理程序又称记账凭证汇总表账务处理程序，它是根据记账凭证定期编制科目汇总表，再根据科目汇总表登记总分类账的一种账务处理程序。

1. 特点

它的特点主要是先定期把全部记账凭证按科目汇总，编制科目汇总表，然后根据科目汇总表登记总分类账。

2. 会计凭证和账簿的设置

（1）凭证设置。采用科目汇总表账务处理程序时，记账凭证的设置如下：

采用收款凭证、付款凭证和转账凭证三种格式（经济业务量较多的单位可以采用现金收款凭证和银行存款收款凭证、现金付款凭证和银行存款付款凭证及转账凭证五种格式）经济业务发生后，根据经济业务的性质分别编制不同的记账凭证。

（2）账簿设置。日记账、明细账、总分类账。

3. 优缺点

（1）主要优点。采取汇总登记总分类账的方式，大大简化了登记总账的工作量；通过科目汇总表的编制，将各科目本期借、贷方发生额的合计数进行试算平衡，可以及时发现填制凭证和汇总过程中的错误，从而保证了记账工作的质量。

（2）主要缺点。不分对应科目进行汇总，不能反映各科目的对应关系，不便于对经济业务进行分析和检查；如果记账凭证较多，根据记账凭证编制科目汇总表本身也是一项很复杂的工作，如果记账凭证较少，运用科目汇总表登记总账又不能达到简化登记总账的作用。因此，这种账务处理程序一般适用于规模较大、经济业务较多的企业和单位。

扫一扫： 绝对引用、相对引用、混合引用的区别

工作任务

【要求】编制“科目汇总表”。

工作步骤

1）打开“辉煌电脑公司会计报表工作簿”，点击“科目汇总表”工作表标签。

2）在单元格 B1 中输入“科目汇总表”，选择单元格 B1：D1，单击格式工具栏上的按钮，将单元格进行合并。

3）右键单击 B1 单元格，在菜单栏中选择“设置单元格格式”，打开“单元格格式”对话框，单击“对齐”选项卡，在文本对齐方式下“水平对齐”选择“居中”在“垂直对齐”选择“居中”。

4）单击“字体”选项卡，在“字体”下选择“宋体”，在“字型”下选择“加粗”，在“字号”下选择“18”，在“下划线”下选择“双下划线”，单击“确定”，关闭“单元格格式”窗口。

5）在单元格 B2：D44 中，根据图 6－2 输入“科目汇总表”资料内容。

6）“借方金额”“贷方金额”两列设置“数值格式”，如图 6－6 所示。

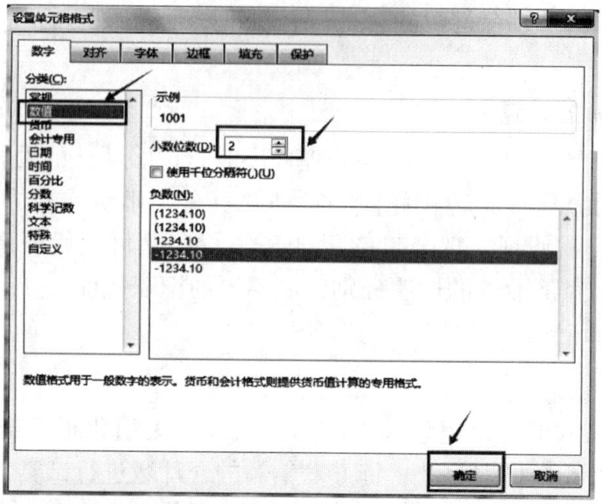

图 6－6　设置单元格格式

7）选择单元格 B2：D44，单击“字体”选项卡，在“字体”下选择“宋体”，在“字号”下选择“14”，单击“确定”，关闭“单元格格式”窗口，调整单元格的行高和列宽。

8）选择 B2：D44 单元格，单击右键，在菜单栏里选择“设置单元格格式”，打开“单元格格式”对话框，单击“边框”选项卡，在“线条样式”里选择“细实线”，单击内部，在“线条样式”里选择“粗实线”，单击外边框，单击“确定”按钮，关闭“单元格格式”对话框。

扫一扫：科目汇总表的编制

任务4 编制“总账试算平衡表”

任务情景

刘全能同学教会了老会计运用 Excel 软件建立基础数据的操作方法，提高了老会计的操作能力。下一步工作为指导老会计在“总账科目期初余额表”以及“科目汇总表”数据的基础上完成“总账试算平衡表”的编制工作，刘全能又将传授老会计哪些技能呢?

情景目标

通过完成此项工作任务，学习者能够掌握试算平衡的基本公式，并且能够根据试算平衡的基础公式编制“总账试算平衡表”。

情景分析

试算平衡表是列有总分类账中所有账户及其余额的表格。这份表格有助于检查记录的准确性和编制会计报表，试算平衡的基本公式为：全部账户的借方期初余额合计数等于全部账户的贷方期初余额合计数；全部账户的借方发生额合计数等于全部账户的贷方期初余额合计数；全部账户的借方期末余额合计数等于全部账户的贷方期末余额合计数。辉煌电脑公司决定通过试算平衡表的平衡关系，检查记录的准确性，为编制会计报表提供相关数据。

预备知识及技能

VLOOKUP 函数是 Excel 中的一个纵向查找函数，在工作中都有广泛应用，例如可以用来核对数据，多个表格之间快速导入数据等函数功能。VLOOKUP 函数功能为按列查找，最终返回该列所需查询序列所对应的值。

该函数的语法规则如下：

VLOOKUP (lookup_value, table_array, col_index_num, range_lookup)

Lookup_value 为需要在数据表第 1 列中进行查找的数值。Lookup_value 可以为数值、引用或文本字符串。当 VLOOKUP 函数第一参数省略查找值时，表示用 0 查找。

Table_array 为需要在其中查找数据的数据表，使用对区域或区域名称的引用。

col_index_num 为 table_array 中查找数据的数据列序号。col_index_num 为 1 时，返回 table_array 第 1 列的数值，col_index_num 为 2 时，返回 table_array 第 2 列的数值，以此类推。如果 col_index_num 小于 1，函数 VLOOKUP 返回错误值#VALUE!；如果 col_index_num 大于 table_array 的列数，函数 VLOOKUP 返回错误值#REF!。

Range_lookup 为逻辑值，指明函数 VLOOKUP 查找时是精确匹配还是近似匹配。如果为 FALSE 或 0，则返回精确匹配，如果找不到，则返回错误值#N/A。如果 range_lookup 为 TRUE 或 1，函数 VLOOKUP 将查找近似匹配值，即：如果找不到精确匹配值，则返回小于 lookup_value 的最大数值。如果 range_lookup 省略，则默认为 1。

扫一扫： VLOOKUP 函数实例应用

工作任务

【要求】编制“总账试算平衡表”。

工作步骤

1）打开“辉煌电脑公司会计报表工作簿”，点击“总账试算平衡表”工作表标签，在此工作表中建立“总账试算平衡表”。

2）在单元格 B1 中输入“总分类账试算平衡表”，选择单元格 B1：H1，单击格式工具栏上的按钮，将单元格进行合并。

3）右键单击 B1 单元格，在菜单栏中选择“设置单元格格式”，打开“单元格格式”对话框，单击“对齐”选项卡，在文本对齐方式下“水平对齐”选择“居中”在“垂直对齐”选择“居中”。

4）单击“字体”选项卡，在“字体”下选择“宋体”，在“字型”下选择“加粗”，在“字号”下选择“18”，在“下划线”下选择“双下划线”，单击“确定”，关闭“单元格格式”窗口。

扫一扫： Excel 引用其他工作表数据的方法

5）“科目名称”“期初余额借方金额”“期初余额贷方金额”3 列运用引用公式，将所需数据引用表格中。即：选择单元格 B5，录入公式“ = 总账科目期初余额表！C3”，将总账科目期初余额表 C3 单元格中的“库存现金”引入 B5 单元格；选择单元格 C5，录入公式“ = 总账科目期初余额表！D3”；选择单元格 D5，录入公式“ = 总账科目期初余额表！E3”。

6）选择单元格 B5：D5，鼠标移动到单元格右下角，出现黑实心“ + ”，向下拖动到 D64，将总账科目期初余额表中的“科目名称”“期初余额借方金额”“期初余额贷方金额”3 列数据引入“总分类账试算平衡表”中。

7）选择单元格 E5，录入公式“ = VLOOKUP（B5，科目汇总表！$B$4：$D$43，2，0）”，选择单元格 F5，录入公式“ = VLOOKUP（B5，科目汇总表！$B$3：$D$44，3，0）”，如图 6 – 7、图 6 – 8 所示。

8）选择单元格 E5：F5，鼠标移动到单元格右下角，出现黑实心“ + ”，向下拖动到 F64，将科目汇总表中的各科目发生额引入 E：F 列中。

图 6－7

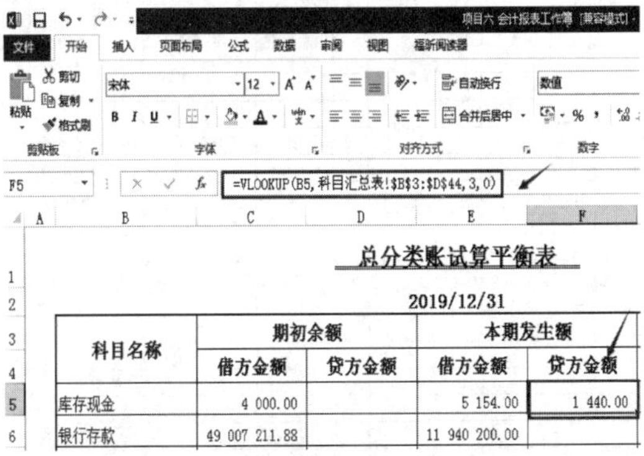

图 6－8

9）选择单元格 G5，录入公式“＝C5＋E5－F5”，选择单元格 G5，向下拖动到 G30，将公式填写到所有资产类科目中。

10）选择单元格 H31，录入公式“＝D31＋F31－E31”，选择单元格 H31，向下拖动到 H64，将公式填写到所有负债及权益类科目中。

11）选择单元格 B65，录入“合计”，选择单元格 C65，录入公式“＝SUM（C5：C64）”；选择单元格 D65，录入公式“＝SUM（D5：D64）”；选择单元格 E65，录入公式“＝SUM（E5：E64）”；选择单元格 F65，录入公式“＝SUM（F5：F64）”；选择单元格 G65，录入公式“＝SUM（G5：G64）”；选择单元格 H65，录入公式“＝SUM（H5：H64）”。

12）根据试算平衡关系，这时 C65 的数值＝D65 的数值，E65 的数值＝F65 的数值，G65 的数值＝H65 的数值。

13）将 C：H 列设置为“数值格式”，且保留两位小数。

14）选择单元格 B3：H65，单击“字体”选项卡，在“字体”下选择“宋体”，在“字号”下选择“14”，单击“确定”，关闭“单元格格式”窗口，调整单元格的行高和列宽。

15）选择 B3：H65 单元格，单击右键，在菜单栏里选择“设置单元格格式”，打开“单元格格式”对话框，单击“边框”选项卡，在“线条样式”里选择“细实线”，单击内部，在“线条样式”里选择“粗实线”，单击外边框，单击“确定”按钮，关闭“单元格格式”对话框。

扫一扫：总账试算平衡表的编制

成果展示（如图 6－9 所示）：

总分类账试算平衡表

2019年12月31日　　　　单位：元

科目名称	期初余额		本期发生额		期末余额	
	借方金额	贷方金额	借方金额	贷方金额	借方金额	贷方金额
库存现金	4 000.00		5 154.00	1 440.00	7 714.00	
银行存款	49 007 211.88		11 940 200.00	1 099 498.71	59 847 913.17	
其他货币资金	3 000 000.00		98 046.00	98 046.00	3 000 000.00	
应收票据	600 000.00				600 000.00	
应收账款	1 780 520.00		595 530.00	50 000.00	2 326 050.00	
其他应收款	100 000.00		15 040.00	1 950.00	113 090.00	
坏账准备	-5 400.00			20 575.60	-25 975.60	
预付账款	909 600.00		50 000.00		959 600.00	
在途物资			30 800.00		30 800.00	
原材料	6 721 190.00		475 500.00	3 279 300.00	3 917 390.00	
包装物						
低值易耗品						
材料成本差异						
自制半成品	3 710 000.00		3 600 000.00	1 273 000.00	6 037 000.00	
在产品	8 465 300.00		333 007.36	8 465 300.00	333 007.36	
库存商品	15 700 000.00		8 650 000.00	7 700 000.00	16 650 000.00	
商品进销差价						
存货跌价准备						
固定资产	4 577 280.00		7 020.00	358 000.00	4 226 300.00	
累计折旧	-1 983 801.88		213 940.80	24 584.89	-1 794 445.97	
固定资产减值准备						
工程物资						
在建工程						
固定资产清理			144 059.20	144 059.20		
无形资产	1 000 000.00		200 000.00		1 200 000.00	
无形资产减值准备						
短期借款						
应付票据						
应付账款		298 900.00		172 341.00		471 241.00
预收账款						
应付职工薪酬		300 000.00	287 802.71	287 802.71		300 000.00
应付福利费						
应交税费		1 527 000.00	87 770.19	2 425 499.68		3 864 729.49
其他应交款						
其他应付款		355 000.00	147 914.00	112 653.19		319 739.19
应付股利						
长期借款						
应付债券						
长期应付款						
实收资本		79 100 000.00				79 100 000.00
资本公积		500 000.00				500 000.00
盈余公积		4 005 000.00		205 202.07		4 210 202.07
本年利润		7 500 000.00	10 570 280.50	10 570 000.00		7 499 719.50
利润分配			991 810.00	2 154 621.71		1 162 811.71
生产成本			12 603 872.69	12 603 872.69		
制造费用			65 346.40	65 346.40		
劳务成本						
主营业务收入			10 569 000.00	10 569 000.00		
其他业务收入						
投资收益						
营业外收入			1 000.00	1 000.00		
主营业务成本			8 237 000.00	8 237 000.00		
税金及附加			171 065.90	171 065.90		
其他业务成本						
销售费用			112 474.70	112 474.70		
管理费用			176 086.73	176 086.73		
财务费用			3 000.00	3 000.00		
营业外支出			26 059.20	26 059.20		
所得税			456 004.59	456 004.59		
资产减值损失			20 575.60	20 575.60		
合计	93 585 900.00	93 585 900.00	70 885 360.57	70 885 360.57	97 428 442.96	97 428 442.96

图 6－9　辉煌电脑公司总分类账试算平衡表

任务5 编制“资产负债表”

任务情景

刘全能同学教会了老会计运用 Excel 软件编制“总账试算平衡表”的操作方法，不仅减少了老会计的工作时间，还提高了老会计的工作效率。下一步工作，刘全能将指导老会计在“总账试算平衡表”数据的基础上编制“资产负债表”，在编制资产负债表的过程中，老会计将学会哪些技能呢?

情景目标

通过完成此项工作任务，学习者能够掌握引用公式的操作方法，并且能够运用引用公式编制“资产负债表”。

情景分析

企业经营一定时期后，需要反映企业当时的资产、负债和所有者权益的情况，这就需要编制资产负债表。资产负债表是会计报表中的报表，所以辉煌电脑公司决定采用 Excel 软件来自动编制资产负债表。

预备知识及技能

资产负债表是反映企业某一特定日期财务状况的会计报表，它是根据资产、负债和所有者权益三者之间的平衡关系，把日常经营活动的信息按照一定的分类标准和一定的顺序加工而成的。它表明企业某一特定日期所拥有或控制的经济资源，所承担的现有义务和所有者对净资产的要求权。我国资产负债表的格式采用账户式。账户式的资产负债表是根据“资产 = 负债 + 所有者权益”将表分成左右两方，左方反映资产，右方反映负债和所有者权益，按其构成项目依据流动性分类，左右双方总额相等。

工作任务

【要求】编制“资产负债表”。

工作步骤

1）打开“辉煌电脑公司会计报表工作簿”，点击“资产负债表”工作表标签，在此工作表中建立“资产负债表”。

2）在单元格 B1 中输入“资产负债表”，选择单元格 B1：G1，单击格式工具栏上的按钮，将单元格进行合并。

3）右键单击 B1 单元格，在菜单栏中选择“设置单元格格式”，打开“单元格格式”对话框，单击“对齐”选项卡，在文本对齐方式下“水平对齐”选择“居中”在“垂直对齐”选择“居中”。

4）单击“字体”选项卡，在“字体”下选择“宋体”，在“字型”下选择“加粗”，在“字号”下选择“18”，在“下划线”下选择“双下划线”，单击“确定”，关闭“单元格格式”窗口。

5）将 B2:F2 单元格进行合并，在单元格 B2 中输入“编制单位：辉煌电脑公司”“2019 年 12 月 31 日”，在 G2 单元格中输入“单位：元”。

6）在“B3:G3”单元格分别输入“资产、期末余额、上年年末余额、负债和所有者权益（或股东权益）、期末余额、上年年末余额”，并设置其格式。

7）在资产（B 列）、负债和所有者权益（或股东权益）（E 列）中分别录入报表项目名称。

> **想一想**
>
> 为什么资产负债表中“货币奖金”一项需要输入加法公式？

8）选择 C5 单元格输入“= 总账试算平衡表！G5 + 总账试算平衡表！G6 + 总账试算平衡表！G7”；选择 C8 单元格输入“= 总账试算平衡表！G8”；选择 C9 单元格输入“= 总账试算平衡表！G9 + 总账试算平衡表！G11”；选择 C11 单元格输入“= 总账试算平衡表！G12”；选择 C12 单元格输入“= 总账试算平衡表！G10”；选择 C13 单元格输入“= 总账试算平衡表！G13 + 总账试算平衡表！G14 + 总账试算平衡表！G18 + 总账试算平衡表！G19 + 总账试算平衡表！G20”；选择 C27 单元格输入“= 总账试算平衡表！G23 + 总账试算平衡表！G24 - 总账试算平衡表！G25”；选择 C32 单元格输入“= 总账试算平衡表！G29”。

9）按步骤 8）操作方法，在“总账试算平衡表”数据的基础上完成资产类“上年年末余额”（D 列）的计算。

10）选择 F9 单元格输入“= 总账试算平衡表！H33”；选择 F12 单元格输入“= 总账试算平衡表！H35”；选择 F13 单元格输入“= 总账试算平衡表！H37”；选择 F14 单元格输入“= 总账试算平衡表！H39”；选择 F33 单元格输入“= 总账试算平衡表！H44”；选择 F37 单元格输入“= 总账试算平衡表！H45”；选择 F41 单元格输入“= 总账试算平衡表！H46”；选择 F42 单元格输入“= 总账试算平衡表！H47 + 总账试算平衡表！H48”。

11）按步骤 10）操作方法，在“总账试算平衡表”数据的基础上完成负债和所有者权益（或股东权益）类“上年年末余额”（G 列）的计算。

12）选择 C18、C38、C44、D18、D38、D44、F18、F30、F31、F43、F44、G18、G30、G31、G43、G44 单元格，输入 SUM 函数，并在函数中输入相应的计算范围，显示其计算结果。

13）查看“资产负债表”的“资产总计”与“负债与所有者权益总计”是否相等，如不相等则需查看具体的各个报表项目公式的设置情况。

14）将 C:D、F:G 列设置为“数值格式”，且保留 2 位小数。

15）选择单元格 B2:G44，单击“字体”选项卡，在“字体”下选择“宋体”，在“字号”下选择“14”，单击“确定”，关闭“单元格格式”窗口，调整单元格的行高和列宽。

16）选择 B3:G44 单元格，单击右键，在菜单栏里选择“设置单元格格式”，打开“单元格格式”对话框，单击“边框”选项卡，在“线条样式”里选择“细实线”，单击内部，在“线条样式”里选择“粗实线”，单击外边框，单击“确定”按钮，关闭“单元格格式”对话框。

扫一扫：资产负债表的编制

成果展示（如图 6－10 所示）：

资产负债表

编制单位：辉煌电脑公司　　　　2019年 12 月 31 日　　　　单位：元

资产	期末余额	上年年末余额	负债和所有者权益（或股东权益）	期末余额	上年年末余额
流动资产：			流动负债：		
货币资金	62 855 627.17	52 011 211.88	短期借款		
交易性金融资产			交易性金融负债		
衍生金融资产			衍生金融负债		
应收票据	600 000.00	600 000.00	应付票据		
应收账款	2 300 074.40	1 775 120.00	应付账款	471 241.00	298 900.00
应收款项融资			预收款项		
预付款项	959 600.00	909 600.00	合同负债		
其他应收款	113 090.00	100 000.00	应付职工薪酬	300 000.00	300 000.00
存货	26 968 197.36	34 596 490.00	应交税费	3 864 729.49	1 527 000.00
合同资产			其他应付款	319 739.19	355 000.00
持有待售资产			持有待售负债		
一年内到期的非流动资产			一年内到期的非流动负债		
其他流动资产			其他流动负债		
流动资产合计	93 796 588.93	89 992 421.88	流动负债合计	4 955 709.68	2 480 900.00
非流动资产：			非流动负债：		
债权投资			长期借款		
其他债权投资			应付债券		
长期应收款			其中：优先股		
长期股权投资			永续债		
其他权益工具投资			租赁负债		
其他非流动金融资产			长期应付款		
投资性房地产			预计负债		
固定资产	2 431 854.03	2 593 478.12	递延收益		
在建工程			递延所得税负债		
生产性生物资产			其他非流动负债		
油气资产			非流动负债合计		
使用权资产			负债合计	4 955 709.68	2 480 900.00
无形资产	1 200 000.00	1 000 000.00	所有者权益（或股东权益）：		
开发支出			实收资本（股本）	79 100 000.00	79 100 000.00
商誉			其他权益工具		
长期待摊费用			其中：优先股		
递延所得税资产			永续债		
其他非流动资产			资本公积	500 000.00	500 000.00
非流动资产合计	3 631 854.03	3 593 478.12	减：库存股		
			其他综合收益		
			专项储备		
			盈余公积	4 210 202.07	4 005 000.00
			未分配利润	8 662 531.21	7 500 000.00
			所有者权益（或股东权益）合计	92 472 733.28	91 105 000.00
资产总计	97 428 442.96	93 585 900.00	负债及所有者权益合计	97 428 442.96	93 585 900.00

图 6－10　辉煌电脑公司资产负债表

任务 6　编制“利润表”

任务情景

刘全能指导老会计在“总账试算平衡表”数据的基础上运用公式独立完成了“资产负债表”的编制工作，为了锻炼提升老会计对公式的操作水平，刘全能安排老会计独立完成“利润表”的编制工作。老会计是否能够顺利地完成工作任务呢？在完成工作任务的过程中会遇到哪些问题呢？她又将掌握哪些新的技能呢？

情景目标

通过完成此项工作任务，学习者能够掌握引用公式的操作方法，并且能够运用引用公式编制“利润表”。

情景分析

企业在生产经营期间内，不仅要编制反映企业的资产、负债和所有者权益的情况的资产负债表，还要编制利润表，用来反映在一定期间内企业的盈亏状况。由于利润表也是企业会计报表中的主要报表，所以辉煌电脑公司决定仍采用 Excel 软件编制利润表。

预备知识及技能

利润表是反映企业一定时期生产经营成果的会计报表。利润表把一定时期的营业收入与其同一会计期间相关的营业费用进行配比，计算出企业一定时期的净利润。通过利润表的收入和费用等情况，能够反映企业生产经营的收入情况及费用耗费情况，表明企业一定时期的生产经营成果。我国会计实务中多采用多步式利润表。

企业利润表中各项目的数据都列有“本期金额”与“上期金额”两栏。

扫一扫：利润表编制原理

工作任务

【要求】编制“利润表”。

工作步骤

1）打开“辉煌电脑公司会计报表工作簿”，点击“利润表”工作表标签，在此工作表中建立“利润表”。

2）在单元格 B1 中输入“利润表”，选择单元格 B1：D1，单击格式工具栏上的按钮，将单元格进行合并。

3）右键单击 B1 单元格，在菜单栏中选择“设置单元格格式”，打开“单元格格式”对话框，单击“对齐”选项卡，在文本对齐方式下“水平对齐”选择“居中”在“垂直对齐”选择“居中”。

4）单击“字体”选项卡，在“字体”下选择“宋体”，在“字型”下选择“加粗”，在“字号”下选择“18”，在“下划线”下选择“双下划线”，单击“确定”，关闭“单元格格式”窗口。

5）在 B2 单元格中输入日期“2019 年 12 月 31 日”，并将 B2：D2 单元格区域进行合并单元格设置；将“水平对齐”与“垂直对齐”均设置为“居中”。

6）在 B3 单元格中输入“编制单位：辉煌电脑公司”，并将 B3：C3 单元格区域进行合并单元格设置；将“水平对齐”设置为“靠左”，“垂直对齐”设置为“居中”。

7）在 D3 单元格中输入“单位：元”，并设置对齐方式。

8）在“B4：D4”单元格分别输入“项目、本期金额、上期金额”，并设置其格式。

9）在“项目”（B 列）中录入报表项目名称。

10）选择 C5 单元格输入“ = 总账试算平衡表！F52 + 总账试算平衡表！F53”；选择 C6 单元格输入“ = 总账试算平衡表！F56 + 总账试算平衡表！F58”；选择 C7 单元格输入“ = 总账试算平衡表！F57”；选择 C8 单元格输入“ = 总账试算平衡表！F59”；选择 C9 单元格输入“ = 总账试算平衡表！F60”；选择 C11 单元格输入“ = 总账试算平衡表！F61”；选择 C15 单元格输入“ = − 总账试算平衡表！F64”；选择 C23 单元格输入“ = C5 − C6 − C7 − C8 − C9 − C10 − C11 + C14 + C15”；选择 C24 单元格输入“ = 总账试算平衡表！F55”；选择 C25 单元格输入“ = 总账试算平衡表！F62”；选择 C26 单元格输入“ = C23 + C24 − C25”；选择 C27 单元格输入“ = 总账试算平衡表！F63”；选择 C28 单元格输入“ = C26 − C27”。

11）将 C 列设置为“数值格式”，且保留 2 位小数。

12）选择单元格 B3：D49，单击“字体”选项卡，在“字体”下选择“宋体”，在“字号”下选择“14”，单击“确定”，关闭“单元格格式”窗口，调整单元格的行高和列宽。

13）选择 B4：D49 单元格，单击右键，在菜单栏里选择“设置单元格格式”，打开“单元格格式”对话框，单击“边框”选项卡，在“线条样式”里选择“细实线”，单击内部，在“线条样式”里选择“粗实线”，单击外边框，单击“确定”按钮，关闭“单元格格式”对话框。

扫一扫：利润表中公式

扫一扫：利润表的编制

成果展示（如图6－11所示）：

利润表

编制单位：辉煌电脑公司　　2019年12月31日　　单位：元

项目	本期金额	上期金额
一、营业收入	10 569 000.00	
减：营业成本	8 237 000.00	
税金及附加	171 065.90	
销售费用	112 474.70	
管理费用	176 086.73	
研发费用		
财务费用	3 000.00	
其中：利息费用		
利息收入		
加：其他收益		
投资收益（损失以“–”填列）	–20 575.60	
其中：对联营企业和合营企业的投资收益		
以摊余成本计量的金融资产终止确认收益（损失以“–”号填列）		
净敞口套期收益（损失以“–”号填列）		
公允价值变动净收益（损失以“”填列）		
信用减值损失（损失以“–”填列）		
资产减值损失（损失以“–”填列）		
资产处置收益（损失以“–”填列）		
二、营业利润（亏损以“–”号填列）	1 848 797.07	
加：营业外收入	1 000.00	
减：营业外支出	26 059.20	
三、利润总额（亏损以“–”填列）	1 823 737.87	
减：所得税费用	456 004.59	
四、净利润（净亏损以“–”填列）	1 367 733.28	
（一）持续经营净利润（净亏损以“–”填列）		
（二）终止经营净利润（净亏损以“–”填列）		
五、其他综合收益的税后净额		
（一）不能重分类进损益的其他综合收益		
1.重新计量设定受益计划变动额		
2.权益法下不能转损益的其他综合收益		
3.其他权益工具投资公允价值变动		
4.企业自身信用风险公允价值变动		
……		
（二）将重分类进损益的其他综合收益		
1.权益法下可转损益的其他综合收益		
2.其他债权投资公允价值变动		
3.金融资产重分类计入其他综合收益的金额		
4.其他债权投资信用减值准备		
5.现金流量套期储备		
6.外币财务报表折算差额		
……		
六、综合收益总额		
七、每股收益		
（一）基本每股收益		
（二）稀释每股收益		

图6－11　辉煌电脑公司利润表

项目7

Excel在成本核算管理中的应用

学习目标

知识目标

1. 了解成本核算方法（品种法）；
2. 熟悉品种法下成本计算及其账务处理；
3. 掌握如何利用Excel创建成本核算管理工作簿的方法；
4. 掌握品种法的特点及其适用的范围。

能力目标

1. 创建成本核算管理工作簿；
2. 编制“成本核算基础资料工作表”；
3. 编制“各要素费用分配表”；
4. 编制“辅助生产费用分配表”；
5. 编制“制造费用分配表”；
6. 编制“完工产品与在产品成本计算分配表”（约当产量法）。

项目情景

一天，老会计找到刘全能，高兴地跟他说：“小刘，通过这段时间你的耐心指导和我不断地练习，现在对Excel软件操作技巧已基本掌握了，同时对Excel软件的强大计算功能有了更深切的感悟！这几天我一直在考虑一个问题，我们能否利用Excel软件进行成本核算与管理呢？因为在成本日常核算过程中，我每月都需要编制很多费用分配表，虽然表格格式不太复杂，但计算数据工作量还是挺大的，除基础数据有变动外，计算方法是完全一致的，你想一下，能否把成本的计算与管理也纳入Excel软件中呢？”小刘略微思考一下回答说：“没问题，我们可以创建‘成本核算管理工作簿’，依据我单位成本核算资料及核算方法，创建一系列成本费用分配表模板并编制计算公式，以后每个月只需更改一下基础数据，其他成本计算表格会自动生成，会减少大量的计算工作，您也会从繁重的计算工作中解脱出来了！”老会计高兴地说：“太好了，就以今年5月成本核算资料为基础，创建咱们的‘成本核算管理工作簿’吧！”小刘回答说：“放心吧，我今天就开始这项工作，但是我在学校虽然学习了《成本会计》这门课程，但是没有这方面的工作经验，所以……！”老会计笑着说：“没关系，如果你在工作过程中遇到什么难题，可以找我，我教你如何处理，在Excel软件操作方面，你是老师，在会计工作方面我是专家，我们相互学习，共同进步吧！”小刘听后，高兴地说：“谢谢领导，我保证完成任务！”

同学们，小刘能够顺利完成该项工作吗？他又将如何开展工作呢？

情景目标

通过完成本项目的工作任务，学习者能够理解Excel环境下成本核算的基本思路和流程，掌握材料费用分配、职工薪酬费用分配、折旧费用、水电费及办公费等费用的分配、辅助生产费用的分配、制造费用的分配和完工产品与在产品成本分配表的编制方法，培养学生善于思考、严谨细致的工作作风，锻炼提升学生综合能力及岗位技能，为将来工作岗位轮换及晋升打下坚实基础。

情景分析

辉煌电脑公司为了实现利用 Excel 软件来完成成本核算管理工作的目标，应通过创建工作簿，编制各项要素费用分配表、辅助生产成本分配表、制造费用分配表和完工产品与在产品成本分配表等表格，来完成辉煌电脑公司 2020 年 5 月产品成本核算工作。

工作步骤

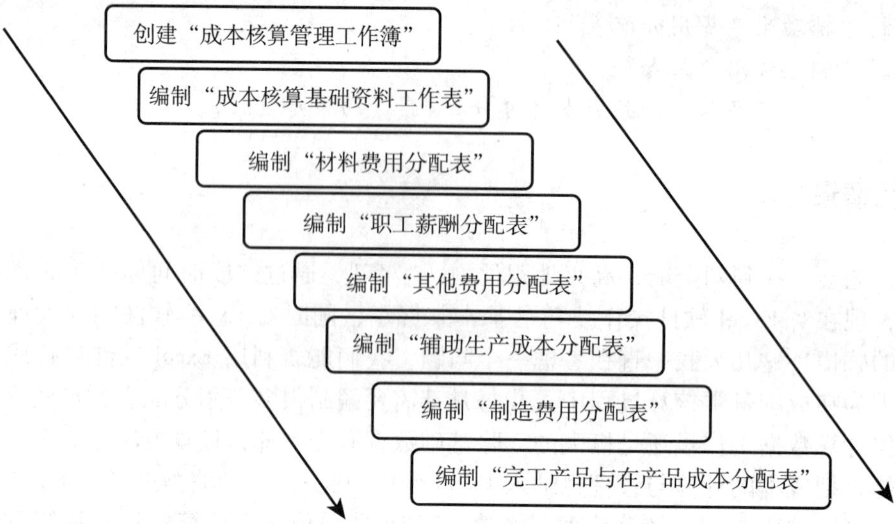

任务 1　创建“成本核算管理工作簿”

任务情景

辉煌电脑公司是一家从事电脑组装生产企业，设有一个基本生产车间和供电、机修两个辅助生产车间，大量生产台式电脑及笔记本电脑两种产品，根据企业生产特点和管理要求，采用品种法计算产品成本。

情景目标

根据辉煌电脑公司 2020 年 5 月成本核算基础资料，编制直接材料费用分配表、应付职业薪酬分配表、其他费用分配表、辅助生产费用分配表（直接分配法）、制造费用分配表（采用生产工时分配法）、生产成本明细账（采用约当产量比例法）和完工产品成本汇总表。

扫一扫：了解成本核算流程

情景分析

对辉煌电脑公司成本基础数据进行分析，首先把基础资料录入Excel里面，形成基础数据表；然后按照成本核算的业务流程编制相关费用分配的工作表格，相关费用分配表格的数据从基础数据表中引用；最后计算出当月完工产品成本。

情景资料

辉煌电脑公司2020年5月相关成本核算资料如下：

1）月初在产品成本。月初台式电脑在产品成本情况如图7－1所示，月初笔记本电脑没有在产品。

月初在产品成本情况表

2020年5月1日　　　　单位：元

在产品名称	直接材料	直接人工	其他间接支出	制造费用	总成本
台式电脑	29 000.00	7 980.00	4 048.00	8 060.00	49 088.00

图7－1　月初在产品成本情况表

2）本月生产及完工情况统计表，如图7－2所示。

生产及完工情况统计表

2020年5月

产品名称	实际生产工时（小时）	完工数量（件）	在产品数量（件）	投料方式	加工程度
台式电脑	30 000	600	200	开始时一次性投料	50%
笔记本电脑	20 000	300	200	开始时一次性投料	50%

图7－2　生产及完工情况统计表

3）辅助生产提供的劳务数量如图7－3所示。

辅助生产车间提供劳务数量统计表

2020年5月1日

车间名称	单位	受益部门劳务量						劳务总量
		机修车间	供电车间	台式电脑	笔记本电脑	基本生产车间一般耗用	行政管理部门耗用	
供电车间	度	1 000		8 000	7 000	4 000	1 000	21 000
机修车间	小时		500			2 200	300	3 000

图7－3　辅助生产车间提供劳务数量统计表

4）本月发生生产费用。

（1）本月发出材料汇总表如图 7-4 所示。

发出材料汇总表

材料类别：原材料　　2020年5月1日　　单位：元

领料用途	直接领用	共同耗用	合计
产品生产消耗	260 000.00	39 000.00	299 000.00
其中：台式电脑	140 000.00		140 000.00
笔记本电脑	120 000.00		120 000.00
基本生产车间一般耗用	5 000.00		5 000.00
供电车间耗用	50 000.00		50 000.00
机修车间耗用	8 000.00		8 000.00
行政管理部门耗用	4 000.00		4 000.00
合　计	327 000.00	39 000.00	366 000.00

图 7-4　发出材料汇总表

（2）本月应付职工薪酬汇总表如图 7-5 所示。

应付职工薪酬汇总表

2020年5月　　单位：元

人员类别	应付工资总额
产品生产工人	420 000.00
供电车间人员	8 000.00
机修车间人员	10 000.00
基本生产车间管理人员	6 000.00
行政管理人员	126 000.00
合计	570 000.00

图 7-5　应付职工薪酬汇总表

（3）其他费用明细表如图 7-6 所示。

其他费用耗用明细表

2020年5月　　单位：元

费用名称	耗用部门				合计
	基本生产车间	供电车间	机修车间	行政管理部门	
折旧费用	32 000.00	4 000.00	3 100.00	900.00	40 000.00
办公费	10 000.00	1 200.00	2 600.00	6 500.00	20 300.00
差旅费				3 100.00	3 100.00
水费	10 722.00	28 000.00	5 000.00		43 722.00
其他费用		1 400.00	2 100.00		3 500.00
业务招待费				1 100.00	1 100.00
合计	52 722.00	34 600.00	12 800.00	11 600.00	111 722.00

图 7-6　其他费用耗用明细表

工作任务

【要求】创建“成本核算管理工作簿”。

工作步骤

1）打开 Excel 2013，自动新建一个工作簿，然后单击工具栏中的按钮，在“另存为”对话框中选择文件存放位置并将该文件命名为“辉煌电脑公司成本核算管理工作簿”，如图 7－7所示。然后单击“保存”按钮。

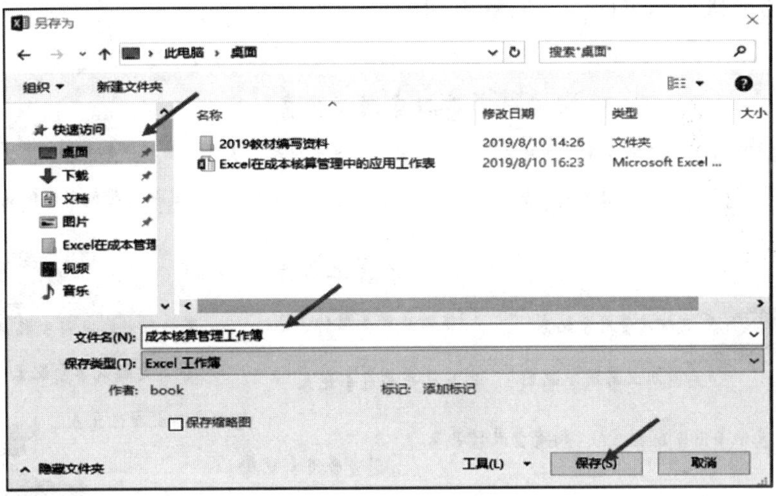

图 7－7　另存为界面

2）在电脑桌面上找到刚刚保存的工作簿，双击打开工作簿，如图 7－8 所示。

3）单击工作簿下方工作表标签位置的插入表格图标，插入新工作表 Sheet 2 ~ Sheet 14，如图 7－9 所示。

图 7－8　双击打开工作簿

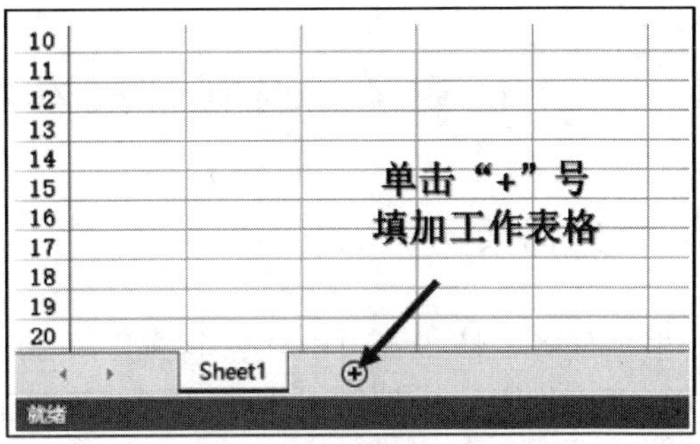

图 7－9　插入工作表

4）将新添加的 14 张表格按顺序重命名为“页面”“月初在产品成本情况表”“生产及完工情况统计表”“辅助生产车间劳务数量统计表”“发出材料汇总表”“应付职工薪酬汇

总表”“其他费用耗用明细表”“直接材料费用分配表”“应付职工薪酬分配表”“其他费用分配表”“辅助生产费用计算表”“辅助生产费用分配表”“制造费用计算表”“制造费用分配表”“台式电脑成本分配表”“笔记本电脑成本分配表”“完工产品成本汇总表”，并添加表格标签颜色。如图 7－10 所示。

图 7－10　重命名并设置颜色

5）打开“页面”工作表，插入自己喜欢的图片，并插入 17 个自选图形，分别按照“页面”后表格名称命名，并设置超链接到对应工作表格。同时在各工作表格插入 1 个自选图形，并设置超链接返回页面。页面效果如图 7－11 所示。

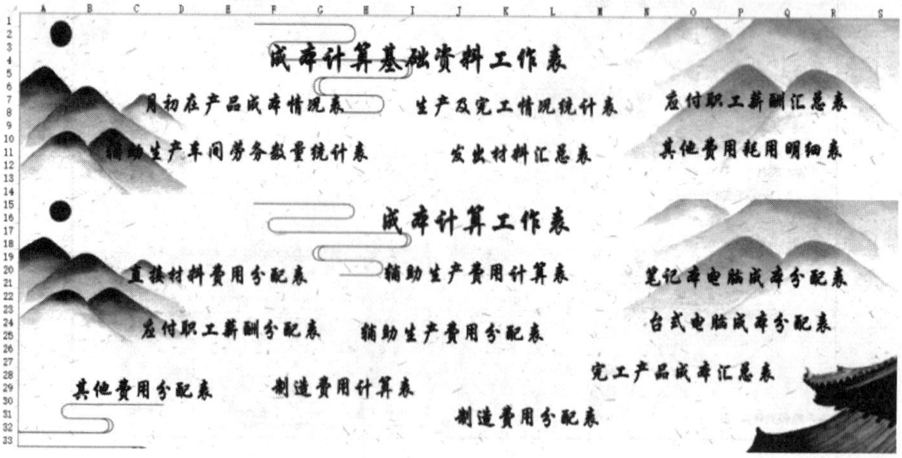

图 7－11　页面效果

扫一扫：观看“页面设置”视频

任务 2　编制“成本核算基础资料工作表”

任务情景

根据任务 1 情景资料中辉煌电脑公司 2020 年 5 月成本核算基础资料工作表，在“成本核算管理工作簿”中编制成本核算基础资料工作表。

情景目标

编制“月初在产品成本情况表”“辅助生产车间劳务数量统计表”“发出材料汇总表”

“应付职工薪酬汇总表”“其他费用耗用明细表”。

情景分析

成本核算基础资料表，是编制“成本计算工作表”中各表格数据的直接来源。建立“成本核算管理工作簿”后，企业只需每月按企业生产实际情况，修改“成本核算基础资料表”中各表格数据，“成本计算工作表”中的数据就会自动更新，可以高效、准确、便捷地完成“成本计算工作表”的编制工作。

预备知识及技能

一、工业企业的产品生产类型

工业企业产品的生产类型按照生产组织方式和生产工艺过程有两种不同的分类方法。

按照生产组织方式划分，可分为大量生产、成批生产和单件生产，大量生产是指连续不断地重复生产一种或若干种产品；成批生产是指按照预先规定的产品规格和数量进行的生产；单件生产是指对个别的、特殊的产品按照购买单位订单的要求进行的生产。

按照生产工艺过程划分，可分为单步骤生产和多步骤生产，单步骤生产是指工艺过程不间断，不可能或不需要划分几个生产步骤的生产。多步骤生产也叫复杂生产，是指工艺过程由若干个可以间断的、分散在不同地点进行的生产步骤所组成的生产。

二、工业企业产品生产类型对产品成本计算方法的影响

产品成本计算方法是指生产费用在企业的不同产品之间或同种产品的产成品和在产品之间分配的方法。产品成本计算方法包括成本计算对象、成本计算期、费用计入产品成本的程序等内容。

三、各种成本计算方法的实际应用

（一）几种成本计算方法的同时应用

在实际工作中，有可能一个企业的各个车间或一个车间的各种产品，其生产特点和管理要求都不同。因此，一个企业的各个车间或一个车间的各种产品可能同时采用几种成本计算方法。例如，服装加工企业的服装加工等基本生产车间，属于多步骤大量生产，应采用分步法计算产品成本；而企业内供水、供电等辅助生产车间，属于单步骤大量生产，应采用品种法计算成本。

（二）几种成本计算方法的结合使用

在计算一种产品成本时，若各生产步骤的生产特点和管理要求不同，就有可能将几种成

本计算方法结合起来应用，也包括成本计算的辅助方法与基本方法结合起来应用。例如小批单件生产的机械厂，铸工车间采用品种法计算铸件的成本，加工装配车间采用分批法计算各批产品的成本。

扫一扫：了解产品成本计算的基本方法

工作任务

【要求】编制“成本核算基础资料工作表”。

工作步骤

1）双击打开“辉煌电脑公司成本核算管理工作簿”。

2）单击“页面”中“月初在产品成本情况表”标签（如图 7－12 所示），打开工作表，按照情景资料中图 7－1 表格，编制“月初在产品成本情况表”，美化表格后，单击工作表中“返回”标签（如图 7－13 所示），返回页面。

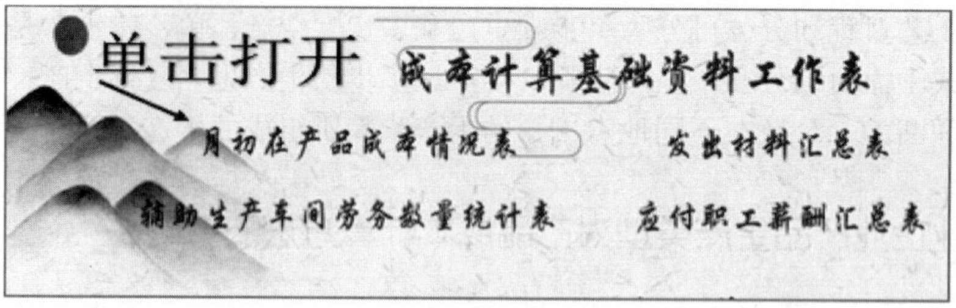

图 7－12　单击打开界面

单击返回

月初在产品成本情况表

2020年5月1日　　单位：元

在产品名称	直接材料	直接人工	其他间接支出	制造费用	总成本
台式电脑	29 000.00	7 980.00	4 048.00	8 060.00	49 088.00

图 7－13　单击返回页面

3）按上述方法参照情景资料中图 7－2～图 7－6 分配编制成本基础资料表中“生产完工情况统计表”“辅助生产车间劳务数量统计表”“发出材料汇表”“应付职工薪酬汇总表”“其他费用耗用明细表”，美化表格后，返回页面。

扫一扫：成本核算基础资料表的编制

任务3 编制“直接材料费用分配表”

任务情景

依据任务1情景资料中图7－4“发出材料汇总表”，根据台式电脑、笔记本电脑的直接材料比例，编制直接材料分配表，分配共同用料。然后根据发出材料汇总表和直接材料费用分配表，编制会计分录并登记有关账户。

情景目标

通过完成该工作任务，学习者能够掌握分配材料费用的方法及相关账务处理，能够独立完成材料费用的计算与分配工作。

情景分析

材料费用的分配是指为生产两种或两种以上的产品共同耗用的材料费用在各个成本对象之间的分配。其分配标准很多，如定额耗用量、生产量、产品的体积、产品的重量等。辉煌电脑公司生产两种产品共同耗用材料费用的分配，采用直接材料比例法。

预备知识及技能

一、材料费用的分配

在材料金额比例分配法下，材料费用是按照各种产品的直接材料比例进行分配的。根据“发出材料汇总表”相关数据计算得出：

材料费用分配率：39 000/(140 000＋120 000)＝0.15

台式电脑应分担的材料费用＝140 000×0.15＝21 000（元）

笔记本电脑应分担的材料费用＝120 000×0.15＝18 000（元）

扫一扫：“原材料费用的分配”

请注意：

材料费用分配公式如下：

材料费用分配率=各种产品共同消耗材料费用总额/各种产品的直接材料消耗总和

某种产品应分摊的材料费用=该产品直接消耗材料金额×材料费用分配率

二、账务处理

材料费用的分配，根据审核、归类后的领、退料凭证，编制“材料费用分配表”。

······分配直接材料账务处理······

借：基本生产成本——台式电脑（直接材料）	161 000
——笔记本电脑（直接材料）	138 000
辅助生产成本——供电车间（原材料）	50 000
——机修车间（原材料）	8 000
制造费用——基本生产车间（原材料）	5 000
管理费用——材料费用	4 000
贷：原材料	366 000

工作任务

【要求】编制“直接材料费用分配表”。

工作步骤

1）打开“辉煌电脑公司成本核算管理工作簿”，然后单击“页面”中“直接材料费用分配表”标签，打开“直接材料费用分配表”工作表格。

2）选中 B1∶I1 单元格区域，合并单元格后，录入“直接材料费用分配表”。

3）选中 B2∶I2 单元格区域，合并单元格后，录入“年月”。

4）选中 B3∶D3 单元格区域，合并单元格后，录入“应借科目”。

5）选中 E3∶E4 单元格区域，合并单元格后，录入“直接领用”。

6）选中 F3∶H3 单元格区域，合并单元格后，录入“共同耗用”。

7）选中 I3∶I4 单元格区域，合并单元格后，录入“合计”。

8）选中 B4 单元格，录入“总账科目”。

9）选中 C4 单元格，录入“明细科目”。

10）选中 D4 单元格，录入“成本或费用项目”。

11）选中 F4 单元格，录入“待分配费用”。

12）选中 G4 单元格，录入“分配率”。

13）选中 H4 单元格，录入“金额”。

14）选中 B5∶B7 单元格区域，合并单元格后，录入“基本生产成本”。

15）选中 C5 单元格，录入“台式电脑”。

16）选中 D5 单元格，录入“直接材料”。

> 想一想
> 如何设置单元格格式？

17）选中 C6 单元格，录入“笔记本电脑”。

18）选中 D6 单元格，录入“直接材料”。

19）选中 C7：D7 单元格区域，合并单元格后，录入“小计”。

20）选中 B8：B9 单元格区域，合并单元格后，录入“辅助生产成本”。

21）选中 C8 单元格，录入“供电车间”。

22）选中 D8 单元格，录入“原材料”。

23）选中 C9 单元格，录入“机修车间”。

24）选中 D9 单元格，录入“原材料”。

25）选中 B10 单元格，录入“制造费用”。

26）选中 C10 单元格，录入“基本生产车间”。

27）选中 D10 单元格，录入“原材料”。

28）选中 B11 单元格，录入“管理费用”。

29）选中 D11 单元格，录入“材料费用”。

30）选中 B12：D12 单元格区域，合并单元格后，录入“合计”。

31）选中 B8：B9 单元格区域，合并单元格后，录入“辅助生产成本”。

32）选中 B3：I12 单元格区域，设置单元格格式为：字体 12 号加粒，对齐方式为垂直居中、水平居中、自动转换行，并添加表格边框，如图 7－14 所示。

> 想一想
>
> 如何调整行高及列宽？

直接材料费用分配表

2020 年 5 月　　单位：元

应借科目			直接领用	共同耗用			合计
总账科目	明细科目	成本或费用项目		待分配费用	分配率	金额	
基本生产成本	台式电脑	直接材料					
	笔记本电脑	直接材料					
	小计						
辅助生产成本	供电车间	原材料					
	机修车间	原材料					
制造费用	基本生产车间	原材料					
管理费用		材料费用					
合计							

图 7－14　设置效果

33）选中 E5 单元格，录入公式“＝发出材料汇总表！C6”，将发出材料汇总表中，台式电脑直接领用材料金额引入“140 000”。

34）选中 E6 单元格，录入公式“＝发出材料汇总表！C7”，将发出材料汇总表中，笔记本电脑直接领用材料金额引入“120 000”。

35）选中 E8 单元格，录入公式“＝发出材料汇总表！C9”，将发出材料汇总表中，供电车间原材料金额引入“50 000”。

36）选中 E9 单元格，录入公式“＝发出材料汇总表！C10”，将发出材料汇总表中，机修车间原材料金额引入“8 000”。

37）选中 E10 单元格，录入公式“ = 发出材料汇总表！C8”，将发出材料汇总表中，基本生产车间直接领用材料金额引入“5 000”。

38）选中 E11 单元格，录入公式“ = 发出材料汇总表！C11”，将发出材料汇总表中，管理费用材料费用金额引入“4 000”。

39）选中 E7 单元格，录入公式“ = SUM（E5：E6）”。

40）选中 E12 单元格，录入公式“ = SUM（E7：E11）”。

41）选中 F5 单元格，录入公式“ = 发出材料汇总表！D5”，将发出材料汇总表中，共同耗用材料费用金额引入“39 000”。

42）选中 G5 单元格，录入公式“ = F5/E7”，计算出分配率。

43）选中 H5 单元格，录入公式“ = E5 * G5”，计算台式电脑应分配的材料费用。

44）选中 H6 单元格，录入公式“ = E6 * G5”，计算笔记本电脑应分配的材料费用。

45）选中 I5 单元格，录入公式“ = E5 + H5”，计算台式电脑材料费用总额。

46）选中 I6 单元格，录入公式“ = E6 + H6”，计算笔记本电脑材料费用总额。

47）选中 I7 单元格，录入公式“ = I5 + I6”，计算产品耗用材料费用总额。

48）选中 I8 单元格，录入公式“ = E6 + H6”。

49）选中 I8 单元格，采用自动填充方式，向下手动到 I12 单元格，求出各项目材料费用总额。

50）选中 E5：I12 单元格，设置单元格格式为：“数字，2 位小数”，使用千分位分隔符，如图 7 – 15 所示。

扫一扫： 直接材料费用分配表的编制

成果展示（如图 7 – 15 所示）：

直接材料费用分配表

2020年5月

单位：元

应借科目			直接领用	共同耗用			合计
总账科目	明细科目	成本或费用项目		待分配费用	分配率	金额	
基本生产成本	台式电脑	直接材料	140 000.00	39 000.00	0.15	21 000.00	161 000.00
	笔记电脑	直接材料	120 000.00			18 000.00	138 000.00
	小　计		260 000.00			39 000.00	299 000.00
辅助生产成本	供电车间	原材料	50 000.00				50 000.00
	机修车间	原材料	8 000.00				8 000.00
制造费用	基本生产车间	原材料	5 000.00				5 000.00
管理费用		材料费用	4 000.00				4 000.00
合　计			327 000.00			39 000.00	366 000.00

图 7 – 15　成果展示

任务4 编制“应付职工薪酬分配表”

任务情景

依据任务1情景资料中图7-5“应付职工薪酬汇总表”，根据台式电脑、笔记本电脑的实际生产工时分配生产工人工资，编制应付职工薪酬分配表，分配工资总额。然后根据应付职工薪酬汇总表和应付职工薪酬分配表，编制会计分录并登记有关账户。

情景目标

通过完成该工作任务，学习者能够掌握分配工资费用的方法及相关账务处理，能够独立完成直接人工费用的计算与分配工作。

情景分析

企业采用不同的职工薪酬结算制度计算出应付职工的薪酬总额后，需要按某用途和发生地点进行汇总，企业应付给职工的薪酬额，分别按所生产的产品进行归类汇总。辉煌电脑公司主要依据应付职工薪酬结算单作为职工薪酬结算的原始凭证，一般按车间或部门根据考勤记录、工资标准等分别编制职工薪酬卡，每一职工每年设置一张，用以反映同每一职工的薪酬结算情况。

预备知识及技能

一、直接人工费用的构成

直接人工费用主要由工资总额和其他职工薪酬构成。

工资总额包括计时工资、计件工资、奖金、津贴和补贴、加班加点工资、特殊情况下支付的工资。

其他职工薪酬包括职工福利费、社会保险费、住房公积金、工会经费和职工教育经费、非货币性福利、因解除与职工的劳动关系给予的补偿、其他。

二、人工费用的确认与分配

(一) 直接人工费用的分配

对于直接人工费用的分配方法有很多，一般采用生产工时比例分配法。

请注意： 人工费用分配公式如下：

$$\text{职工薪酬耗费分配率}=\frac{\text{某车间生产工人职工薪酬总额}}{\text{该车间产品生产工时（实际，定额或机器）总数}}$$

$$\begin{matrix}\text{某种产品应负担}\\\text{职工薪酬耗费}\end{matrix}=\begin{matrix}\text{该种产品}\\\text{生产工时}\end{matrix}\times\begin{matrix}\text{职工薪酬}\\\text{耗费分配率}\end{matrix}$$

扫一扫：应付职工薪酬的概念、范围

（二）人工费用的确认

······ 分配直接人工账务处理 ······

借：基本生产成本——台式电脑（直接人工） 232 820

——笔记本电脑（直接人工） 215 880

辅助生产成本——供电车间（工资） 10 280

——机修车间（工资） 12 850

制造费用——基本生产车间（工资） 7 710

管理费用——材料费用 161 910

贷：应付职工薪酬 732 450

工作任务

【要求】编制“应付职工薪酬分配表”。

工作步骤

1）打开“辉煌电脑公司成本核算管理工作簿”，然后单击“页面”中“应付职工薪酬分配表”标签，打开“应付职工薪酬分配表”工作表格。

2）选中 B1∶K1 单元格区域，合并单元格后，录入“应付职工薪酬分配表”，如图 7－16 所示。

3）按照图 7－16 所示，分别录入日期、应借科目、应付工资总额、社会保险费、职工教育经费、工会经费、住房公积金等表格信息。调整行高及列宽，并添加表格边框。

4）选中 D5 单元格，录入公式“＝生产及完工情况统计表！C4”，将生产及完工情况统计表中，台式电脑实际生产工时引入“30 000”。

5）选中 D6 单元格，录入公式“＝生产及完工情况统计表！C5”，将生产及完工情况统计表中，笔记本电脑实际生产工时引入“20 000”。

返回

应付职工薪酬分配表

2020年 5月 单位：元

应借科目		应付工资总额			社会保险费（14%）	职工教育经费（2.5%）	工会经费（2%）	住房公积金（10%）	合计
总账科目	明细科目	生产工时	分配率	工资总额					
基本生产成本	台式电脑								
	笔记本电脑								
小计									
辅助生产成本	供电车间								
	机修车间								
制造费用									
管理费用									
合计									

图7－16 应付职工薪酬分配表

6）选中D7单元格，录入公式“＝SUM（D5：D6）”，求出基本生产成本生产工时小计“50 000”小时。

7）选中F7单元格，录入公式“＝应付职工薪酬汇总表！C5”，将产品生产工人应付工资总额引入“420 000”。

8）选中E5单元格，录入公式“＝F7/D7”，求出应付工资总额分配率“8.5”。

9）选中F5单元格，录入公式“＝D5＊E5”，求出台式电脑应分配的工资金额为“252 000”。

10）选中F6单元格，录入公式“＝D6＊E5”，求出笔记本电脑应分配的工资金额为“168 000”。

11）选中F8单元格，录入公式“＝应付职工薪酬汇总表！C6”，将供电车间应付工资总额引入“8 000”。

12）选中F8单元格，选择自动填充柄从下拖动到F12单元格，将应付职工薪酬汇总表中金额，引入“应付职工薪酬分配表”对应单元格中。

13）选中G5单元格，录入公式“＝F5＊0.14”，求出台式电脑应分配的社会保险费为“35 280”。

14）选中H5单元格，录入公式“＝F5＊0.025”，求出台式电脑应分配的职工教育经费为“6 300”。

15）选中I5单元格，录入公式“＝F5＊0.02”，求出台式电脑应分配的工会经费为“5 040”。

16）选中J5单元格，录入公式“＝F5＊0.1”，求出台式电脑应分配的住房公积金为“25 200”。

17）选中K5单元格，录入公式“＝SUM（F5：J5）”，求出台式电脑应分配的工资总额合计“323 820”。

18）选中 G5：K5 单元格，选择 K5 右下角自动填充柄从下拖动到 K12 单元格，将公式填充至以下单元格区域。

扫一扫：直接人工费用分配表的编制

成果展示（如图 7－17 所示）：

应付职工薪酬分配表

2020年5月　　　　单位：元

应借科目		应付工资总额			社会保险费（14%）	职工教育经费（2.5%）	工会经费（2%）	住房公积金（10%）	合计
总账科目	明细科目	生产工时	分配率	工资总额					
基本生产成本	台式电脑	30 000	8.4	252 000	35 280	6 300	5 040	25 200	323 820
	笔记本电脑	20 000		168 000	23 520	4 200	3 360	16 800	215 880
小计		50 000		420 000	58 800	10 500	8 400	42 000	539 700
辅助生产成本	供电车间			8 000	1 120	200	160	800	10 280
	机修车间			10 000	1 400	250	200	1 000	12 850
制造费用				6 000	8 400	150	120	600	7 710
管理费用				126 000	17 640	3 150	2 520	12 600	161 910
合计				570 000	79 800	14 250	11 400	57 000	732 450

图 7－17　应付职工薪酬分配表

任务 5　编制“其他费用分配表”

任务情景

依据任务 1 情景资料中图 7－6“其他费用耗用明细表”，按“受益对象所属部门”，归集各受益部门本月发生的折旧费、水费、办公费、差旅费等其他费用。然后根据其他费用耗用明细表和其他费用分配表，编制会计分录并登记有关账户。

情景目标

通过完成该工作任务，学习者能够掌握分配折旧费、办公费、水电费等其他费用的方法及相关账务处理，能够独立完成其他费用的计算与分配工作。

情景分析

辉煌电脑公司在日常生产过程中，除了直接材料、直接人工费用外，还会发生折旧费、办公费、水电费、差旅费等其他一些生产经营费用。应按受益对象所属部门进行归集与分配。

预备知识及技能

其他费用是指除前面所述各要素费用以外的费用，包括折旧费、水电费、办公费、水电费、差旅费费，还包括邮电费、租赁费、印刷费、图书资料报刊订阅费等。企业应在费用发生时，按照车间、部门和用途进行归集与分配。

1）属于基本生产车间发生的，应记入“制造费用”总账及所属明细账的有关项目。

2）属于辅助生产车间发生的，应记入“辅助生产成本”总账及所属明细账有关项目。

3）属于行政管理部门发生的，应记入“管理费用”总账及所属明细账有关项目。

4）属于销售机构发生的，应记入“销售费用”总账及所属明细账有关项目。

扫一扫：“折旧费用的归集与分配”

工作任务

【要求】编制“其他费用分配表”。

工作步骤

1）打开“辉煌电脑公司成本核算管理工作簿”，然后单击“页面”中“其他费用分配表”标签，打开“其他费用分配表”工作表格。

2）选中B1:J1单元格区域，合并单元格后，录入“其他费用分配表”，如图7－18所示。

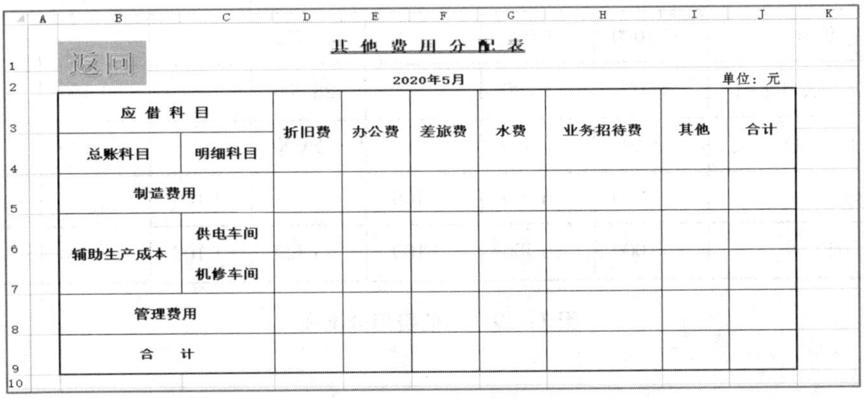
返回

其他费用分配表

2020年5月　　单位：元

应借科目		折旧费	办公费	差旅费	水费	业务招待费	其他	合计
总账科目	明细科目							
制造费用								
辅助生产成本	供电车间							
	机修车间							
管理费用								
合计								

图7－18

3）选中 D5 单元格，录入公式“ = 其他费用耗用明细表！C6”，引入“其他费用耗用明细表”中，基本生产车间发生折旧费。

4）选中 D6 单元格，录入公式“ = 其他费用耗用明细表！C7”，引入“其他费用耗用明细表”中，基本生产车间发生办公费。

5）选中 D7 单元格，录入公式“ = 其他费用耗用明细表！C8”，引入“其他费用耗用明细表”中，基本生产车间发生差旅费。

6）选中 D8 单元格，录入公式“ = 其他费用耗用明细表！C9”，引入“其他费用耗用明细表”中，基本生产车间发生水费。

7）选中 D9 单元格，录入公式“ = 其他费用耗用明细表！C11”，引入“其他费用耗用明细表”中，基本生产车间发生业务招待费。

8）选中 D10 单元格，录入公式“ = 其他费用耗用明细表！C10”，引入“其他费用耗用明细表”中，基本生产车间发生其他费用。

9）选中 D11 单元格，录入公式“ = SUM（D5：I5）”，计算基本生产车间发生其他费用合计金额。

10）采用相同的方法，完成供电车间、机修车间、管理部门相关费用的数据引入及计算公式。

扫一扫：其他费用分配表的编制

成果展示

其他费用分配表如图 7 – 19 所示。

其他费用分配表

2020年5月 单位：元

应借科目		折旧费	办公费	差旅费	水费	业务招待费	其他	合计
总账科目	明细科目							
制造费用		32 000	10 000	—	10 722	—	—	52 722
辅助生产成本	供电车间	4 000	1 200	—	28 000	—	1 400	34 600
	机修车间	3 100	2 600	—	5 000	—	2 100	12 800
管理费用		900	6 500	3 100	—	1 100	—	11 600
合计		40 000	20 300	3 100	43 722	1 100	3 500	111 722

图 7 – 19 其他费用分配表

任务6 编制“辅助生产费用分配表”

任务情景

依据任务1情景资料中图7-3“辅助生产车间提供劳务数量统计表”，及“直接材料分配表”“应付职工薪酬分配表”“其他费用分配表”中辅助生产车间发生的费用合计数，作为待分配的费用总额，采用直接分配法编制辅助生产费用分配表。根据辅助生产费用分配结果，编制会计分录并登记有关账户。

情景目标

通过完成该工作任务，学习者能够掌握辅助生产费用分配的方法及相关账务处理，能够独立完成辅助生产成本的归集与分配工作。

情景分析

辉煌电脑公司在日常生产过程中，采用直接分配法分配辅助生产费用，将供电车间及修理车间发生的费用，在辅助生产部门以外的单位，按照劳务量进行分配。

预备知识及技能

一、辅助生产费用分配的方法

由于辅助生产之间存在着相互制约、相互影响的特点，使用辅助生产费用的分配产生了困难，因此辅助生产费用的分配采用了一些特殊的分配方法，主要有直接分配法、一次交互分配法、代数分配法、计划成本分配法和顺序分配法等。

二、直接分配法

直接分配法是指各辅助生产车间发生的费用直接分配给辅助生产车间以外的各受益对象，而不考虑各辅助生产部门之间的相互提供产品或劳务情况。其分配原则是：对外不对内，其中“外”指辅助生产车间以外的各受益对象；“内”是指各辅助生产车间之间。

请注意：

辅助生产费用直接分配法公式如下：

辅助生产费用分配率=某辅助生产车间发生的费用/辅助生产车间以外的各受益对象的受益总量

辅助生产车间以外的各受益对象应负担的辅助生产费用=该受益对象的受益量×辅助生产费用分配率

分配辅助生产成本账务处理

借：基本生产成本——台式电脑
　　　　　　　　——笔记本电脑
　　制造费用——基本生产车间
　　管理费用
　　贷：辅助生产成本——供电车间
　　　　　　　　　　——机修车间

采用直接分配法，由于各辅助生产费用不在辅助车间之间分配，只是对外分配，计算简便。但当辅助生产车间相互提供产品或劳务量较大时，分配结果往往与实际不符。因此，这种方法只适用于辅助生产内部相互提供产品或劳务不多、不进行辅助费用的交互分配对产品成本影响不大的情况。

扫一扫：辅助生产成本的归集与分配

工作任务

【要求】编制“辅助生产费用分配表”。

工作步骤

1）打开“辉煌电脑公司成本核算管理工作簿”，然后单击“页面”中“辅助生产费用计算表”标签，打开“辅助生产费用计算表”工作表格。

2）编制“辅助生产费用计算表”如图 7－20 所示。

返回

辅助生产成本计算表

2020年5月　　　　单位：元

部门	费用明细			
	材料费用	人工费用	其他费用	合计
供电车间				
机修车间				
合计				

图 7－20　辅助生产成本计算表

3）选中C5单元格，录入公式“=直接材料费用分配表！I8”，引入供电车间本月发生的“材料费用”合计数。

4）选中D5单元格，录入公式“=应付职工薪酬分配表！K8”，引入供电车间本月发生的“人工费用”合计数。

5）选中E5单元格，录入公式“=其他费用分配表！J6”，引入供电车间本月发生的“其他费用”合计数。

6）选中F5单元格，录入公式“=SUM（C5：E5）”，计算出供电车间本月发生费用支出合计数。

7）选中C6、D6、E6、F6单元格，按照上述方法，将机修车间本月发生的材料费用、人工费用、其他费用引入，并计算求出本月费用发生额合计，如图7－21所示。

返回

辅助生产费用计算表

2020年5月　　单位：元

部门	费用明细			
	材料费用	人工费用	其他费用	合计
供电车间	50 000.00	10 280.00	34 600.00	94 880.00
机修车间	8 000.00	12 850.00	12 800.00	33 650.00
合计	58 000.00	23 130.00	47 400.00	128 530.00

图7－21　辅助生产费用计算表

8）打开“辉煌电脑公司成本核算管理工作簿”，然后单击“页面”中“辅助生产费用分配表”标签，打开“辅助生产费用分配表”工作表格。

9）编制“辅助生产费用分配表”如图7－22所示。

辅助生产成本分配表

2020年5月

项目		供电车间		机修车间		合计（元）
		数量（度）	金额（元）	数量（小时）	金额（元）	
待分配费用						
劳务供应总量						
费用分配率						
基本生产成本	台式电脑					
	笔记本电脑					
制造费用	基本生产车间					
管理费用	行政管理部门					
合计						

图7－22　辅助生产成本分配表

10）选中E5单元格，录入公式“=辅助生产费用计算表！F5”，引入供电车间本月发生的费用合计数。

11）选中 G5 单元格，录入公式“=辅助生产费用计算表！F6”，引入机修车间本月发生的费用合计数。

12）选中 D6 单元格，录入公式“=辅助生产车间提供劳务数量统计表！J6－辅助生产车间提供劳务数量统计表！D6”，引入供电车间本月对辅助生产部门以外部门提供劳务总量。

13）选中 F6 单元格，录入公式“=辅助生产车间提供劳务数量统计表！J7－辅助生产车间提供劳务数量统计表！E7”，计算出机修车间本月对辅助生产部门以外部门提供劳务总量。

14）选中 E7 单元格，录入公式“=E5/D6”，计算出供电车间对外分配费用的分配率。

15）选中 D8 单元格，录入公式“=辅助生产车间提供劳务数量统计表！F6”，引出“台式电脑”本月生产耗电量。

16）选中 D9 单元格，录入公式“=辅助生产车间提供劳务数量统计表！G6”，引出“笔记本电脑”本月生产耗电量。

17）选中 D10 单元格，录入公式“=辅助生产车间提供劳务数量统计表！H6”，引出“基本生产车间”本月一般耗电量。

18）选中 D11 单元格，录入公式“=辅助生产车间提供劳务数量统计表！I6”，引出“管理部门”本月耗电量。

19）选中 D12 单元格，录入公式“=SUM（D8：D11）”，计算出机修车间对辅助生产车间外部门提供劳务总量。

20）选中 E7 单元格，录入公式“=E5/D6”，计算出供电车间对外分配费用的分配率。

21）选中 E8 单元格，录入公式“=D8＊$E$7”，计算台式电脑应分担的辅助生产费用。

22）选中 E8 单元格，采用自动填充的方式，将“E8 单元格”中的公式，自动填充至 E9：E11 单元格中。

23）选中 E12 单元格，录入公式“=SUM（E8：E11）”，计算得出供电车间对外分配电费合计金额。

24）采用相同方法，完成机修车间生产费用的分配，如图 7－23 所示。

辅助生产成本分配表

2020年5月

项目		供电车间		机修车间		合计（元）
		数量（度）	金额（元）	数量（小时）	金额（元）	
待分配费用			94 880.00		33 650.00	128 530.00
劳务供应总量		20 000.00		2 500.00		
费用分配率		4.74		13.46		
基本生产成本	台式电脑	8 000.00	37 952.00	—	—	37 952.00
	笔记本电脑	7 000.00	33 208.00	—	—	33 208.00
制造费用	基本生产车间	4 000.00	18 976.00	2 200.00	29 612.00	45 588.00
管理费用	行政管理部门	1 000.00	4 744.00	300.00	4 038.00	8 782.00
合计		20 000.00	94 880.00	25 000.00	33 650.00	128 530.00

图 7－23　辅助生产成本分配表

扫一扫：辅助生产费用计算表的编制

扫一扫：辅助生产费用分配表的编制

任务7 编制“制造费用分配表”

任务情景

依据“直接材料分配表”“应付职工薪酬分配表”“其他费用分配表”“辅助生产费用分配表”中制造费用（基本生产车间）发生的费用合计数，作为待分配的费用总额，采用生产工时分配法编制“制造费用计算表”及“制造费用分配表”。根据制造费用分配结果，编制会计分录并登记有关账户。

情景目标

通过完成该工作任务，学习者能够掌握制造费用分配的方法及相关账务处理，能够独立完成制造费用的归集与分配工作。

情景分析

辉煌电脑公司在日常生产过程中，采用生产工时分配法分配制造费用，将制造费用总额，按照本期生产产品实际工时比例，分配计入台式电脑及笔记本电脑成本中。

预备知识及技能

制造费用是指工业企业为生产产品（或提供劳务）而发生的、应该计入产品成本但没有专设成本项目的各项生产费用。理解时注意以下三点：（1）制造费用发生在生产部门；（2）制造费用属于生产费用；（3）制造费用是生产成本。

一、制造费用的归集

“制造费用”账户，是一个集合分配账户，按照生产单位（车间、分厂）设置明细，其借方反映一定时期内发生的全部制造费用，贷方反映制造费用的分配，月末一般无余额。

二、制造费用的分配方法

制造费用按照“受益原则”进行分配，计入本车间生产的产品成本之中，常见的分配方法有生产工时比例法、机器工时分配法、生产工人工资比例法、年度计划分配率分配法。

（一）生产工时比例法

生产工时比例法是按照各种（批、类）产品所耗用的生产工人工时的比例分配制造费用的一种方法。

【计算公式】

$$制造费用分配率 = \frac{本期发生的实际制造费用额}{该车间生产工人工时数}$$

$$某产品应负担的制造费用 = 该种产品生产工人工时 \times 制造费用分配率$$

（二）生产工时比例法的优缺点

生产工时比例法的优点：以直接人工工时为分配标准能将劳动生产率和产品分配的制造费用紧密联系起来，且各单位都有直接人工工时的统计结果，分配资料的获取较容易，在实际工作中应用较广泛。其缺点：在各种产品的加工工艺不同、机械化程度不同的情况下，会致使分配结果不合理。

扫一扫： 制造费用分配的其他方法

三、制造费用分配的账务处理

······分配制造费用的账务处理······

借：基本生产成本——台式电脑

——笔记本电脑

贷：制造费用——基本生产车间

工作任务

【要求】编制“制造费用分配表”。

工作步骤

1）打开“辉煌电脑公司成本核算管理工作簿”，然后单击“页面”中“制造费用计算表”标签，打开“制造费用计算表”工作表格。

2）编制“制造费用计算表”如图 7－24 所示。

3）选中 C5 单元格，录入公式“＝直接材料费用分配表！I10”，引入基本生产车间本月一般耗用的“材料费用”合计数。

返回

制造费用计算表

2020年5月　　单位：元

会计科目	费用明细				
	材料费用	人工费用	其他费用	辅助生产费用	合　计
制造费用					
合计					

图 7－24　制造费用计算表

4）选中 D5 单元格，录入公式“＝应付职工薪酬分配表！K10”，引入基本生产车间管理人员的工资总额。

5）选中 E5 单元格，录入公式“＝其他费用分配表！J5”，引入基本生产车间本月车间发生的“其他费用”合计数。

6）选中 F5 单元格，录入公式“＝辅助生产成本分配表！H10”，引入基本生产车间本月车间发生的“辅助生产成本”合计数。

7）选中 G5 单元格录入公式“＝SUM（C5：F5）”，计算出基本生产车间本月车间发生费用支出合计数。计算其他合计数。如图 7－25 所示。

制造费用计算表

2020年5月　　单位：元

会计科目	费用明细				
	材料费用	人工费用	其他费用	辅助生产费用	合计
制造费用	5 000.00	7 710.00	52 722.00	48 588.00	114 020.00
合计	5 000.00	7 710.00	52 722.00	48 588.00	114 020.00

图 7－25　制造费用计算表

8）打开“辉煌电脑公司成本核算管理工作簿”，然后单击“页面”中“制造费用分配表”标签，打开“制造费用分配表”工作表格。

9）编制“制造费用分配表”如图 7－26 所示。

返回

制造费用分配表

2020年5月

产品	生产工时（小时）	分配率	分配金额（元）
台式电脑			
笔记本电脑			
合计			

图 7－26　制造费用分配表

10）选中 C4 单元格，录入公式“ = 生产及完工情况统计表！C4”，引入本月台式电脑实际生产工时。

11）选中 C5 单元格，录入公式“ = 生产及完工情况统计表！C5”，引入本月笔记本电脑实际生产工时。

12）选中 C6 单元格，录入公式“ = SUM（C4：C5）”，计算出本月生产总工时。

13）选中 E6 单元格，录入公式“ = 制造费用计算表！G6”，引入本月待分配制造费用总额。

14）选中 D4 单元格，录入公式“ = E6/C6”，计算出本月制造费用分配率。

15）选中 E4 单元格，录入公式“ = C4 * D4”，计算出本月台式电脑应分配制造费用总额。

16）选中 E5 单元格，录入公式“ = C5 * D4”，计算出本月笔记本电脑应分配制造费用总额，如图 7 – 27 所示。

制造费用分配表

2020年5月

产品	生产工时（小时）	分配率	分配金额（元）
台式电脑	30 000	2.2804	68 412.00
笔记本电脑	20 000		45 608.00
合计	50 000		114 020.00

图 7 – 27　制造费用分配表

扫一扫： 制造费用计算表的编制

扫一扫： 制造费用分配表的编制

任务 8　编制“完工产品及在产品成本计算表”

任务情景

依据“直接材料分配表”“应付职工薪酬分配表”“其他费用分配表”“辅助生产费用分配表”“制造费用分配表”中台式电脑和笔记本电脑发生的费用合计数，作为待分配的费用总额，采用约当产量法编制“完工产品及在产品成本计算表”及“完工产品成本汇总表”。根据完工产品及在产品成本计算表结果，编制结转完工产品成本的会计分录并登记有关账户。

情景目标

通过完成该工作任务，学习者能够掌握约当产量法下生产成本的分配方法及相关账务处理，能够独立完成“完工产品及在产品成本”的归集与分配工作。

情景分析

辉煌电脑公司在日常生产过程中，采用约当产量法分配生产成本。将在产品按照其完工程度计算出相当于完工产品的数量（即在产品的约当产量）。再将本期产品生产成本按照本期生产完工产品的数量和在产品的约当产量之和进行分配，分别计入台式电脑及笔记本电脑的完工产品成本及在产品成本中。

预备知识及技能

一、生产费用的分配

企业生产的产品每个月月末可能全部完工，也可能全部没有完工，但是更多的情况是，既有完工产品，又有未完工产品。那么在前面所归集的基本生产成本中，必然一部分是完工产品的成本，另一部分是未完工产品的成本，需要将生产费用在完工产品与在产品之间进行分配。月初在产品成本与本月发生的生产费用之和为费用合计数，是待分配的生产费用，应在完工产品和月末在产品之间进行分配。月初在产品成本、本月发生的生产费用、本月完工产品成本和月末在产品成本四者之间的关系如图 7－28 所示。

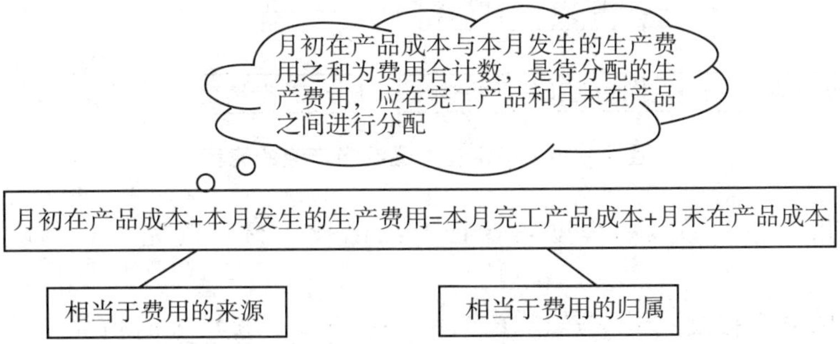

图 7－28 生产费用的分配

二、约当产量法

（一）约当产量

在产品数量大约相当于完工产品的产量。

（二）约当产量法

约当产量法是将月末在产品数量按照完工程度折算相当于完工产品的产量，即约当产量，然后将生产费用在完工产品产量和在产品约当产量之间分配的方法。约当产量法的计算公式如图 7－29 所示。

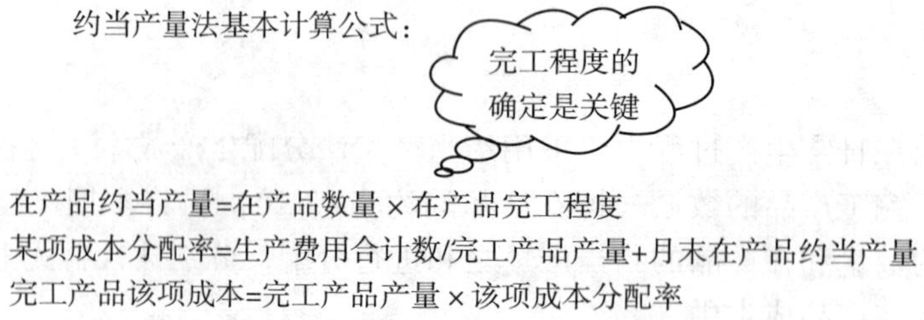

图 7－29　约当产量法计算公式

（三）确定在产品约当产量

确定在产品约当产量的流程如图 7－30 所示。

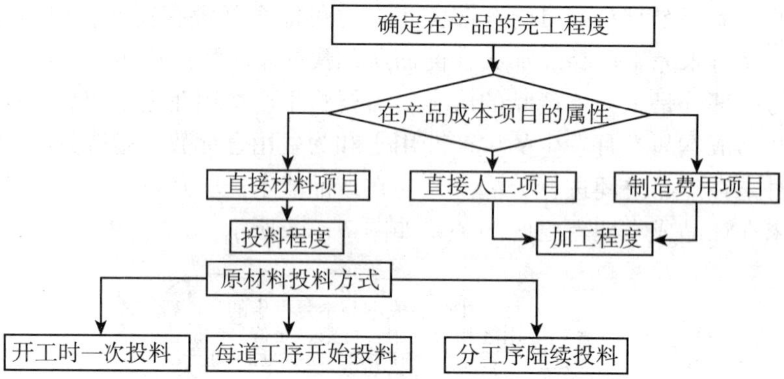

图 7－30　确定在产品约当产量的流程

1）投料程度：在产品投料程度是指在产品已投入材料占完工产品应投入材料的百分比。

2）在产品的完工程度：通常是指在产品实耗（或定额）工时占完工产品应耗（或定额）工时的百分比，也叫作完工百分比或完工率。

3）按完工程度计算在产品约当产量的方法：各工序在产品加工程度约当产量计算公式如下：

某工序在产品完工程度＝（以前各工序工时定额之和＋本工序工时定额×50%）/完工产品工时定额

三、结转完工产品成本的账务处理

结转完工产品成本的财务处理

借：库存商品——台式电脑

——笔记本电脑

贷：基本生产成本——台式电脑

——笔记本电脑

扫一扫："在产品成本计算的其他方法"

工作任务

【要求】编制"完工产品及在产品成本计算表"及"完工产品成本汇总表"。

工作步骤

1）打开"辉煌电脑公司成本核算管理工作簿"，然后单击"页面"中"台式电脑成本分配表"标签，打开"台式电脑成本分配表"工作表格。

2）编制"台式电脑成本分配表"如图 7－31 所示。

完工产品及在产品成本计算表

产品名称：台式电脑　　2020年5月　　单位：元

项目名称	成本项目				合计
	直接材料	直接人工	其他直接支出	制造费用	
月初在产品成本					
本月发生产品成本					
待分配成本费用					
完工产品数量					
在产品约当产量					
完工产量+约当产量					
分配率					
完工产品成本					
月末在产品成本					
合计					

图 7－31　完工产品及在产品成本计算表

3）选中 C5 单元格，录入公式“=月初在产品成本情况表！C5”，引入月初在产品直接材料成本。

4）选中 D5 单元格，录入公式“=月初在产品成本情况表！D5”，引入月初在产品直接人工成本。

5）选中 E5 单元格，录入公式“=月初在产品成本情况表！E5”，引入月初在产品其他直接支出。

6）选中 F5 单元格，录入公式“=月初在产品成本情况表！F5”，引入月初在产品制造费用。

7）选中 G5 单元格，录入公式“=SUM（C5：F5）”，计算出月初在产品成本合计。

8）选中 C6 单元格，录入公式“=直接材料费用分配表！I5”，引入台式电脑本月发生的直接材料费用。

9）选中 D6 单元格，录入公式“=应付职工薪酬分配表！K5”，引入台式电脑本月发生的直接人工费用。

10）选中 E6 单元格，录入公式“=辅助生产成本分配表！H8”，引入台式电脑本月发生的辅助生产成本。

11）选中 F6 单元格，录入公式“=制造费用分配表！E4”，引入台式电脑本月发生的制造费用。

12）选中 G6 单元格录入公式“=SUM（C6：F6）”，计算出台式电脑成本合计金额。

13）选中 C7 单元格录入公式“=SUM（C5：C6）”，计算出台式电脑待分配的材料费用合计，采用自动填充方式添加公式到 D7、E7、F7、G7 单元格，如图 7-32 所示。

完工产品及在产品成本计算表

产品名称：台式电脑　　2020年5月　　单位：元

项目名称	成本项目				合计
	直接材料	直接人工	其他直接支出	制造费用	
月初在产品成本	29 000.00	7 980.00	4 048.00	8 060.00	49 088.00
本月发生产品成本	161 000.00	323 820.00	37 952.00	68 412.00	591 184.00
待分配成本费用	190 000.00	331 800.00	42 000.00	76 472.00	640 272.00

图 7-32

14）选中 C8 单元格，录入公式“=生产及完工情况统计表！$D$4”，引入台式电脑本月完工产品数量，采用自动填充方式添加公式到 D8、E8、F8 单元格。

15）选中 C9 单元格，录入公式“=生产及完工情况统计表！$E$4*100%”，用在产品数量×投料率×100%，计算出在产品的约当产量。

16）选中 D9 单元格，录入公式“=生产及完工情况统计表！$E$4*生产及完工情况统计表！$G$4”，用在产品数量×完工程度×50%，计算出在产品的约当产量。采用自动填充方式添加公式到 E9、F9 单元格。

17）选中 C10 单元格，录入公式“＝SUM（C8：C9）”，计算出完工产品数量＋在产品约当产量之和，采用自动填充方式添加公式到 D10、E10、F10 单元格。如图 7－33 所示。

8	完工产品数量	600	600	600	600	
9	在产品约当产量	200	100	100	100	
10	完工产量+约当产量	800	700	700	700	

图 7－33　自动填充界面

18）选中 C11 单元格，录入公式“＝C7/C10”，计算出台式电脑本月直接材料分配率，采用自动填充方式添加公式到 D11、E11、F11 单元格。

19）选中 C12 单元格，录入公式“＝C8＊C11”，计算出台式电脑本月完工产品应负担的直接材料费用，采用自动填充方式添加公式到 D12、E12、F12、G12 单元格。

20）选中 C13 单元格，录入公式“＝C9＊C11”，计算出台式电脑本月在产品应负担的直接材料费用，采用自动填充方式添加公式到 D13、E13、F13、G13 单元格。

21）选中 C14 单元格，录入公式“＝SUM（C12：C13）”，计算出台式电脑直接材料费用合计，采用自动填充方式添加公式到 D14、E14、F14、G14 单元格。如图 7－34 所示。

完工产品及在产品成本计算表

产品名称：台式电脑　　2020年5月　　单位：元

项目名称	成本项目				合计
	直接材料	直接人工	其他直接支出	制造费用	
月初在产品成本	29 000.00	7 980.00	4 048.00	8 060.00	49 088.00
本月发生产品成本	161 000.00	323 820.00	37 952.00	68 412.00	591 184.00
待分配成本费用	190 000.00	331 800.00	42 000.00	76 472.00	640 272.00
完工产品数量	600	600	600	600	600
在产品约当产量	200	100	100	100	
完工产量+约当产量	800	700	700	700	
分配率	237.50	474.00	60.00	109.25	
完工产品成本	142 500.00	284 400.00	36 000.00	65 547.43	528 447.43
月末在产品成本	47 500.00	47 400.00	6 000.00	10 924.57	111 824.57
合计	190 237.50	332 274.00	42 060.00	76 581.25	640 272.00

图 7－34　完工产品及在产品成本计算表

22）打开“辉煌电脑公司成本核算管理工作簿”，然后单击“页面”中“笔记本电脑成本分配表”标签，打开“笔记本电脑成本分配表”工作表格。

23）参考“台式电脑成本分配表”的编制方法及步骤，编制“笔记本电脑成本分配表”如图 7－35 所示。

24）打开“辉煌电脑公司成本核算管理工作簿”，然后单击“页面”中“完工产品成本汇总表”标签，打开“完工产品成本汇总表”工作表格。

完工产品及在产品成本计算表

产品名称：笔记本电脑　　　　2020年5月　　　　单位：元

项目名称	成本项目				合计
	直接材料	直接人工	其他直接支出	制造费用	
月初在产品成本					
本月发生产品成本	138 000.00	215 880.00	33 208.00	45 608.00	432 696.00
待分配成本费用	138 000.00	215 880.00	33 208.00	45 608.00	432 696.00
完工产品数量	300	300	300	300	
在产品约当产量	200	100	100	100	
完工产量+约当产量	500	400	400	400	
分配率	276.00	539.70	83.02	114.02	
完工产品成本	82 800.00	161 910.00	24 906.00	34 206.00	303 822.00
月末在产品成本	55 200.00	53 970.00	8 302.00	11 402.00	128 874.00
合计	138 000.00	215 880.00	33 208.00	45 608.00	432 696.00

图 7－35　完工产品及在产品成本计算表

25）编制“完工产品成本汇总表”如图 7－36 所示。

完 工 产 品 成 本 汇 总 表

2020年5月

成本项目	台式电脑（完工数量600台）		笔记本电脑（完工数量300台）	
	总成本(元)	单位成本(元)	总成本(元)	单位成本(元)
直接材料				
直接人工				
其他直接支出				
制造费用				
合计				

图 7－36　完工产品成本汇总表

26）选中 C5 单元格，录入公式“＝"台式电脑成本分配表"！C12”，引入台式电脑本月完工产品的直接材料成本。

27）选中 C6 单元格，录入公式“＝"台式电脑成本分配表"！D12”，引入台式电脑本月完工产品的直接人工成本。

28）选中 C7 单元格，录入公式“＝"台式电脑成本分配表"！E12”，引入台式电脑本月完工产品的其他支接支出成本。

29）选中 C8 单元格，录入公式“＝"台式电脑成本分配表"！F12”，引入台式电脑本月完工产品的制造费用成本。

30）选中 C9 单元格，录入公式“＝SUM（C5：C8）”，计算出本月台式电脑完工产品的总成本。

31）选中 D9 单元格，录入公式“ = C9/600”，计算出本月台式电脑完工产品的单位成本。

32）按照上述方法编制计算笔记本电脑的总成本及单位成本，如图 7 - 37 所示。

完工产品成本汇总表

2020年5月

成本项目	台式电脑（完工数量600台）		笔记本电脑（完工数量300台）	
	总成本（元）	单位成本（元）	总成本（元）	单位成本（元）
直接材料	142 500.00		82 800.00	
直接人工	284 400.00		161 910.00	
其他直接支出	36 000.00		24 906.00	
制造费用	65 547.43		34 206.00	
合计	528 447.43	880.75	303 822.00	1 012.74

图 7 - 37 完工产品成本汇总表

扫一扫：完工产品及在产品成本计算表的编制

扫一扫：完工产品成本汇总表的编制

项目8

Excel 在全面预算管理中的应用

学习目标

知识目标

1. 了解全面预算的含义及作用；
2. 理解全面预算体系的构成和编制程序；
3. 掌握全面预算编制的具体方法；
4. 掌握如何编制全面预算。

能力目标

1. 创建全面预算管理工作簿；
2. 编制“业务预算表”；
3. 编制“专门决策预算表”；
4. 编制“财务预算表”。

项目情景

辉煌电脑公司是一家组装、生产台式电脑、笔记本电脑及电脑配件的生产企业，随着网络时代的高速发展，该公司大胆改革，不断创新，一批内存大、运行速度快、外观美观、小巧轻便的电脑陆续上市，加上价格便宜，销售量一直比较高。2019 年末，财务主管把本年度会计报表拿给该公司经理看时，利润表显示本年亏损 20 万元。经理很不理解，明明生意红火，怎么会亏损？于是经理请来从事多年财务管理工作的老同学张红，帮忙想办法。

张红对该公司的财务成本资料深入分析后，提出如下建议：首先，加强资金的收支预算管理，要求各部门编制季度、月度资金使用计划；其次，实行现金流量周报制度，及时反映企业的营运、投资和融资情况；再次，完善成本核算体制，强化目标成本管理；最后，在建立预算管理制度的同时，建立各项费用的授权管理制度。2020 年，该公司实施预算管理，成本大大降低，利润也有明显的增长。

情景目标

通过完成本项目的工作任务，学习者能够理解 Excel 环境下全面预算管理的基本思路和流程，掌握“业务预算”“专门决策预算”“财务预算”等相关预算表格的编制方法，培养学生善于思考、严谨细致的工作作风，锻炼提升学生综合能力及岗位技能，为将来工作岗位轮换及晋升打下坚实基础。

情景分析

辉煌电脑公司加强预算管理为何如此有效，其奥妙何在？俗话说：“凡事预则立，不预则废”。对于追求主体价值最大化的经济组织而言，资源的稀缺性要求它们以尽可能少的资源投入，获得尽可能多的产出。而企业想以有限的资源取得尽可能多的经济效益，就必须事先编制预算。

工作步骤

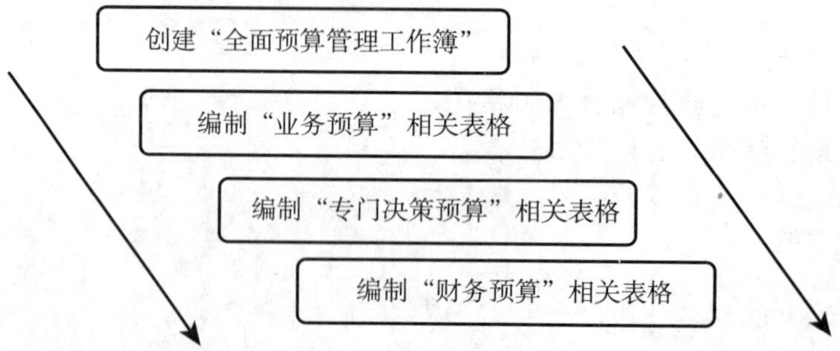

任务1　创建“全面预算管理工作簿”

任务情景

辉煌电脑公司是一家从事电脑组装生产企业，为了明确企业一定时期的总目标以及各部门的具体目标、优化资源分配、调动职工完成目标的积极性、协调经营管理、规划战略管理、加强营运控制、合理评估业绩，该公司决定在2020年实行全面预算管理，并利用Excel软件实行全面预算管理工作。

情景目标

根据公司全面预算管理需要，应利用Excel软件创建“全面预算管理工作簿”，完成从“销售预算”“生产预算”“直接材料预算”“直接人工预算”等经营预算表，及“专门决策预算”“现金预算”“预计资产负债表”“预算利润表”的编制工作。全面高效地实行预算管理工作。

扫一扫：了解全面预算的概述

情景分析

辉煌电脑公司在编制预算时，通常采用自编预算或参与预算的方法，广泛吸收预算执行者参与预算编制。这种方法编制的预算往往更加切合工作实际，更加科学合理，同时也更容易得到广大预算执行者的理解和支持，增强了员工执行预算的积极性与自觉性，从而使预算充分发挥其应有的作用。

情景资料

辉煌电脑公司生产销售电脑机箱，为了编制2020年销售预算，收集的有关数据资料如下：

【资料1】公司下一年预计销售产品9 000件。其中，第一季度1 500件，第二季度2 250件，第三季度3 000件，第四季度2 250件。产品销售单价450元。收款条件为当季收现占销售货款40%，其余部分在下季度收取。假定不考虑坏账因素，2019年第四季度的销售货款为360 000元。

【资料2】该公司希望能在每季度末保持相当于下季度销售量10%的期末存货，上年年末期末存货为150件，单位成本为210元，共计31 500元。预计下年第一季度销售量为1 650件。

【资料3】假设生产电脑机箱只耗用一种材料，该公司期望2020年年末材料库存量为1 380千克。上年年末库存材料1 260千克。每件产品消耗材料定额为4千克，材料单价为30元。每一季度的期末存货量按下一季度的生产用料量的20%安排。材料采购的货款有50%在本季度内付清，剩下部分在下季度付清。该公司期初应付账款为54 000元。

【资料4】该公司直接人工小时工资为12元，单位产品工时定额为5小时。

【资料5】该变动制造费用分配率为12元/小时。其中，间接人工为2元/小时，间接材料为2.4元/小时，变动修理费用为1.6元/小时，水电费为2.8元/小时，其他费用为3.2元/小时。全年固定制造费用为540 000元。其中，修理费96 000元，折旧135 000元，管理人员工资84 000元，保险费120 000元，其他费用105 000元。除了当期计提的固定资产折旧外，制造费用均用现金支付。

【资料6】该公司变动制造费用定额为5小时/件，且该公司采用变动成本法核算产品成本。

【资料7】该公司单位变动销售费用为30元，每季度的固定销售及管理费用为120 000元，其中包含的折旧费用为25 500元。

【资料8】该公司每季度应付股利为18 000元，每季度预交所得税为36 000元，第二季度购买固定资产支出144 000元。

【资料9】该公司每季度末应保持现金余额为96 000元至150 000元，且要求第三季度期末现金余额为96 260元，该公司与某银行签订的信贷协议额度为第一季度可以借款182 250元，第二季度可以借款177 525元，第三季度和第四度均可以借款180 000元，借款年利率为12%，借款于每季度初借入，每季度末偿还，还款时支付累计利息，已知上年度末现金余额为108 000元。

【资料10】该公司2019年年末未分配利润为52 870元。法定盈余公积的提取比例为10%，任意盈余公积提取比例为5%。

【资料11】该公司2019年12月31日资产负债表如图8－1所示。

【要求】：

根据资料编制辉煌电脑公司2020年业务预算相关表格；

根据资料编制辉煌电脑公司2020年专门决策预算相关表格；

辉煌电脑公司预计资产负债表

2019年12月31日　　　　　　　　　　单位：元

资　产	金　额	负债及权益	金　额
流动资产：		流动负债：	
现金	108 000	应付账款	54 000
应收账款	216 000	应交所得税	144 000
库存材料	37 800	负债小计	198 000
库存产成品	31 500	普通股股本	360 000
流动资产合计	393 300	盈余公积	3 704 300
固定资产	900 000	资本公积	0
减：累计折旧	312 000	未分配利润	52 870
固定资产净额	588 000	股东权益小计	783 300
资产总计	981 300	负债及权益总计	981 300

图 8－1　2019 年资产负债表

根据资料编制辉煌电脑公司 2020 年财务预算相关表格。

工作任务

【要求】创建“全面核算管理工作簿”。

工作步骤

1）打开 Excel 2013，自动新建一个工作簿，然后单击工具栏中的按钮，在“另存为”对话框中选择文件存放位置并将该文件命名为“辉煌电脑公司全面预算管理工作簿”，然后单击“保存”按钮。

2）在电脑桌面上找到刚刚保存的工作簿，双击打开工作簿。

3）单击工作簿下方工作表标签位置的插入表格图标，插入新工作表 Sheet 2 ~ Sheet 15。

4）将新添加 16 张表格按顺序重命名为“页面”“销售预算”“生产预算”“直接材料预算”“直接人工预算”“制造费用预算”“产品成本预算”“期末存货预算”“销售成本预算”“销售及管理费用预算”“预计其他现金支出”“现金支出预算”“预计利润表”“预计利润分配表”“2019 年资产负债表”“预计资产负债表”，并添加表格标签颜色。如图 8－2 所示。

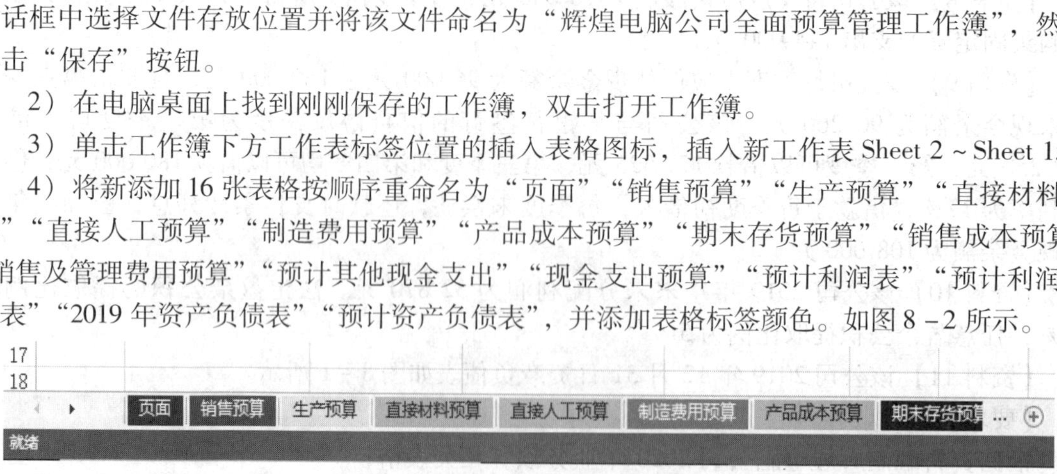

图 8－2　重命名表格

5）打开“页面”工作表，插入自己喜欢的图片，并插入 15 个自选图形，分别按照“页面”后表格名称命名，并设置超链接到对应工作表格。同时在各工作表格插入 1 个自选图形，并设置超链接返回页面。页面效果如图 8－3 所示。

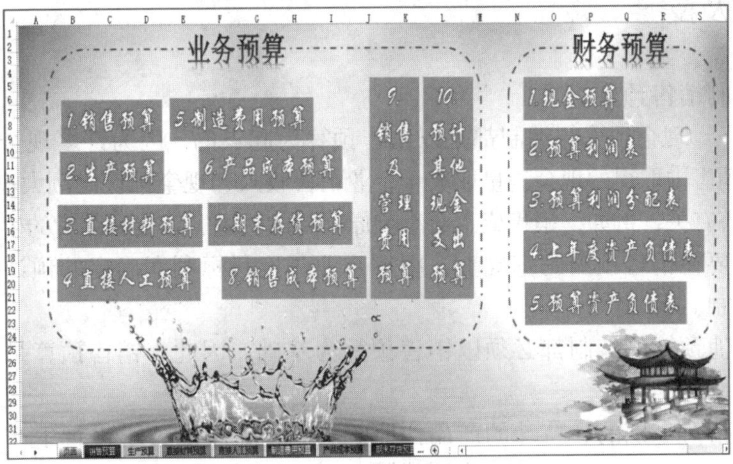

图 8－3　页面效果

扫一扫：预算管理工作簿页面设置

任务 2　编制“业务预算”相关表格

任务情景

根据任务 1 情景资料中，辉煌电脑公司 2020 年预算相关资料，在“全面预算管理工作簿”中编制“业务预算”相关表格。

情景目标

编制“销售预算”“生产预算”“直接材料预算”“直接人工预算”“制造费用预算”“产品成本预算”“期末存货预算”“销售成本预算”“销售及管理费用预算”“预计其他现金支出”等业务预算相关表格。

情景分析

预算管理是指以企业战略目标为导向，通过对未来一定时期的经营活动和相应的财务结果进行全面预测和筹划，科学合理地配置企业各项财务和非财务预算，并对执行过程进行监督和分析，对执行结果进行评价和反馈，指导经营活动的改善和调整，进而推动实现企业战略目标。通过创建“全面预算管理工作簿”，可以高效、准确、便捷地完成“全面预算管理工作簿”中的预算表格编制工作。

预备知识及技能

第一步：编制销售预算。

在多数情况下，现金预算的编制都是以销售预算为起点的，因为许多现金流量都与销售有关，例如从企业销售中取得的现金流量取决于企业销售收入和现金销售比例大小。现金流出中的若干项目也与销售有关，例如，销售成本会影响原材料的购进、工资和存货的生产成本变化等。

销售预算需要在销售预测的基础上，根据企业年度目标利润确定的预计销售量和销售价格等参数进行编制。

由于企业其他预算的编制都必须以销售预算为基础，因此，销售预算是编制全面预算的起点。

单件生产是指对个别的、特殊的产品按照购买单位订单的要求进行生产。

扫一扫：全面预算的编制程序

工作任务

【要求】编制“销售预算表”。

工作步骤

1）双击打开“辉煌电脑公司全面预算管理工作簿”。

2）单击“页面”中“销售预算”标签，打开工作表，按照任务1情景资料中【资料1】，编制“销售预算表”如图8－4所示，美化表格后，单击工作表中“返回”标签，返回页面。

返回

辉煌电脑公司销售预算表

2020年　　单位：元

项目		1季度	2季度	3季度	4季度	全年
预计销量（件）						
单价（元/件）						
预计销售收入（元）						
预计现金收入	应收账款期初					
	1季度销售收入（元）					
	2季度销售收入（元）					
	3季度销售收入（元）					
	4季度销售收入（元）					
	现金收入合计（元）					

图8－4　辉煌电脑公司销售预算表

3）按照任务1情景资料中【资料1】每季度销售产品的数量，分别在D4、E4、F4、G4、H4录入销售数量，在D5、E5、F5、G5、H5单元格录入销售单价。

4）选择D6单元格，录入公式“ = D4 * D5”，然后将公式自动填充至E6:H6单元格，如图8－5所示。

	A	B	C	D	E	F	G	H
1			返回		辉煌电脑公司销售预算表			
2					2020年			单位：元
3			项　目	1季度	2季度	3季度	4季度	全年
4			预计销量(件)	1 500	2 250	3 000	2 250	9 000
5			单价(元/件)	450	450	450	450	450
6			预计销售收入（元）	675 000	1 012 500	1 350 000	1 012 500	4 050 000

图8－5　辉煌电脑公司销售预算表

编表说明：

1季度的现金收入由两部分组成，计算如下：

上年应收账款本季度收回部分：360 000 × 60%=216 000（元）

1季度销售款当季收回部分：675 000 × 40%=270 000（元）

共计：486 000元

2季度、3季度、4季度的计算方法同上

5）选择D7单元格，录入公式“ =360 000 * 60% ”，选择H7单元格录入公式“ = SUM（D7 : G7）”。

6）选择D8单元格，录入公式“ = D6 * 40% ”，选择E8单元格，录入公式“ = D6 * 60% ”，选择H8单元格，录入公式“ = SUM （D8 : G8）”。

想一想

进行销售预测时，应该考虑哪些影响销售的因素？

7）采用上述方法分别填写第3季度、第4季度收入及现金收入合计，如图8－6所示。

7	预计现金收入	应收账款期初	216 000				216 000
8		1季度销售收入（元）	270 000	405 000			675 000
9		2季度销售收入（元）		405 000	607 500		1 012 500
10		3季度销售收入（元）			540 000	810 000	1 350 000
11		4季度销售收入（元）				405 000	405 000
12		现金收入合计（元）	486 000	810 000	1 147 500	1 215 000	3 658 500

图8－6　预计现金收入

扫一扫：观看“2020 年销售预算表的编制”视频

成果展示

辉煌电脑公司 2020 年销售预算表，如图 8－7 所示。

返回

辉煌电脑公司销售预算表

2020年

单位：元

项目		1季度	2季度	3季度	4季度	全年
预计销量（件）		1 500	2 250	3 000	2 250	9 000
单价（元/件）		450	450	450	450	450
预计销售收入（元）		675 000	1 012 500	1 350 000	1 012 500	4 050 000
预计现金收入	应收账款期初	216 000				216 000
	1季度销售收入（元）	270 000	405 000			675 000
	2季度销售收入（元）		405 000	607 500		1 012 500
	3季度销售收入（元）			540 000	810 000	1 350 000
	4季度销售收入（元）				405 000	405 000
	现金收入合计（元）	486 000	810 000	1 147 500	1 215 000	3 658 500

图 8－7　成果展示

预备知识及技能

第二步：编制生产预算。

生产预算需要根据预计的销售量，并考虑预计期初存货和预计期末存货等因素按品种分别编制。生产预算是所有日常业务预算中唯一只使用实物量计量单位的预算。

编制生产预算的主要依据是预算期各种产品的预计销售量及存货期初期末资料，具体计算公式为：

预计生产量＝预计销售量＋预计期末结存量－预计期初结存量

生产预算的要点是确定预算期的产品生产量和期末结存产品数量，前者为编制材料预算、人工预算、制造费用预算等提供基础，后者是编制期末存货预算和预计资产负债表的基础。

扫一扫：了解“零基预算法”

工作任务

【要求】编制“生产预算表”。

工作步骤

1）双击打开“辉煌电脑公司全面预算管理工作簿”。

2）单击“页面”中“生产预算”标签，打开工作表，按照任务1情景资料中【资料2】，编制“生产预算表”如图8－8所示，美化表格后，单击工作表中“返回”标签，返回页面。

返

辉煌电脑公司生产预算表

2020年　　　　单位：件

项　目	1季度	2季度	3季度	4季度	全年
预计销量					
减：期初结存量					
加：预计期末结存					
预计生产量					

图8－8　编制生产预算表页面

3）选择C4单元格，录入公式“＝销售预算！D4”，然后将公式自动填充至D4：G4单元格。

编表说明：

①预计销售量数据来源于销售预算表（图8–7）
②1季度期末存货：2季度销售量×10%=225（件）
2季度期末存货：3季度销售量×10%=300（件）
3季度期末存货：4季度销售量×10%=225（件）
4季度期末存货：2021年1季度销售量×10%=165（件）
③1季度期初存货：150（件）（为上年期末存货数量）
2季度期初存货：1季度期末存货=225（件）
3季度期初存货：2季度期末存货=300（件）
4季度期初存货：3季度期末存货=225（件）

4）选择C5单元格，依据【资料2】中，上年年末期末存货150件，录入公式“150”。

5）选择C6单元格，录入公式“＝D4＊10%”，然后将公式自动填充至D6：F6单元格。

6）选择C7单元格，录入公式“＝C4－C5＋C6”，然后将公式自动填充至D7：G7单元格，如图8－9所示。

辉煌电脑公司生产预算表

返回

2020年　　单位：件

项　目	1季度	2季度	3季度	4季度	全年
预计销量	1 500	2 250	3 000	2 250	9 000
减：期初结存量	150	225	300	225	150
加：预计期末结存	225	300	225	165	165
预计生产量	1 575	2 325	2 925	2 190	9 015

图 8－9　公式填充后页面

> 想一想
>
> 编制生产预算时如何合理地估计存货数量？

扫一扫：2020 年生产预算表的编制

成果展示

辉煌电脑公司 2020 年生产预算表，如图 8－10 所示。

返回

辉煌电脑公司生产预算表

2020年　　单位：件

项目	1季度	2季度	3季度	4季度	全年
预计销量	1 500	2 250	3 000	2 250	9 000
减：期初结存量	150	225	300	225	150
加：预计期末结存	225	300	225	155	165
预计生产量	1 575	2 325	2 925	2 190	9 015

图 8－10　成果展示

预备知识及技能

第三步：编制直接材料预算。

直接材料预算以生产预算、材料消耗定额和预计材料采购单价等信息为基础，并考虑期初、期末材料存货水平编制。

某种材料耗用量＝产品预计生产量×单位产品定额耗用量

某种材料采购量 = 某种材料耗用量 + 该种材料期末结存量 − 该种材料期初结存量

材料采购预算的要点是反映预算期材料消耗量、采购量和期末结存数量，并确定各预算期材料采购现金支出，现金支出的确定可以为编制现金预算提供依据。

扫一扫：了解“增量预算法”

工作任务

【要求】编制“直接材料预算表”。

工作步骤

1）双击打开“辉煌电脑公司全面预算管理工作簿”。

2）单击“页面”中“直接材料预算”标签，打开工作表，编制“直接材料预算表”如图 8 − 11 所示，美化表格后，单击工作表中“返回”标签，返回页面。

返回

辉煌电脑公司材料采购预算表

2020年　　单位：元

项　　目		1季度	2季度	3季度	4季度	全年
预计生产量(件)						
单耗(千克)						
材料用量（千克）						
加：预计期末结存量（千克）						
减：预计期初存料量（千克）						
预计材料采购量（千克）						
材料计划单价（元/千克）						
预计购料金额（元）						
预计现金支出	应付账款年初余额					
	1季度购料付现					
	2季度购料付现					
	3季度购料付现					
	4季度购料付现					
	现金支出合计					

图 8 − 11　直接材料预算表

3）选择 D4 单元格，录入公式“ = 生产预算！C7”，然后将公式自动填充至 E4：H4 单元格。

4）选择 D5 单元格，依据【资料 3】中，每件产品消耗材料定额为 4 千克，录入数字“4”，然后将公式自动填充至 E5：H5 单元格。

5）选择 D6 单元格，录入公式“ = D4 * D5”，然后将公式自动填充至 E6：H6 单元格，如图 8 − 12 所示。

辉煌电脑公司材料采购预算表

返回

2020年　　单位：元

项　目	1季度	2季度	3季度	4季度	全年
预计生产量(件)	1 575	2 325	2 925	2 190	9 015
单耗(千克)	4	4	4	4	4
材料用量（千克）	6 300	9 300	11 700	8 760	36 060

图 8－12　自动填充后界面

编表说明：

①预计生产量数据来源于生产预算表（图8–10）

②单件产品材料消耗定额来源于【资料3】

③1季度预计期末存料量=2季度用料量×20%=9 300×20%=1 860（千克）

2季度预计期末存料量=3季度用料量×20%=11 700×20%=2 340（千克）

3季度预计期末存料量=4季度用料量×20%=8 760×20%=1 752（千克）

4季度预计期末存料量=1 380（千克）（资料中已知）

④1季度预计期初存料量=1 260（千克）（资料中已知）

2季度预计期初存料量=1 860（千克）（1季度期末初存料量）

3季度预计期初存料量=2 340（千克）（2季度期末初存料量）

4季度预计期初存料量=1 752 (千克)（3季度期末初存料量）

⑤采购单价来源于【资料3】已知条件

⑥1季度的现金支出由两部分组成，计算如下：

上年应付款本季度支付数：54 000元（已知）

1季度采购材料货款当季度支付部分：207 000×50%=103 500（元）

共计：157 500元

2季度、3季度、4季度的计算方法同上

6）选择 D7 单元格，录入公式“＝E6＊20%”，然后将公式自动填充至 E7：F7 单元格，选择 G7 单元格录入“1 380”，选择 H7 单元格录入公式“＝G7”。

7）选择 D8 单元格，录入公式“1 260”，选择 G8 单元格录入公式“＝D7”，然后将公式自动填充至 E8：F8 单元格，选择 H8 单元格录入公式“＝D8”。

8）选择 D9 单元格，录入公式“＝D6＋D7－D8”，然后将公式自动填充至 E9：H9 单元格。

9）选择 D10 单元格，录入公式“30”，然后将公式自动填充至 E10：H10 单元格。

10）选择 D11 单元格，录入公式“＝D9＊D10”，然后将公式自动填充至 E11：H11 单元格，如图 8－13 所示。

11）选择 D12 单元格，录入“54 000”。

12）选择 D13 单元格，录入公式“＝$D$11＊50%”，然后将公式自动填充至 E13 单元格。

13）选择 E14 单元格，录入公式“＝$E$11＊50%”，然后将公式自动填充至 F14 单元格。

14）选择 F15 单元格，录入公式“＝$F$11＊50%”，然后将公式自动填充至 G15 单元格。

15）选择 F16 单元格，录入公式“＝G11＊50%”，然后计算出合计，如图 8－14 所示。

7	加：预计期末结存量（千克）	1 860	2 340	1 752	1 380	1 380
8	减：预计期初存料量（千克）	1 260	1 860	2 340	1 752	1 260
9	预计材料采购量（千克）	6 900	9 780	11 112	8 388	36 180
10	材料计划单价（元/千克）	30	30	30	30	30
11	预计购料金额（元）	207 000	293 400	333 360	251 640	1 085 400

图 8－13　自动填充后界面

12	预计现金支出	应付账款年初余额	54 000				54 000
13		1季度购料付现	103 500	103 500			207 000
14		2季度购料付现		146 700	146 700		293 400
15		3季度购料付现			166 680	166 680	333 360
16		4季度购料付现				125 820	125 820
17		现金支出合计	157 500	250 200	313 380	292 500	1013 580

图 8－14　录入公式计算后界面

扫一扫：2020 年直接材料预算表的编制

成果展示

辉煌电脑公司 2020 年直接材料预算表，如图 8－15 所示。

返回

辉煌电脑公司材料采购预算表

2020年　　　　单位：元

项目		1季度	2季度	3季度	4季度	全年
预计生产量（件）		1 575	2 325	2 925	2 190	9 015
单耗（千克）		4	4	4	4	4
材料用量（千克）		6 300	9 300	11 700	8 760	36 060
加：预计期末结存量（千克）		1 860	2 340	1 752	1 380	1 380
减：预计期初存料量（千克）		1 260	1 860	2 340	1 752	1 260
预计材料采购量（千克）		6 900	9 780	11 112	8 388	36 180
材料计划单价（元/千克）		30	30	30	30	30
预计购料金额（元）		207 000.00	293 400.00	333 360.00	251 640.00	1 085 400.00
预计现金支出	应付账款年初余额	54 000.00				54 000.00
	1季度购料付现	103 500.00	103 500.00			207 000.00
	2季度购料付现		146 700.00	146 700.00		293 400.00
	3季度购料付现			166 680.00	166 680.00	333 360.00
	4季度购料付现				125 820.00	125 820.00
	现金支出合计	157 500.00	250 200.00	313 380.00	292 500.00	1 013 580.00

图 8－15　成果展示

预备知识及技能

第四步：编制直接人工预算。

编制直接人工预算应根据已知的标准工资率、标准单位直接人工工时、其他直接费用计提标准和生产预算中的预计生产量等资料编制。

有关数据具体计算公式如下：

预计产品生产直接人工工时总数：

某种产品直接人工总工时 = 单位产品定额工时 × 该产品预计生产量

预计直接人工总成本：

某种产品直接人工总成本 = 单位工时工资率 × 该种产品直接人工工时总量

产品定额工时是由产品生产工艺和技术水平决定的，由产品技术和生产部门提供定额标准；产品预计生产量来自生产预算。

扫一扫：了解“固定预算法”

工作任务

【要求】编制“直接人工预算表”。

工作步骤

1）双击打开“辉煌电脑公司全面预算管理工作簿”。

2）单击“页面”中“直接人工预算”标签，打开工作表，编制“直接人工预算表”如图 8－16 所示，美化表格后，单击工作表中“返回”标签，返回页面。

	A	B	C	D	E	F	G
1		返回	辉煌电脑公司直接人工预算表				
2				2020年			单位：元
3		项　目	1季度	2季度	3季度	4季度	全年
4		预计生产量(件)					
5		单耗工时(小时)					
6		人工总工时（小时）					
7		每小时人工成本（元/小时）					
8		人工总成本（元）					
9							

图 8－16　编制直接人工预算表

3）选择 C4 单元格，录入公式“＝生产预算！C7”，然后将公式自动填充至 D4：G4 单元格。

4）选择 C5 单元格，依据【资料 4】中，单位产品工时定额为 5 小时，录入数字“5”，然后将公式自动填充至 D5：G5 单元格。

5）选择 C6 单元格，录入公式“ = C4 * C5”，然后将公式自动填充至 D6：G6 单元格，如图 8 – 16 所示。

6）选择 C7 单元格，依据【资料 4】中，直接人工小时工资率为 12 元，录入数字“12”，然后将公式自动填充至 D7：G7 单元格。

7）选择 C8 单元格，录入公式“ = C6 * C7”，然后将公式自动填充至 D8：G8 单元格，如图 8 – 17 所示。

返回

辉煌电脑公司直接人工预算表

2020年　　　　单位：元

项　目	1季度	2季度	3季度	4季度	全年
预计生产量(件)	1 575	2 325	2 925	2 190	9 015
单耗工时(小时)	5	5	5	5	5
人工总工时（小时）	7 875	11 625	14 625	10 950	45 075
每小时人工成本（元/小时）	12	12	12	12	12
人工总成本（元）	94 500	139 500	175 500	131 400	540 900

图 8 – 17　自动填充后界面

扫一扫：2020 年直接人工预算表的编制

预备知识及技能

第五步：编制制造费用预算。

制造费用预算是反映生产成本中除直接材料、直接人工以外的一切不能直接计入产品制造成本的间接制造费用的预算。

在变动成本法下，制造费用预算可按变动性制造费用和固定性制造费用两部分内容分别编制。其中，前者可根据单位产品预定分配率和预计的生产量进行预计；后者可在上年的基础上根据预期变动加以适当修正进行预计。

扫一扫：了解“弹性预算法”

工作任务

【要求】编制“制造费用预算表”。

工作步骤

1）双击打开“辉煌电脑公司全面预算管理工作簿”。

2）单击“页面”中“制造费用预算”标签，打开工作表，编制“制造费用预算表”如图 8－18 所示，美化表格后，单击工作表中“返回”标签，返回页面。

辉煌电脑公司制造费用预算表

返回

2020年　　　　单位：元

项目		小时费用率	1季度	2季度	3季度	4季度	全年
变动制造费用	间接人工						
	间接材料						
	修理费用						
	水电费用						
	其他费用						
	小计						
固定制造费用	修理费用						
	折旧						
	管理人员工资						
	保险费						
	其他费用						
	小计						
总计							
减：折旧							
现金支出							

图 8－18　编制制造费用预算表

编表说明：

①人工总工时来源于直接人工预算

②间接人工=人工总工时 × 间接人工小时费用率

③间接材料=人工总工时 × 间接材料小时费用率

④变动修理费=人工总工时 × 修理费小时费用率

⑤水电费=人工总工时 × 水电费小时费用率

⑥其他变动费用=人工总工时 × 其他费用小时费用率

3）选择 D4：D8 单元格，依据【资料 5】已知资料内容，分别在上述单元格内，录入对应数值，选择 D9 单元格，录入公式“＝SUM（D4：D8）”。

4）选择 E4 单元格，录入公式“＝直接人工预算！C6 *$D$4”，然后将公式自动填充至 F4：I4 单元格。

5）选择 E5 单元格，录入公式“＝直接人工预算！C6 *$D$5”，然后将公式自动填充至 F5：I5 单元格。

6）选择 E6 单元格，录入公式“＝直接人工预算！C6 *$D$6”，然后将公式自动填充至 F6：I6 单元格。

7）选择E7单元格，录入公式“=直接人工预算！C6*$D$7”，然后将公式自动填充至F7:I7单元格。

8）选择E8单元格，录入公式“=直接人工预算！C6*$D$8”，然后将公式自动填充至F8:I8单元格。

9）选择E9单元格，录入公式“=直接人工预算！C6*$D$9”，然后将公式自动填充至F9:I9单元格，如图8-19所示。

辉煌电脑公司制造费用预算表

返回

2020年　　单位：元

项目		小时费用率	1季度	2季度	3季度	4季度	全年
变动制造费用	间接人工	2	15 750	23 250	29 250	21 900	90 150
	间接材料	2.4	18 900	27 900	35 100	26 280	108 180
	修理费用	1.6	12 600	18 600	23 400	17 520	72 120
	水电费用	2.8	22 050	32 550	40 950	30 660	126 210
	其他费用	3.2	25 200	37 200	46 800	35 040	144 240
	小计	12	94 500	139 500	175 500	131 400	540 900

图8-19　公式自动填充后界面

10）选择I10:I14单元格，依据【资料5】已知资料内容，分别在上述单元格内，录入对应数值，选择I15单元格，录入公式“=SUM（I10:I14）”。

11）选择E10单元格，录入公式“=$I$10/4”，然后将公式自动填充至F10:H10单元格。

12）选择E11单元格，录入公式“=$I$11/4”，然后将公式自动填充至F11:H11单元格。

13）选择E12单元格，录入公式“=$I$12/4”，然后将公式自动填充至F12:H12单元格。

14）选择E13单元格，录入公式“=$I$13/4”，然后将公式自动填充至F13:H13单元格。

15）选择E14单元格，录入公式“=$I$14/4”，然后将公式自动填充至F14:H14单元格。

16）选择E15单元格，录入公式“=$I$15/4”，然后将公式自动填充至F15:H15单元格，如图8-20所示。

固定制造费用	修理费用	24 000	24 000	24 000	24 000	96 000
	折旧	33 750	33 750	33 750	33 750	135 000
	管理人员工资	21 000	21 000	21 000	21 000	84 000
	保险费	30 000	30 000	30 000	30 000	120 000
	其他费用	26 250	26 250	26 250	26 250	105 000
	小计	135 000	135 000	135 000	135 000	540 000

图8-20　公式自动填充后界面

17）选择E16单元格，录入公式“=E9+E15”，然后将公式自动填充至F16:I16单元格。

18）选择E17单元格，录入公式“=E11”，然后将公式自动填充至F17:I17单元格。

19）选择 E18 单元格，录入公式“=E16-E17”，然后将公式自动填充至 F18:I18 单元格，如图 8-21 所示。

16	总计	229 500	274 500	310 500	266 400	1 080 900
17	减：折旧	33 750	33 750	33 750	33 750	135 000
18	现金支出	195 750				

图 8-21　自动填充后界面

扫一扫：2020 年制造费用预算表的编制

想一想

制造费用预算的编制采用什么方法?

成果展示

辉煌电脑公司 2020 年制造费用预算表，如图 8-22 所示。

返回

辉煌电脑公司制造费用预算表

2020年

单位：元

项目		小时费用率	1季度	2季度	3季度	4季度	全年
变动制造费用	间接人工	2	15 750	23 250	29 250	21 900	90 150
	间接材料	2.4	18 900	27 900	35 100	26 280	108 180
	修理费用	1.6	12 600	18 600	23 400	17 520	72 120
	水电费用	2.8	22 050	32 550	40 950	30 660	126 210
	其他费用	3.2	25 200	37 200	46 800	35 040	144 240
	小计	12	94 500	139 500	175 500	131 400	540 900
固定制造费用	修理费用		24 000	24 000	24 000	24 000	96 000
	折旧		33 750	33 750	33 750	33 750	135 000
	管理人员工资		21 000	21 000	21 000	21 000	84 000
	保险费		30 000	30 000	30 000	30 000	120 000
	其他费用		26 250	26 250	26 250	26 250	105 000
	小计		135 000	135 000	135 000	135 000	540 000
总计			229 500	274 500	310 500	266 400	1 080 900
减：折旧			33 750	33 750	33 750	33 750	135 000
现金支出			195 750	240 750	276 750	232 650	945 900

图 8-22　成果展示

预备知识及技能

第六步：编制产品成本预算。

产品成本预算是反映预算期内各种产品生产成本水平的一种业务预算。产品成本预算通常以生产预算、直接材料预算、直接人工预算和制造费用预算为基础进行编制。

扫一扫：了解“定期预算法”

工作任务

【要求】编制“产品成本预算表”。

工作步骤

1）双击打开“辉煌电脑公司全面预算管理工作簿”。

2）单击“页面”中“产品成本预算”标签，打开工作表，编制“产品成本预算表”如图 8－23 所示，美化表格后，单击工作表中“返回”标签，返回页面。

返回

辉煌电脑公司单位生产成本预算表

2020年　　单位：元

成本项目	定额（标准）	单位（元）	单位成本（元）
直接材料			
直接人工			
变动制造费用			
合计			

图 8－23　编制产品成本预算表

3）选择 C4 单元格，录入公式“＝直接材料预算！D5”。

4）选择 C5 单元格，录入公式“＝直接人工预算！C5”。

5）选择 C6 单元格，按照【资料 6】已知条件，变动制造费用定额为 5 小时/件，录入数值“5”。

6）选择 D4 单元格，录入公式“＝直接材料预算！D10”。

7）选择 D5 单元格，录入公式“＝直接人工预算！C7”。

8）选择 D6 单元格，录入公式“＝制造费用预算！D9”。

9）选择 E4 单元格，录入公式“＝C4＊D4”，然后将公式自动填充至 E5：E6 单元格，选择 E7 单元格，录入公式“＝SUM（E4：E6）”如图 8－24 所示。

辉煌电脑公司单位生产成本预算表

返回

2020年　　　　单位：元

成本项目	定额（标准）	单位（元）	单位成本（元）
直接材料	4	30	120
直接人工	5	12	60
变动制造费用	5	12	60
合计			240

图 8－24　录入公式后界面

扫一扫：2020 年生产成本预算表的编制

预备知识及技能

第七步：编制期末存货预算。

编制依据及方法：期末存货预算是指为规划一定预算期末的产成品成本水平而编制的一种日常业务预算。为了计算产品的销售成本必须先对期末存货计价。期末存货可以采用加权平均法或先进先出法计价。

扫一扫：了解“滚动预算法”

工作任务

【要求】编制“期末存货预算表”。

工作步骤

1）双击打开“辉煌电脑公司全面预算管理工作簿”。

2）单击“页面”中“期末存货预算”标签，打开工作表，编制“期末存货预算表”如图 8－25 所示，美化表格后，单击工作表中“返回”标签，返回页面。

3）选择 C4 单元格，录入公式“＝生产预算！C6”。

4）选择 C5 单元格，录入公式“＝生产预算！D6”。

5）选择 C6 单元格，录入公式“＝生产预算！E6”。

6）选择 C7 单元格，录入公式“＝生产预算！F6”。

7）选择 D4 单元格，录入公式“＝产品成本预算！$E$7”，利用自动填充方式，将公式填充至 D5：D7 单元格。

辉煌电脑公司期末存货预算表

返回

2020年

季度	期末库存量（件）	单位成本（元）	金额（元）
1季度			
2季度			
3季度			
4季度			

图 8－25　编制期末存货预算表

8）选择 E4 单元格，录入公式"＝C4＊D4"，利用自动填充方式，将公式填充至 E5：E7 单元格，如图 8－26 所示。

辉煌电脑公司期末存货预算表

返回

2020年

季度	期末库存量（件）	单位成本（元）	金额（元）
1季度	225	240	54 000
2季度	300	240	72 000
3季度	225	240	54 000
4季度	165	240	39 600

图 8－26　自动填充后界面

扫一扫：2020 年期末存货预算表的编制

预备知识及技能

第八步：编制销售成本预算。

编制依据及方法：以生产成本预算为基础，加上期初存货成本，减去期末存货成本，即可以编制销售成本预算。

工作任务

【要求】编制“销售成本预算表”。

工作步骤

1）双击打开“辉煌电脑公司全面预算管理工作簿”。

2）单击“页面”中“销售成本预算”标签，打开工作表，编制“销售成本预算表”如图 8－27 所示，美化表格后，单击工作表中“返回”标签，返回页面。

辉煌电脑公司生产成本和销售成本预算表

返回

2020年　　单位：元

项　　目	1季度	2季度	3季度	4季度	全年
直接材料					
直接人工					
变动制造费用					
生产成本合计					
加：期初存货成本					
减：期末存货成本					
销售成本合计					

图 8－27　编制销售成本预算表

3）选择 C4 单元格，录入公式“＝直接材料预算！D6＊直接材料预算！D10 产预算！C6”，利用自动填充方式，将公式填充至 D4：G4 单元格。

4）选择 C5 单元格，录入公式“＝直接人工预算！C8”，利用自动填充方式，将公式填充至 D5：G5 单元格。

5）选择 C6 单元格，录入公式“＝制造费用预算！E9”，利用自动填充方式，将公式填充至 D6：G6 单元格。

6）选择 C7 单元格，录入公式“＝SUM（C4：C6）”，利用自动填充方式，将公式填充至 D7：G7 单元格。

7）选择 C8 单元格，依据【资料 1】已知资料直接录入“31 500”。

8）选择 D8 单元格，录入公式“＝生产预算！D5＊240”，利用自动填充方式，将公式填充至 E8：F8 单元格。

9）选择 G8 单元格，录入公式“＝C8”。

10）选择 C9 单元格，录入公式“＝期末存货预算！E4”，利用自动填充方式，将公式填充至 D9：F9 单元格。

11）选择 G9 单元格，录入公式“＝F9”。

12）选择 C10 单元格，录入公式“ = C7 + C8 - C9”，利用自动填充方式，将公式填充至 D10：G10 单元格，如图 8 - 28 所示。

辉煌电脑公司生产成本和销售成本预算表

返回

2020年　　单位：元

项　目	1季度	2季度	3季度	4季度	全年
直接材料	189 000	279 000	351 000	262 800	1 081 800
直接人工	94 500	139 500	175 500	131 400	540 900
变动制造费用	94 500	139 500	175 500	131 400	540 900
生产成本合计	378 000	558 000	702 000	525 600	2 163 600
加：期初存货成本	31 500	54 000	72 000	54 000	31 500
减：期末存货成本	54 000	72 000	54 000	39 600	39 600
销售成本合计	355 500	540 000	720 000	540 000	2 155 500

图 8 - 28　自动填充后界面

扫一扫：2020 年销售成本预算表的编制

预备知识及技能

第九步：编制销售及管理费用预算。

销售及管理费用预算是以价值形式反映整个预算期内为销售产品和维持一般行政管理工作而发生的各项目费用支出预算。在该预算表下也应附列计划期间预计销售和管理费用的现金支出计算表，以便编制现金预算。

工作任务

【要求】编制“销售及管理费用预算表”。

工作步骤

1）双击打开“辉煌电脑公司全面预算管理工作簿”。

2）单击“页面”中“销售及管理费用预算”标签，打开工作表，编制“销售及管理费用预算表”如图 8 - 29 所示，美化表格后，单击工作表中“返回”标签，返回页面。

3）选择 C4 单元格，录入公式“ = 生产预算！C4”，利用自动填充方式，将公式填充至 D4：G4 单元格。

4）选择 C5 单元格，依据【资料 9】已知单位变动销售费用为 30 元，录入数值“30”，利用自动填充方式，将公式填充至 D5：G5 单元格。

5）选择 C6 单元格，录入公式“ = C4 * C5”，利用自动填充方式，将公式填充至 D6：G6单元格。

辉煌电脑公司销售费用和管理费用预算表

2020年　　单位：元

项　目	1季度	2季度	3季度	4季度	全年
预计销售量（件）					
单位变动销售费用					
变动销售费用小计					
固定销售及管理费用					
合计					
减：折旧					
现金支出					

图 8 - 29　编制销售及管理费用预算表

6）选择 C7 单元格，依据【资料 9】每季的固定销售及管理费用为 120 000 元，录入数值“120 000”，利用自动填充方式，将公式填充至 D7：F7 单元格。

7）选择 G7 单元格，录入公式“ = SUM（C7：F7）”。

8）选择 C8 单元格，录入公式“ = SUM（C6：C7）”，利用自动填充方式，将公式填充至 D8：G8 单元格。

9）选择 C9 单元格，依据【资料 9】其中包含的折旧费用为 25 500 元，录入数值“25 500”，利用自动填充方式，将公式填充至 D9：F9 单元格。

10）选择 G9 单元格，录入公式“ = SUM（C9：F9）”。

11）选择 C10 单元格，录入公式“ = C8 - C9”，利用自动填充方式，将公式填充至 D10：G10 单元格，如图 8 - 30 所示。

辉煌电脑公司销售费用和管理费用预算表

2020年　　单位：元

项　目	1季度	2季度	3季度	4季度	全年
预计销售量（件）	1 500	2 250	3 000	2 250	9 000
单位变动销售费用	30	30	30	30	30
变动销售费用小计	45 000	67 500	90 000	67 500	270 000
固定销售及管理费用	120 000	120 000	120 000	120 000	480 000
合计	165 000	187 500	210 000	187 500	750 000
减：折旧	25 500	25 500	25 500	25 500	102 000
现金支出	139 500	162 000	184 500	162 000	648 000

图 8 - 30　自动填充后界面

扫一扫：2020年销售及管理费用预算表的编制

预备知识及技能

第十步：编制其他现金支出预算。

企业除了上述经营方面现金支出外，还包括其他方面现金支出，如利息支出、分配股利支出、缴纳所得税支出和购买固定资产支出等。

工作任务

【要求】编制“其他现金支出预算表”。

工作步骤

1）双击打开“辉煌电脑公司全面预算管理工作簿”。

2）单击“页面”中“其他现金支出预算”标签，打开工作表，编制“其他现金支出预算表”如图8－31所示，美化表格后，单击工作表中“返回”标签，返回页面。

辉煌电脑公司其他现金支出预算表

返

2020年　　单位：元

项　目	1季度	2季度	3季度	4季度	全年
应付股利					
应交所得税					
购买固定资产					
合计					

图8－31　编制其他现金支出预算表

3）选择C4单元格，依据【资料10】已知该公司每季度应付股利为18 000元，录入数值“18 000”，利用自动填充方式，将公式填充至D4：F4单元格。

4）选择C5单元格，依据【资料10】已知每季度预交所得税为36 000元，录入数值“36 000”，利用自动填充方式，将公式填充至D5：F5单元格。

5）选择D6单元格，依据【资料10】已知第二季度购买固定资产支出为144 000元，录入数值“144 000”。

6）选择C7单元格，录入公式“＝SUM（C4：C6）”，利用自动填充方式，将公式填充至D7：F7单元格。

7）选择 G4 单元格，录入公式“=SUM（C4：F4）”，利用自动填充方式，将公式填充至 G5：G7 单元格，如图 8－32 所示。

辉煌电脑公司其他现金支出预算表

返回

2020年　　　　单位：元

项　目	1季度	2季度	3季度	4季度	全年
应付股利	18 000	18 000	18 000	18 000	72 000
应交所得税	36 000	36 000	36 000	36 000	144 000
购买固定资产		144 000			144 000
合计	54 000	198 000	54 000	54 000	360 000

图 8－32　自动填充后界面

扫一扫：2020 年其他现金支出预算表的编制

任务 3　编制“财务预算”相关表格

任务情景

根据任务 1 情景资料中，辉煌电脑公司 2020 年预算相关资料，在“全面预算管理工作簿”中编制“财务预算”相关表格。

情景目标

编制“现金预算”“预计利润表”“预计资产负债表”等财务预算相关表格。

情景分析

财务预算是反映企业在预期内有关现金收支、经营成果和财务状况的预算，是以货币量度集中反映企业经营业务、专门决策和整体计划的总预算。通过创建“全面预算管理工作簿”，可以高效、准确、便捷地完成“全面预算管理工作簿”中的预算表格编制工作。

预备知识及技能

第一步：编制现金预算。

现金预算是以业务预算和专门决策预算为依据编制的、专门反映预算期内预计现金收入与现金支出，以及为满足理想现金余额而进行现金投融资的预算。

现金预算由期初现金余额、现金收入、现金支出、现金余缺、现金投放与筹措五部分组成。

期初现金余额 + 现金收入 - 现金支出 = 现金余缺

财务管理部门应根据现金余缺与期末现金余额的比较，来确定预算期现金投放或筹措。当现金余缺大于期末现金余额时，应将超过期末余额以上的多余现金进行投资；当现金余缺小于现金余额时，应筹措现金，直到现金总额达到要求的期末现金余额。

现金余缺 + 现金筹措(现金不足时) = 期末现金余额

现金余缺 - 现金投放(现金多余时) = 期末现金余额

工作任务

【要求】编制“现金预算表”。

工作步骤

1）双击打开“辉煌电脑公司全面预算管理工作簿”。

2）单击“页面”中“现金预算”标签，打开工作表，按照任务 1 情景资料中【资料 11】，编制“现金预算表”如图 8-33 所示，美化表格后，单击工作表中“返回”标签，返回页面。

辉煌电脑公司现金预算表

返回

2020年　　　　单位：元

项　目	1季度	2季度	3季度	4季度	全年
期初现金余额					
加：销售现金收入					
可供使用的现金					
减：各项支出					
直接材料					
直接人工					
制造费用					
销售及管理费用					
应付股利					
应交所得税					
购买固定资产					
支出合计					
现金余缺					
加：向银行借款					
减：归还银行借款					
借款利息					
期末现金余额					

图 8-33　编制现金预算表

3）选择 C4 单元格，依据【资料 11】已知该公司上年末现金余额为 108 000 元，录入数值“108 000”。

4）选择 C5 单元格，录入公式“＝销售预算！D12”，采用自动填充方式，将公式填充至 D5：G5 单元格。

5）选择 C6 单元格，录入公式“＝C4＋C5”，采用自动填充方式，将公式填充至 D6：G6 单元格。

6）选择 C8 单元格，录入公式“＝直接材料预算！D17”，采用自动填充方式，将公式填充至 D8：G8 单元格。

7）选择 C9 单元格，录入公式“＝直接人工预算！C8”，采用自动填充方式，将公式填充至 D9：G9 单元格。

8）选择 C10 单元格，录入公式“＝制造费用预算！E18”，采用自动填充方式，将公式填充至 D10：G10 单元格。

9）选择 C11 单元格，录入公式“＝销售及管理费用预算！C10”，采用自动填充方式，将公式填充至 D11：G11 单元格。

10）选择 C12 单元格，录入公式“＝预计其他现金支出！C4”采用自动填充方式，将公式填充至 D12：G12 单元格。

11）选择 C13 单元格，录入公式“＝预计其他现金支出！C5”采用自动填充方式，将公式填充至 D13：G13 单元格。

12）选择 C14 单元格，录入公式“＝预计其他现金支出！C6”采用自动填充方式，将公式填充至 D14：G14 单元格。

13）选择 C15 单元格，录入公式“＝SUM（C8：C14）”采用自动填充方式，将公式填充至 D15：G15 单元格。

14）选择 C16 单元格，录入公式“＝C6－C15”采用自动填充方式，将公式填充至 D16：G16 单元格。

15）选择 C17 单元格，依据【资料 11】已知，分别将四个季度可以借款金额，分别填入 C17：F17 单元格，选择 G17 单元格录入公式“＝SUM（C17：F17）”。

16）选择 C20 单元格，录入公式“＝C16＋C17－C18－C19”采用自动填充方式，将公式填充至 D20：G20 单元格。

17）选择 D4 单元格，录入公式“＝C20”采用自动填充方式，将公式填充至 D15：G15 单元格。

18）选择 E20 单元格，依据【资料 11】已知第三季度期末现金余额为 96 260 元，录入数值“96 260”。

19）选择 E19 单元格，依据【资料 11】计算第 3 季度借款利息 27 054 元，录入数值“27054”。

20）选择 E18 单元格，依据【资料 11】已知录入公式“＝E16－E19－E20”。

21）选择 F19 单元格，依据【资料 11】计算第 4 季度借款利息 6 229 元，录入数值“6 229”。

22）选择 F18 单元格，依据【资料 11】已知录入公式“＝C17＋D17－E18”，如图 8－34 所示。

编表说明：

①1季度期初现金余额来源于例题中的已知条件
2季度期初现金余额为第1季度期末现金余额
3季度期初现金余额为第2季度期末现金余额
4季度期初现金余额为第3季度期末现金余额
②销货现金收入项目来源于销售预算表的现金收入合计项目
③直接材料项目来源于直接材料预算表的现金支出合计项目
④直接人工项目来源于直接人工预算表的人工总成本项目
⑤制造费用项目来源于制造费用预算表的现金支出项目
⑥销售及管理费用项目来源于销售及管理费用预算表的现金支出项目
⑦应付股利、应交所得税及购买固定资产项目来源于其他现金支出预算表
⑧向银行借款项目来源于例题中的已知条件
⑨第3季度借款利息：182 250 × 12% × 9/12+177 525 × 12% × 6/12=27 054（元）
第4季度借款利息：（182 250–152 131）× 12% × 3/12+177 525 × 12% × 3/12
=6 229（元）

返回

辉煌电脑公司现金预算表

2020年　　单位：元

项　目	1季度	2季度	3季度	4季度	全年
期初现金余额	108 000	135 000	132 075	96 260	108 000
加：销售现金收入	486 000	810 000	1 147 500	1 215 000	3 658,500
可供使用的现金	594 000	945 000	1 279 575	1 311 260	3 766,500
减：各项支出					
直接材料	157 500	250 200	313 380	292 500	1 013 580
直接人工	94 500	139 500	175 500	131 400	540 900
制造费用	195 750	240 750	276 750	232 650	945 900
销售及管理费用	139 500	162 000	184 500	162 000	648 000
应付股利	18 000	18 000	18 000	18 000	72 000
应交所得税	36 000	36 000	36 000	36 000	144 000
购买固定资产	0	144 000	0	0	144 000
支出合计	641 250	990 450	1 004 130	872 550	3 508 380
现金余缺	-47 250	-45 450	275 445	438 710	258 120
加：向银行借款	182 250	177 525	0	0	359 775
减：归还银行借款			152 131	207 644	359 775
借款利息			27 054	6 229	33 283
期末现金余额	135 000	132 075	96 260	224 837	224 837

图 8－34　录入公式后界面

扫一扫：辉煌电脑公司现金预算表的编制

预备知识及技能

第二步：编制预计利润表。

预计利润表综合反映企业在计划期的预计经营成果，是企业重要的财务预算表之一。编制预计利润表的依据是各业务预算、专门决策预算和现金预算。

工作任务

【要求】编制“预计利润表。

工作步骤

1）双击打开“辉煌电脑公司全面预算管理工作簿”。

2）单击“页面”中“预计利润表”标签，打开工作表，按照任务1情景资料，编制“预计利润表”如图8－35所示，美化表格后，单击工作表中“返回”标签，返回页面。

返回　辉煌电脑公司预计利润表

2020年　　单位：元

项　目	1季度	2季度	3季度	4季度	全年
销售收入					
变动成本：					
销售成本					
销售费用					
小计					
边际贡献					
固定成本：					
制造费用					
销售及管理费用					
小计					
营业利润					
减：利息支出					
税前利润					
减：所得税					
净利润					

图8－35　编制预计利润表

3）选择C4单元格，录入公式“＝销售预算！D6”，采用自动填充方式，将公式填充至D4：G4单元格。

4）选择C6单元格，录入公式“＝销售成本预算！C10”，采用自动填充方式，将公式填充至D6：G6单元格。

5）选择 C7 单元格，录入公式“ = 销售及管理费用预算！C6”，采用自动填充方式，将公式填充至 D7：G7 单元格。

6）选择 C8 单元格，录入公式“ = SUM（C6：C7）”，采用自动填充方式，将公式填充至 D8：G8 单元格。

7）选择 C9 单元格，录入公式“ = C4 – C8”，采用自动填充方式，将公式填充至 D9：G9 单元格。

8）选择 C11 单元格，录入公式“ = 制造费用预算！E15”，采用自动填充方式，将公式填充至 D11：G11 单元格。

9）选择 C12 单元格，录入公式“ = 销售及管理费用预算！C7”，采用自动填充方式，将公式填充至 D12：G12 单元格。

10）选择 C13 单元格，录入公式“ = SUM（C11：C12）”，采用自动填充方式，将公式填充至 D13：G13 单元格。

11）选择 C14 单元格，录入公式“ = C9 – C13”，采用自动填充方式，将公式填充至 D14：G14 单元格。

12）选择 C15 单元格，录入公式“ = 现金预算！C19”，采用自动填充方式，将公式填充至 D15：G15 单元格。

13）选择 C16 单元格，录入公式“ = C14 – C15”，采用自动填充方式，将公式填充至 D16：G16 单元格。

14）选择 C17 单元格，录入公式“ = 预计其他现金支出！C5”，采用自动填充方式，将公式填充至 D17：G17 单元格。

15）选择 C18 单元格，录入公式“ = C16 – C17”，采用自动填充方式，将公式填充至 D18：G18 单元格，如图 8 – 36 所示。

返回

辉煌电脑公司预计利润表

2020年　　　　单位：元

项　目	1季度	2季度	3季度	4季度	全年
销售收入	675 000	1 012 500	1 350 000	1 012 500	4 050 000
变动成本：					
销售成本	355 500	540 000	720 000	540 000	2 155 500
销售费用	45 000	67 500	90 000	67 500	270 000
小计	400 500	607 500	810 000	607 500	2 425 500
边际贡献	274 500	405 000	540 000	405 000	1 624 500
固定成本：					
制造费用	135 000	135 000	135 000	135 000	540 000
销售及管理费用	120 000	120 000	120 000	120 000	480 000
小计	255 000	255 000	255 000	255 000	1 020 000
营业利润	19 500	150 000	285 000	150 000	604 500
减：利息支出	0	0	27 054	6 229	33 283
税前利润	19 500	150 000	257 946	143 771	571 217
减：所得税	36 000	36 000	36 000	36 000	144 000
净利润	-16 500	114 000	221 946	107 771	427 217

图 8 – 36　公式填充后界面

扫一扫：辉煌电脑公司预计利润表的编制

预备知识及技能

第三步：编制预计利润分配表。

利润分配表是在利润表的基础上，根据企业实现利润的情况预计进行分配，预计利润分配表是企业财务预算中重要组成部分。

工作任务

【要求】编制“预计利润分配表”。

工作步骤

1）双击打开“辉煌电脑公司全面预算管理工作簿”。

2）单击“页面”中“预计利润分配表”标签，打开工作表，编制“预计利润分配表”如图 8－37 所示，美化表格后，单击工作表中“返回”标签，返回页面。

返回

辉煌电脑公司预计利润分配表

2020年　　单位：元

项　　目	金额
一、净利润	
加：年初未分配利润	
二、可供分配利润	
减：提取法定盈余公积	
提取任意盈余公积	
三、可供投资者分配的利润	
减：优先股股利	
普通股股利	
四、未分配利润	

图 8－37　编制预计利润分配表

3）选择 C4 单元格，录入公式“＝预计利润表！G18”。

4）选择 C5 单元格，依据【资料 13】已知数据，录入数值“52 870”。

5）选择 C6 单元格，录入公式“＝C4＋C5”。

6）选择 C7 单元格，录入公式“＝C4＊10%”。

7）选择 C8 单元格，录入公式“ =C4 * 5% ”。

8）选择 C9 单元格，录入公式“ =C6 - C7 - C8”。

9）选择 C11 单元格，录入公式“ =预计其他现金支出！G4”。

10）选择 C12 单元格，录入公式“ =C9 - C10 - C11”，如图 8 - 38 所示。

	A	B	C
1		返回　辉煌电脑公司预计利润分配表	
2		2020年	单位：元
3		项　　目	金额
4		一、净利润	427 217
5		加：年初未分配利润	52 870
6		二、可供分配利润	480 087
7		减：提取法定盈余公积	42 722
8		提取任意盈余公积	21 361
9		三、可供投资者分配的利润	416 004
10		减：优先股股利	
11		普通股股利	72 000
12		四、未分配利润	344 004

图 8 - 38　录入公式后界面

扫一扫： 辉煌电脑公司预计利润分配表的编制

预备知识及技能

第四步：编制预计资产负债表。

预计资产负债表用来反映企业在计划期末预计的财务状况。它的编制需以计划期开始日的资产负债表为基础，结合计划期间各项业务预算、专门决策预算、现金预算和预计利润表进行编制。它是编制全面预算的终点。

工作任务

【要求】编制“预计资产负债表”。

工作步骤

1）双击打开“辉煌电脑公司全面预算管理工作簿”。

2）单击“页面”中“预计资产负债表”标签，打开工作表，编制“预计资产负债表”如图 8－39 所示，美化表格后，单击工作表中“返回”标签，返回页面。

返回

辉煌电脑公司预计资产负债表

2020年12月31日　　　　单位：元

资　产	金　额	负债及权益	金　额
现金		应付账款	
应收账款		应交所得税	
库存材料		负债小计	
库存产成品		普通股股本	
流动资产合计		盈余公积	
固定资产		资本公积	
减：累计折旧		未分配利润	
固定资产净额		股东权益小计	
资产总计		负债及权益总计	

图 8－39　编制预计资产负债表

3）选择 C4 单元格，录入公式“＝现金预算！G20”。

4）选择 C5 单元格，录入公式“＝销售预算！G6＊60％”。

5）选择 C6 单元格，录入公式“＝直接材料预算！G7＊直接材料预算！G10”。

6）选择 C7 单元格，录入公式“＝期末存货预算！E7”。

7）选择 C8 单元格，录入公式“＝SUM（C4：C7）”。

8）选择 C9 单元格，录入公式“＝预计其他现金支出！G6＋2019 资产负债表！C10”。

9）选择 C10 单元格，录入公式“＝销售及管理费用预算！G9＋制造费用预算！I17＋2019资产负债表！C11”。

10）选择 C11 单元格，录入公式“＝C9－C10”。

11）选择 C12 单元格，录入公式“＝C8＋C11”。

12）选择 E4 单元格，录入公式“＝直接材料预算！G11＊50％”。

13）选择 E5 单元格，录入公式“＝预计其他现金支出！G5”。

14）选择 E6 单元格，录入公式“＝SUM（E4：E5）”。

15）选择 E7 单元格，录入公式“＝2019 资产负债表！E8”。

16）选择 E8 单元格，录入公式“＝预计利润分配表！C7＋预计利润分配表！C8＋'2019资产负债表'！E9”。

17）选择 E10 单元格，录入公式“＝预计利润分配表！C12”。

18）选择 E11 单元格，录入公式“＝SUM（E7：E10）”。

19）选择 E12 单元格，录入公式“＝E6＋E11”，如图 8－40 所示。

扫一扫：辉煌电脑公司预计资产负债表的编制

返回

辉煌电脑公司预计资产负债表

2020年12月31日　　　　单位：元

资　　产	金　额	负债及权益	金　额
现金	224 837	应付账款	125 820
应收账款	607 500	应交所得税	144 000
库存材料	41 400	负债小计	269 820
库存产成品	39 600	普通股股本	360 000
流动资产合计	913 337	盈余公积	434 513
固定资产	1 044 000	资本公积	0
减：累计折旧	549 000	未分配利润	344 004
固定资产净额	495 000	股东权益小计	1 138 517
资产总计	1 408 337	负债及权益总计	1 408 337

图 8－40　预计资产负债表

项目9

Excel 在财务报表分析中的应用

学习目标

知识目标

1. 了解财务分析的目的及主要分析方法；
2. 熟悉应用 Excel 软件获取外部数据和建立财务分析模型的技术与方法；
3. 熟悉建立财务报表比率分析模型、比较分析模型和综合分析模型的方法与步骤。

能力目标

能够通过对企业财务状况、经营成果等重要指标的分析比较，培养对企业的经营情况和绩效做出判断、评价和预测的能力。

项目情景

2020 年的某一天，辉煌电脑公司相关领导将进行管理决策，于是安排刘全能与老会计进行财务报表分析，接到任务后，老会计对刘全能叙述了运用常规方法进行财务报表分析的过程，刘全能听后思索，此种方法不仅工作效率低且容易出错，财务报表中的数据不仅种类繁多，而且涉及不同时期的数据比较，如果运用 Excel 软件所提供的各种功能来辅助财务人员进行分析，可以迅速准确地完成财务报表分析工作，那么刘全能将如何教会老会计运用 Excel 软件完成财务报表分析工作呢？

情景目标

通过完成本项目的工作任务，学习者不仅可以提高财务管理者的决策科学性，做出降低风险、优化结构、提高运营效率的正确判断；还可以反映企业生产经营的成本耗费与收益情况以及掌握企业日后的发展趋势与利润潜力。

情景分析

运用 Excel 软件强大的表格处理功能，对财务报表的数据及相关会计报告进行分析与研究，从而能够更准确、全面地提供企业的财务经营情况，更方便、快速地为企业管理者提供企业财务数据的变动情况，便于做出精确的决策。财务分析主要包括比率分析、比较分析以及综合分析。

工作步骤

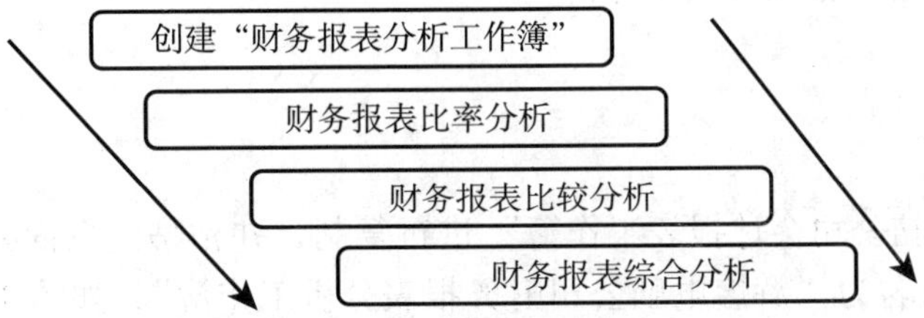

任务1　创建“财务报表分析工作簿”

任务情景

刘全能本次任务的工作职责，除了建立“财务报表分析工作簿”外，还要教会老会计运用 Excel 软件编制一些基础表格，老会计能否独立完成“财务报表分析工作簿”的建立工作呢?

情景目标

通过完成此项工作任务，学习者能够掌握运用 Excel 软件编制一些基础表格的操作方法。

情景分析

财务分析又称财务报表分析，是通过收集、整理企业财务会计报告中的有关数据，并结合其他有关补充信息，对企业的财务状况、经营成果和现金流量情况进行综合比较和评价，为财务会计报告使用者提供管理决策和控制依据的一项管理工作。

情景资料

辉煌电脑公司资产负债表和利润表资料如图 9－1、图 9－2 所示。

预备知识及技能

财务报表比率分析法是将会计报表及有关资料中两项彼此相关联的项目加以比较，通过计算关联项目的比率，揭示企业财务状况、经营成果和现金流量情况，确定经济活动变动程度的一种分析方法。

工作任务

【要求】创建“财务报表分析工作簿”。

工作步骤

1）将“辉煌电脑公司会计报表工作簿”进行复制，并粘贴到桌面处，将粘贴到桌面处的副本工作簿重新命名为“辉煌电脑公司财务报表分析工作簿”，如图 9－3 所示。

资产负债表

编制单位：辉煌电脑公司　　2019年12月31日　　单位：元

资产	期末余额	上年年末余额	负债和所有者权益（或股东权益）	期末余额	上年年末余额
流动资产：			流动负债：		
货币资金	62 855 627.17	52 011 211.88	短期借款		
交易性金融资产			交易性金融负债		
衍生金融资产			衍生金融负债		
应收票据	600 000.00	600 000.00	应付票据		
应收账款	2 300 074.40	1 775 120.00	应付账款	471 241.00	298 900.00
应收款项融资			预收款项		
预付款项	959 600.00	909 600.00	合同负债		
其他应收款	113 090.00	100 000.00	应付职工薪酬	300 000.00	300 000.00
存货	26 968 197.36	34 596 490.00	应交税费	3 864 729.49	1 527 000.00
合同资产			其他应付款	319 739.19	355 000.00
持有待售资产			持有待售负债		
一年内到期的非流动资产			一年内到期的非流动负债		
其他流动资产			其他流动负债		
流动资产合计	93 796 588.93	89 992 421.88	流动负债合计	4 955.709.68	2 480 900.00
非流动资产：			非流动负债：		
债权投资			长期借款		
其他债权投资			应付债券		
长期应收款			其中：优先股		
长期股权投资			永续债		
其他权益具投资			租赁负债		
其他非流动金融资产			长期应付款		
投资性房地产			预计负债		
固定资产	2 431 854.03	2 593 478.12	递延收益		
在建工程			递延所得税负债		
生产性生物资产			其他非流动负债		
油气资产			非流动负债合计		
使用权资产			负债合计	4 955 709.68	2 480 900.00
无形资产	1 200 000.00	1 000 000.00	所有者权益（或股东权益）：		
开发支出			实收资本（股本）	79 100 000.00	79 100 000.00
商誉			其他权益工具		
长期待摊费用			其中：优先股		
递延所得税资产			永续债		
其他非流动资产			资本公积	500 000.00	500 000.00
非流动资产合计	3 631 854.03	3 593 478.12	减：库存股		
			其他综合收益		
			专项储备		
			盈余公积	4 210 202.07	4 005 000.00
			未分配利润	8 662 531.21	7 500 000.00
			所有者权益（或股东权益）合计	92 472 733.28	91 105 000.00
资产总计	97 428 442.96	93 585 900.00	负债及所有者权益合计	97 428 442.96	93 585 900.00

图 9－1　辉煌电脑公司资产负债表

利润表

编制单位：辉煌电脑公司　　2019年12月31日　　单位：元

项目	本期金额	上期金额
一、营业收入	10 569 000.00	
减：营业成本	8 237 000.00	
税金及附加	171 065.90	
销售费用	112 474.70	
管理费用	176 086.73	
研发费用		
财务费用	3 000.00	
其中：利息费用		
利息收入		
加：其他收益		
投资收益（损失以“–”填列）	–20 575.60	
其中：对联营企业和合营企业的投资收益		
以摊余成本计量的金融资产终止确认收益（损失以“–”号填列）		
净敞口套期收益（损失以“–”号填列）		
公允价值变动净收益（损失以“–”填列）		
信用减值损失（损失以“–”填列）		
资产减值损失（损失以“–”填列）		
资产处置收益（损失以“–”填列）		
二、营业利润（亏损以“–”号填列）	1 848 797.07	
加：营业外收人	1 000.00	
减：营业外支出	26 059.20	
三、利润总额（亏损以“–”填列）	1 823 737.87	
减：所得税费用	456 004.59	
四、净利润（净亏损以“–”填列）	1 367 733.28	
（一）持续经营净利润（净亏损以“–”填列）		
（二）终止经营净利润（净亏损以“–”填列）		
五、其他综合收益的税后净额		
（一）不能重分类进损益的其他综合收益		
1.重新计量设定受益计划变动额		
2.权益法下不能转损益的其他综合收益		
3.其他权益工具投资公允价值变动		
4.企业自身信用风险公允价值变动		
……		
（二）将重分类进损益的其他综合收益		
1.权益法下可转损益的其他综合收益		
2.其他债权投资公允价值变动		
3.金融资产重分类计入其他综合收益的金额		
4.其他债权投资信用减值准备		
5.现金流量套期储备		
6.外币财务报表折算差额		
……		
六、综合收益总额		
七、每股收益		
（一）基本每股收益		
（二）稀释每股收益		

图 9－2　辉煌电脑公司利润表

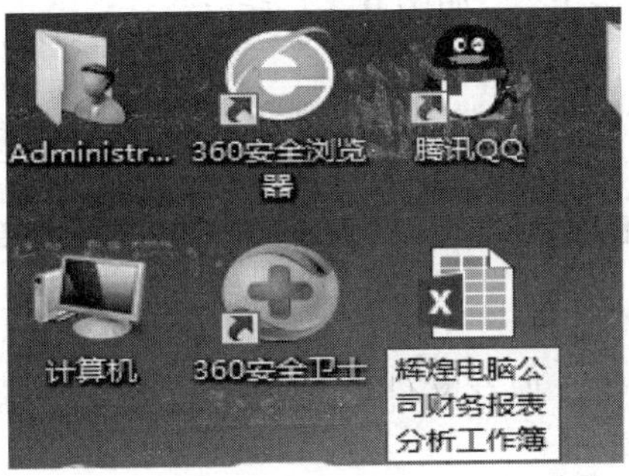

图 9－3　操作界面

2）在电脑桌面上找到刚刚保存的工作簿，双击打开工作簿，如图 9－4 所示。

图 9－4　操作界面

3）单击工作簿下方工作表标签位置的插入表格图标，插入新工作表 Sheet 1、Sheet 2、Sheet 3，如图 9－5 所示。

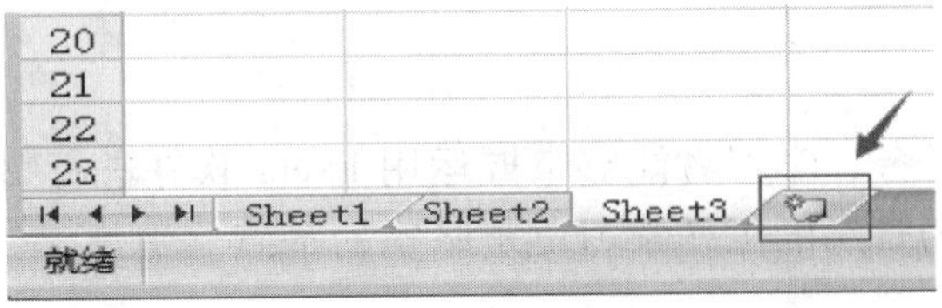

图 9－5　插入表格图标

4）右键单击 Sheet 1 工作表标签，在弹出的快捷菜单中选择“重命名”命令，或双击 Sheet 1 工作表标签，将 Sheet 1 更名为“财务报表比率分析表”，如图 9－6 所示。

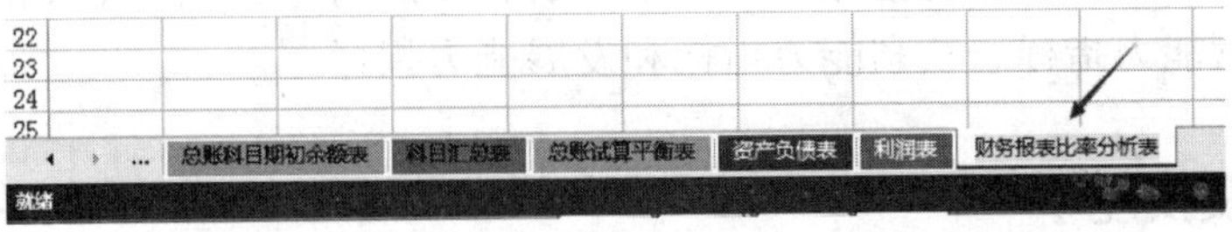

图 9－6　重命名

5）按照步骤 4 的操作方法，分别将 Sheet 2、Sheet 3 工作表标签更名为“资产负债表比较分析表”“杜邦财务指标分析表”，如图 9 - 7 所示。

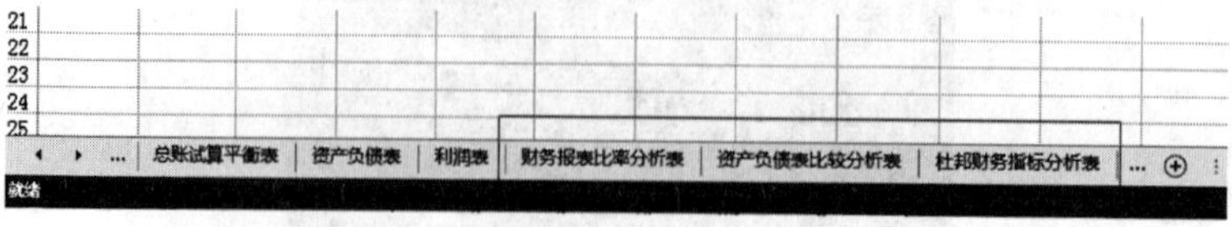

图 9 - 7　更名

6）单击工具栏中的按钮，保存文件后，关闭“辉煌电脑公司财务报表分析工作簿”。

成果展示（如图 9 - 8 所示）：

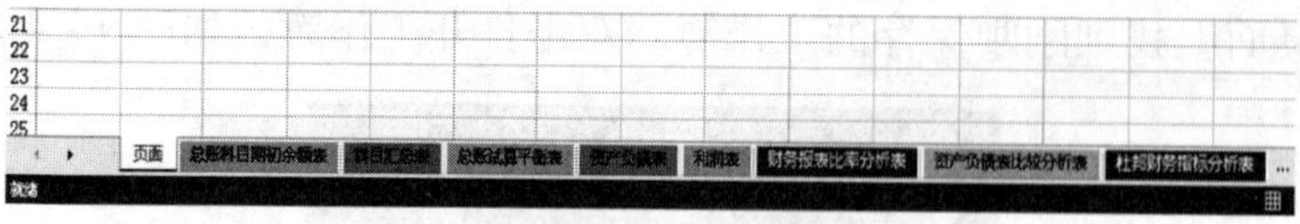

图 9 - 8　成果展示

任务 2　财务报表比率分析

任务情景

刘全能为了减轻财务报表分析的工作任务，他制订了一系列工作计划，确定了运用 Excel 软件进行财务报表分析的具体步骤以及工作任务。首先完成的第一个工作任务是教会老会计运用 Excel 基础知识进行财务报表比率分析，他将如何教会老会计完成此项工作任务？

情景目标

通过完成此项工作任务，学习者能够掌握运用 Excel 软件进行财务报表比率分析的基本知识及基本操作方法，为日后的工作学习奠定坚实的基础。

情景分析

辉煌电脑公司运用比率分析法，通过各种比率指标来确定经济活动程度，把某些条件下的不可比的指标变为可以比较的指标，以便于分析企业的财务状况。主要的分析指标包括偿债能力指标、运营能力指标、获利能力指标和发展能力指标。

预备知识及技能

财务报表比率分析主要分为偿债能力指标分析、运营能力指标分析、获利能力指标分析和发展能力指标分析。

1. 偿债能力指标

偿债能力是指企业偿还到期债务的能力。包括短期偿债能力和长期偿债能力。

(1) 短期偿债能力。短期偿债能力是指企业用流动资产偿还流动负债的现金保障程度。主要指标有：流动比率和速动比率。

①流动比率。流动比率是流动资产除以流动负债的比值。其计算公式为：

$$流动比率=(流动资产\div流动负债)\times100\%$$

流动比率可以反映短期偿债能力。一般认为生产企业合理的最低流动比率是2。影响流动比率的主要因素一般认为是营业周期、流动资产中的应收账款数额和存货周转速度。

> **请注意：**
>
> 流动资产由多种部分组成，只有变现能力强的流动资产占有较大比例时，企业的偿债能力才更强，否则即使流动比率较高也未必有较强的偿债能力。

②速动比率。速动比率是从流动资产中扣除存货部分，再除以流动负债的比值。其计算公式为：

$$速动比率=[(流动资产-存货)\div流动负债]\times100\%$$

由于种种原因存货的变现能力较差，因此把存货从流动资产中减去后得到的速动比率反映的短期偿债能力更令人信服。一般认为企业合理的最低速动比率是1。但是，行业对速动比率的影响较大。例如，商店几乎没有应收账款，比率会大大低于1。影响速动比率的可信度的重要因素是应收账款的变现能力。

> 想一想
>
> 速动比率一般为多少时最为理想？数值越大，偿债能力最强吗？

(2) 长期偿债能力。长期偿债能力是企业偿还长期债务的现金保障程度，主要指标包括：资产负债率、产权比率、或有负债比率、已获利息倍数和带息负债比率。

①资产负债率。它是企业负债总额与资产总额的比率，表示资产总额中债权的比重，及企业资产对债权人权益的保障程度。其计算公式为：

$$资产负债率=(负债总额\div资产总额)\times100\%$$

> **请注意：**
>
> 一般情况下，资产负债率越小，企业长期偿债能力越强，通常认为该比率等于60%较为适当。

②产权比率。产权比率是负债总额与股东权益总额之间的比率，也称之为债务股权比率，是企业财务结构是否稳健的重要标志。其计算公式为：

产权比率 =（负债总额 ÷ 权益总额）×100%

一般情况下，股东资本大于借入资本较好，但也不能一概而论。从股东角度来看，在通货膨胀时期，企业多借贷可以把风险转嫁给债权人；在经济繁荣时期，多借贷可以获得额外的利润；在经济衰退时期，少借贷可以减少利息负担和财务风险。产权比率高意味着高风险、高报酬的财务结构；产权比率低意味着低风险、低报酬的财务结构。该项指标同时也表明债权人投入的资本受到股东权益保障的程度，或者说是企业清算时对债权人利益的保障程度。

③或有负债比率。它是企业或有负债总额与所有者权益总额的比率。其计算公式为：

或有负债比率 =（或有负债总额 ÷ 所有者权益总额）×100%

请注意：

从企业角度来说，或有负债比率越低，企业的长期偿债能力越强；反之，比率越高，企业承担的风险越大。

④已获利息倍数。它是企业一定时期息税前利润与利息支出的比率，是企业举债经营的前提，也是衡量企业长期偿债能力的重要标志。其计算公式为：

已获利息倍数 =（息税前利润总额 ÷ 利息支出）×100%

一般已获利息倍数为 3，至少也应当大于 1。如果已获利息倍数过小，企业会面临亏损，企业的偿债能力也较低。

⑤带息负债比率。它是企业某一时点的带息负债金额与负债总额的比率，主要反映企业在未来偿还利息的压力。其计算公式为：

带息负债比率 =（（短期借款 + 一年内到期的长期负债 + 长期借款 + 应付债券 + 应付利息）÷ 负债总额）×100%

想一想

带息负债比率越低，企业的偿债压力越小；反之，风险越大吗？

2. 运营能力指标

（1）人力资源运营能力指标。此指标采用劳动效率来分析，是企业营业收入或净资产值与平均职工人数的比率。其计算公式为：

劳动效率 =（营业收入或净产值 ÷ 平局职工人数）×100%

请注意：

劳动比率高说明企业劳动者的积极性、能动性得到了提高，企业的经营效率高。

（2）生产资料运营能力指标。该指标反映企业总资产及其各个组成要素的运营能力，主要指标包括应收账款周转率、存货周转率、流动资产周转率、固定资产周转率和总资产周转率。

①应收账款周转率。它是企业一定时期内营业收入与平均应收账款余额的比率，反映了企业应收账款的变现速度。其计算公式为：

应收账款周转率 =（营业收入 ÷ 平均应收账款余额）×100%

> **请注意：**
>
> 应收账款周转率高说明企业的收账速度快，资产流动性好，出现坏账的可能性小，企业运营管理情况好。

②存货周转率。它是企业一定时期营业成本与平均存货余额的比率，反映了企业流动资产的变现能力和获利能力。其计算公式为：

存货周转率 =（营业成本 ÷ 平均存货余额）×100%

存货周转率越高越好，说明变现速度快，资产占用低，企业采购、生产、销售各环节的状况比较好；通过此比率，可以及时发现存货管理中的问题，存货过多，容易积压，存货过少，会造成生产中断或销售中断。

③流动资产周转率。它是企业一定时期营业收入与平均流动资产总额的比率，反映了流动资产的周转情况。其计算公式为：

流动资产周转率 =（营业收入 ÷ 平均流动资产总额）×100%

> **请注意：**
>
> 流动资产率越多表明企业流动资产利用效果越好，企业的运营能力越强。

④固定资产周转率。它是企业一定时期营业收入与平均固定资产净值的比值，反映了企业固定资产的利用效率。其计算公式为：

固定资产周转率 =（营业收入 ÷ 平均固定资产总额）×100%

固定资产周转率越高，表明企业固定资产利用越充分，结构合理，投资得当；反之，则固定资产使用效率不高，企业运营能力不强。

⑤总资产周转率。它是企业一定时期营业收入与平均资产总额的比率，反映企业全部资产的利用率。其计算公式为：

总资产周转率 =（营业收入 ÷ 平均资产总额）×100%

总资产周转率越高，说明企业全部资产的使用效率越高；反之，说明企业经营资产的效果差。

> **请注意：**
>
> 总资产周转率指标用于衡量企业运用资产赚取利润的能力，经常和反映盈利能力的指标一起使用，用来全面评价企业的盈利能力。

3. 获利能力指标

(1) 营业利润率。它是企业一定时期营业利润与营业收入的比率。其计算公式为：

营业利润率 =（营业利润 ÷ 营业收入）×100%

营业利润率越高，说明企业的市场竞争力越强，其发展潜力大，获利能力强。

(2) 成本费用利润率。它是企业一定时期利润总额与成本费用总额的比率。其计算公式为：

成本费用利润率 =（利润总额 ÷ 成本费用总额）×100%

成本费用利润率越高，说明企业为取得利润支付的成本费用越小，企业获利能力越强。

(3) 盈余现金保障倍数。它是企业一定时期经营现金净流量与净利润的比值，反映了企业当期净利润中有多少是有现金保障的。当净利润大于 0 时，该指标应当大于 1。其计算公式为：

盈余现金保障倍数 =（经营现金净流量 ÷ 净利润）×100%

盈余现金保障倍数越大，说明企业的净利润对现金的贡献越大，企业盈余状况良好。

(4) 总资产报酬率。它是企业一定时期内获得的报酬总额与平均资产总额的比率，反映企业全部资产综合利用效果。其计算公式如下：

总资产报酬率 =（息税前利润总额 ÷ 平均资产总额）×100%

总额资产报酬率越高说明企业资产综合利用越好，企业经营管理水平越高，企业获利能力越强。

(5) 净资产收益率。它是企业一定时期净利润与平均净资产的比率，反映了企业自有资金收益水平。其计算公式为：

净资产收益率 =（净利润 ÷ 平均净资产）×100%

净资产收益率越高，说明企业自有资金的获利能力越强，企业运营管理情况越好，企业的投资人和债权人的利益越有保障。

(6) 资本收益率。它是企业一定时期净利润与平均资本的比率，反映企业投资额的回报水平。其计算公式为：

资本收益率 =（净利润 ÷ 平均资本）×100%

资本收益率越高表明企业的投资回报越大，企业的获利能力越大。

(7) 每股收益。它是企业普通股股东持有每一股所能享有的企业利润或亏损。其计算公式为：

每股收益 =（归属于普通股股东的当期净利润 ÷ 当期

发行在外普通股的加权平均数）×100%

每股收益越高，说明公司的获利能力越强。

（8）每股股利。它是上市公司本年发放的普通股现金股利总额与年末普通股总数的比值。其计算公式为：

每股股利＝（普通股股利总额÷年末普通股股数）×100%

每股股利越高，说明公司的获利能力越强。

（9）市盈率。它是上市公司普通股每股市价相当于每股收益的倍数，反映投资者对上市公司每一元净利润愿意支付的价格。其计算公式为：

市盈率＝（普通股每股市价÷普通股每股收益）×100%

市盈率越高说明企业的获利能力越强，投资者就愿意出高价购买企业的股票；但是该指标过高，也说明该股票的投资风险较大。

（10）每股净资产。它是上市公司年末净资产与年末普通股总数的比值。其计算公式为：

每股净资产＝（年末股东权益÷年末普通股总数）×100%

每股净资产越高说明公司的获利能力越强。

4. 发展能力指标

（1）营业收入增长率。它是企业本年营业收入增长数与上年营业收入总额的比率，反映了企业的成长状况和发展能力。其计算公式如下：

营业收入增长率＝（本年营业收入增长额÷上年营业收入总额）×100%

请注意：

营业收入增长率若大于0，表示本年的营业收入增长，企业有新的发展；若小于0，说明企业本年收入负增长，企业应查明原因，解决问题。

（2）资本保值增值率。它是企业年末所有者权益总额与年初所有者权益总额的比率。其计算公式为：

资本保值增值率＝（年末所有者权益总额÷年初所有者权益总额）×100%

资本保值增值率越高表明企业资本增长越快，企业发展前景越好。

（3）资本积累率。它是企业本年所有者权益增长额与年初所有者权益的比率，反映了企业本年资本积累的能力。其计算公式为：

资本积累率＝（本年所有者权益增长额÷年初所有者权益）×100%

资本积累率若大于0且越高说明企业的资本积累越多，抵抗风险的能力越大。

（4）总资产增长率。它是企业本年总资产增长额与年初资产总额的比率。其计算公式为：

总资产增长率＝（本年总资产增长额÷年初资产总额）×100%

总资产增长率越高说明企业资产经营规模扩张的速度越快，企业发展前景越广阔，后劲越足。

（5）营业利润增长率。它是企业本年营业利润增长额与上年营业利润总额的比率。其计算公式为：

营业利润增长率 =（本年营业利润增长额 ÷ 上年营业利润总额）×100%

营业利润增长率越高，说明企业营业利润的增长越多，企业发展速度越快。

扫一扫：财务指标分析计算公式

【要求】编制“财务报表比率分析表”。

工作步骤

1）打开“辉煌电脑公司财务报表分析工作簿”，然后单击下方“财务报表比率分析表”标签。

2）在单元格 B1 中输入“辉煌电脑公司财务报表比率分析表”，选择单元格 B1：D1，单击格式工具栏上的 按钮，将单元格进行合并。

3）右键单击 B1 单元格，在菜单栏中选择“设置单元格格式”，打开“单元格格式”对话框，单击“对齐”选项卡，在文本对齐方式下“水平对齐”选择“居中”在“垂直对齐”选择“居中”，如图 9－9 所示。

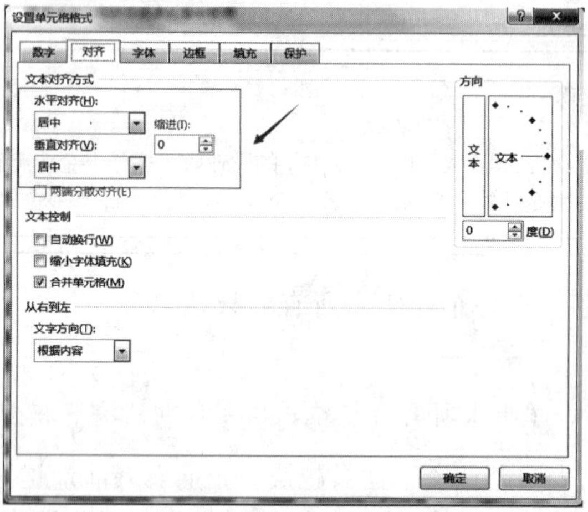

图 9－9　设置单元格格式

4）单击“字体”选项卡，在“字体”下选择“宋体”，在“字型”下选择“加粗”，在“字号”下选择“18”，在“下划线”下选择“双下划线”，单击“确定”，关闭“单元格格式”窗口，如图 9－10 所示。

5）在单元格 B2 中录入“单位名称：辉煌电脑公司”，在单元格 C2 中录入“2019 年”。

6）在单元格 B3 中录入“财务指标”，在单元格 C3 中录入“财务指标计算公式”，在单元格D3中录入“比率值”，在单元格B4：B34中输入财务指标名称，在单元格C4：C34中输入财务指标对应的计算公式作为描述。如图9-11所示。

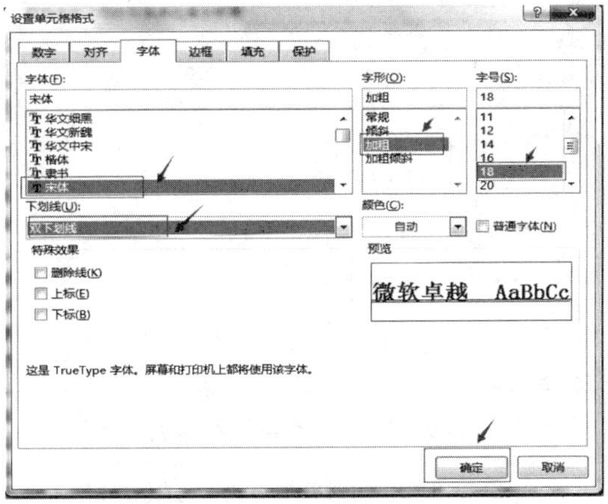

图9-10 设置单元格格式

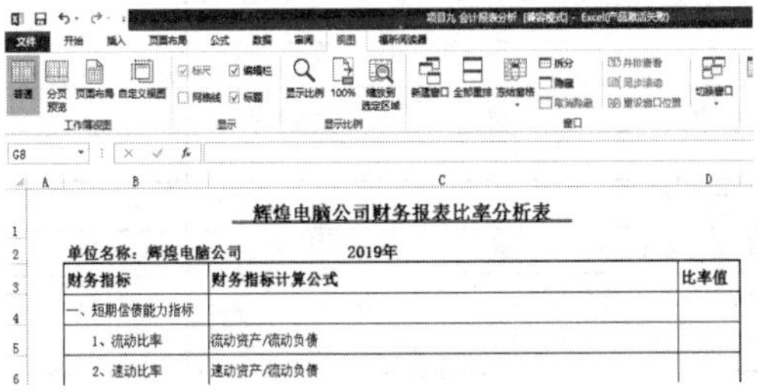

图9-11 操作界面

7）输入计算公式，计算数据。在D5：D34单元格中输入公式。以D5单元格为例，选中D5单元格，输入“=资产负债表！C18/资产负债表！F18”。公式输入完毕后，自动计算出结果如图9-12所示。

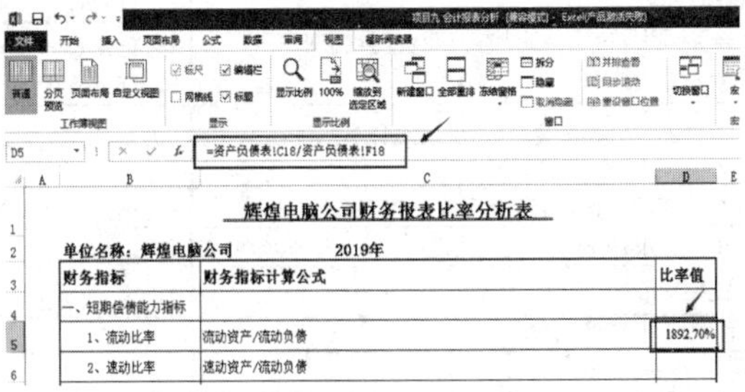

图9-12 自动计算结果

8）将D5：D34的单元格区域格式设置为“百分比”格式，如图9-13所示。

9）根据“资产负债表”和“利润表”的内容，输入剩余公式，如图9-14所示。

10）选择单元格B3：D34，单击“字体”选项卡，在“字体”下选择“宋体”，在“字号”下选择“14”，单击“确定”，关闭“单元格格式”窗口，调整单元格的行高和列宽，如图9-15所示。

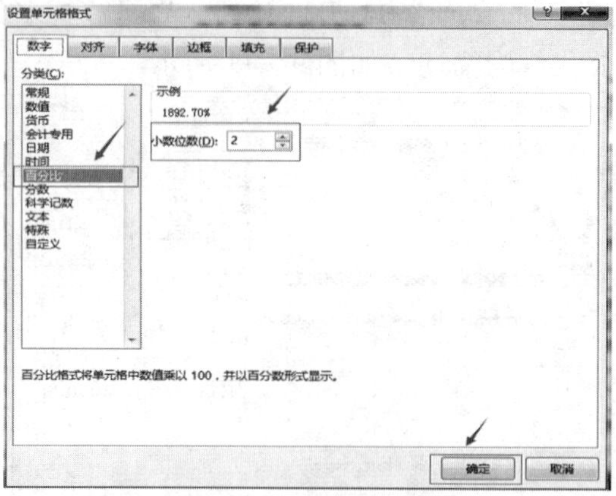

图 9－13　设置单元格格式

辉煌电脑公司财务报表比率分析表

单位名称：辉煌电脑公司　　2019年

财务指标	财务指标计算公式	比率值
一、短期偿债能力指标		
1. 流动比率	流动资产/流动负债	=资产负债表!C18/资产负债表!F18
2. 速动比率	速动资产/流动负债	
二、长期偿债能力指标		
1. 资产负债率	负债总额/资产总额	
2. 产权比率	负债总额/所有者权益总额	
3. 或有负债比率	或有负债余额/所有者权益总额	
4. 已获利息倍数	（利息总额+利润总额）/利息支出	
三、运营能力指标		
1. 应收账款周转率	营业收入/（应收账款余额年初数+应收账款余额年末数）×2	
2. 存货周转率	营业成本/（存货余额年初数+存货余额年末数）×2	=利润表!C6/（资产负责表!C13+资产负责表!D13）×2
3. 流动资产周转率	营业收入/（流动资产总额年初数+流动资产总额年末数）×2	=利润表!C5/（资产负责表!C18+资产负责表!D18）×2
4. 固定资产周转率	营业收入/（固定资产净值年初数+固定资产净值年末数）×2	=利润表!C5/（资产负责表!C27+资产负责表!D27）×2
5. 总资产周转率	营业收入/（资产总额年初数+资产总额年末数）×2	=利润表!C5/（资产负责表!C44+资产负责表!D44）×2
四、获利能力指标		
1. 营业利润率	营业利润/营业收入	=利润表!C23/利润表!C5
2. 成本费用率	利润总额/（营业成本+税金及附加+营业费用+管理费用+财务费用+资产减值损失）	=利润表!C26/（利润表!C6+利润表!C7+利润表!C8+利润表!C9+利润表!C11–利润表!C15）
3.盈余现金保障倍数	经营现金净流量/净利润	
4. 总资产报酬率	（利息总额+利润总额）/平均资产总额	
5. 净资产收益率	净利润/（所有者权益年初数+所有者权益年末数）×2	=利润表!C28/（资产负责表!F43+资产负责表!G43）×2
6. 资本收益率	净利润/（实收资本年初数+资本公积年初数+资本公积年末数+实收资）	=利润表!C28/（资产负责表!F33+资产负责表!G33+资产负债表!F37+资产负债表!G37）×2
7. 每股收益	净利润/普通股平均股数	
8. 每股股利	普通股股利总额/年末普通股股数	
9. 市盈率	普通股每股股价/普通股每股收益	
10. 每股净资产	年末股东权益/年末普通股总数	
五、发展能力指标		
1. 营业收入增长率	本年营业收入增长额/上年营业收入总额	
2. 资本保值增值率	扣除客观因素后的年末所有者权益总额/年初所有者权益总额	=资产负债表!F43/资产负责表!G43
3. 资本积累率	本年所有者权益增长额/年初所有者权益	=（资产负债表!F43–资产负责表!G43）/资产负债表!G43
4. 总资产增长率	本年总资产增长额/年初资产总额	=（资产负债表!C43–资产负责表!D44）/资产负债表!D44
5. 营业利润增长率	本年营业利润增长额/上年营业利润总额	

图 9－14　辉煌电脑公司财务报表比率分析表

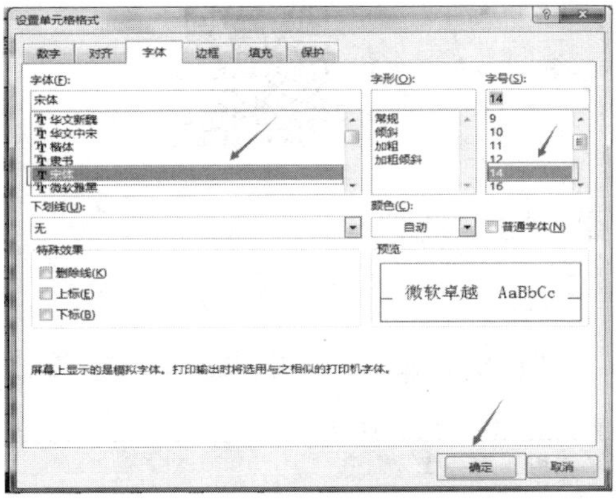

图 9－15 设置单元格格式

11）选择 B3:D34 单元格，单击右键，在菜单栏里选择“设置单元格格式”，打开“单元格格式”对话框，单击“边框”选项卡，在“线条样式”里选择“细实线”，单击内部，在“线条样式”里选择“粗实线”，单击外边框，单击“确定”按钮，关闭“单元格格式”对话框，如图 9－16 所示。

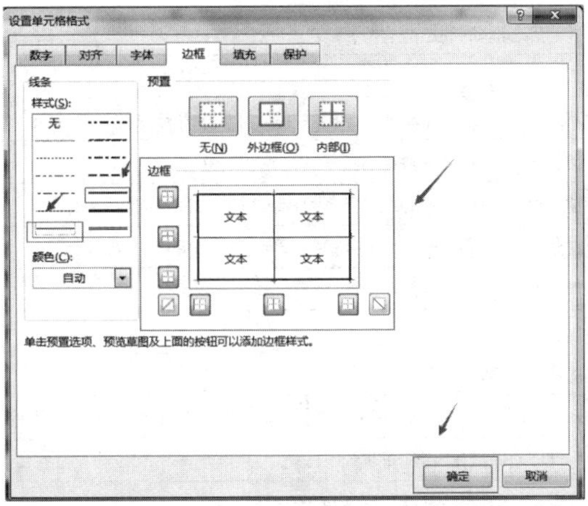

图 9－16 设置单元格格式

设置百分比格式的小技巧

步骤一：右键单击需要设置百分比格式的单元格，在弹出的菜单栏中选择“设置单元格格式”按钮，打开“设置单元格格式”对话框。

步骤二：在“设置单元格格式”对话框中，单击百分比“选择”百分比后，单击“确定”（如右图所示），将该单元格设置为“百分比”格式后，单元格中即显示百分比数据。

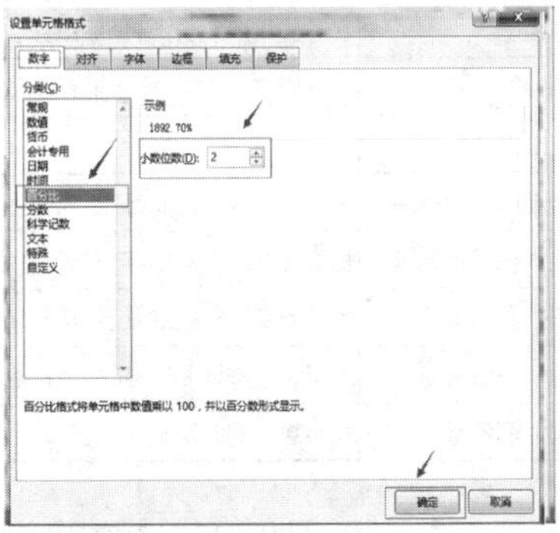

扫一扫：财务报表比率分析表的编制

成果展示（如图9－17所示）：

辉煌电脑公司财务报表比率分析表

单位名称：辉煌电脑公司　　　　2019年

财务指标	财务指标计算公式	比率值
一、短期偿债能力指标		
1、流动比率	流动资产/流动负债	1 892.70%
2、速动比率	速动资产/流动负债	1 348.51%
二、长期偿债能力指标		
1、资产负债率	负债总额/资产总额	5.09%
2、产权比率	负债总额/所有者权益总额	5.36%
3、或有负债比率	或有负债余额/所有者权益总额	
4、已获利息倍数	（利息总额+利润总额）/利息支出	
三、运营能力指标		
1、应收账款周转率	营业收入/（应收账款余额年初数+应收账款余额年末数）×2	518.70%
2、存货周转率	营业成本/（存货余额年初数+存货余额年末数）×2	26.76%
3、流动资产周转率	营业收入/（流动资产总额年初数+流动资产总额年末数）×2	11.50%
4、固定资产周转率	营业收入/（固定资产净值年初数+固定资产净值年末数）×2	420.63%
5、总资产周转率	营业收入/（资产总额年初数+资产总额年末数）×2	11.07%
四、获利能力指标		
1、营业利润率	营业利润/营业收入	17.49%
2、成本费用率	利润总额/（营业成本+税金及附加+营业费用+管理费用+财务费用+资产减值损失）	20.91%
3、盈余现金保障倍数	经营现金净流量/净利润	
4、总资产报酬率	（利息总额+利润总额）/平均资产总额	
5、净资产收益率	净利润/（所有者权益年初数+所有者权益年末数）×2	1.49%
6、资本收益率	净利润/（实收资本年初数+资本公积年初数+资本公积年末数+实收资本年末数）×2	1.72%
7、每股收益	净利润/普通股平均股数	
8、每股股利	普通股股利总额/年末普通股股数	
9、市盈率	普通股每股股价/普通股每股收益	
10、每股净资产	年末股东权益/年末普通股总数	
五、发展能力指标		
1、营业收入增长率	本年营业收入增长额/上年营业收入总额	
2、资本保值增值率	扣除客观因素后的年末所有者权益总额/年初所有者权益总额	101.50%
3、资本积累率	本年所有者权益增长额/年初所有者权益	1.50%
4、总资产增长率	本年总资产增长额/年初资产总额	4.11%
5、营业利润增长率	本年营业利润增长额/上年营业利润总额	

图9－17　辉煌电脑公司财务报表比率分析表

任务3 财务报表比较分析

任务情景

刘全能指导老会计独立完成了财务报表比率分析表的编制工作，现辉煌电脑公司管理人员想了解不同时期资产负债表及利润表各项金额的增减情况，刘全能思前想后，决定运用Excel软件进行财务报表比较分析，从而完成领导布置的工作任务，那么刘全能如何教会老会计运用Excel软件进行财务报表比较分析呢？老会计是否可以独立完成工作任务呢？

情景目标

通过完成此项工作任务，学习者能够掌握数值格式、百分比格式的设置方法以及差额百分比的计算方法，从而提高学习者表格的设计及美化能力，锻炼提升会计简单表格的编制能力，为日后从事会计工作奠定坚实的基础。

情景分析

辉煌电脑公司在本期资产负债表和利润表编制后，对资产负债表和利润表进行比较分析操作，从而可以分析出两个时期资产负债表和利润表各个项目金额的增减情况。

预备知识及技能

财务报表比较分析法是会计报表分析中最常用的方法，也是最基本的方法。它通过主要项目或指标数值变化的对比，计算差异额，分析和判断企业财务状况及经营成果的一种方法。比较分析法在会计报表分析中的作用主要表现在：通过比较分析，可以发现差距，找出产生差异的原因，进一步判定企业的财务状况和经营成果。按比较对象的不同，比较分析法可以分为绝对数比较分析、绝对数增减变动比较分析、百分比增减变动分析及比率增减变动分析。

扫一扫：会计报表的比较

工作任务

【要求】编制“资产负债表比较分析表”。

工作步骤

1）打开“辉煌电脑公司财务报表分析工作簿”，点击“资产负债表”工作表标签，并将“资产负债表”中内容复制粘贴到“资产负债表比较分析表”中。

2）将 B1 单元格中的表格标题更改为“资产负债表比较分析表”。

3）在“资产负债表比较分析表”工作表中，资产类“上年年末余额”列（D 列）右侧新增二列（E 列、F 列），分别输入“差额”与“差额百分比”；在负债及所有者权益类“上年年末余额”列（I 列）右侧新增二列（J 列、K 列），分别输入“差额”与“差额百分比”。

4）输入计算公式，计算数据。在 E5：E43 单元格中输入公式。以 E5 单元格为例，选中 E5 单元格，输入“ = C5 - D5”。公式输入完毕后，自动计算出结果，如图 9 - 18 所示。

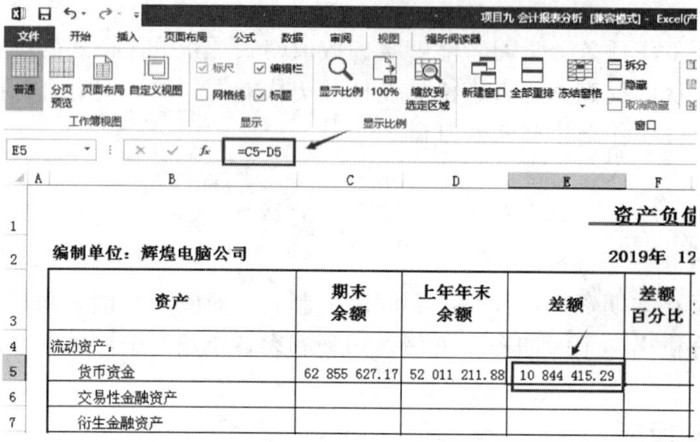

图 9 - 18　自动计算出结果

5）将 E5 单元格中的公式纵向填充至本列其他单元格中。公式填充完毕后，自动计算出结果，如图 9 - 19 所示。

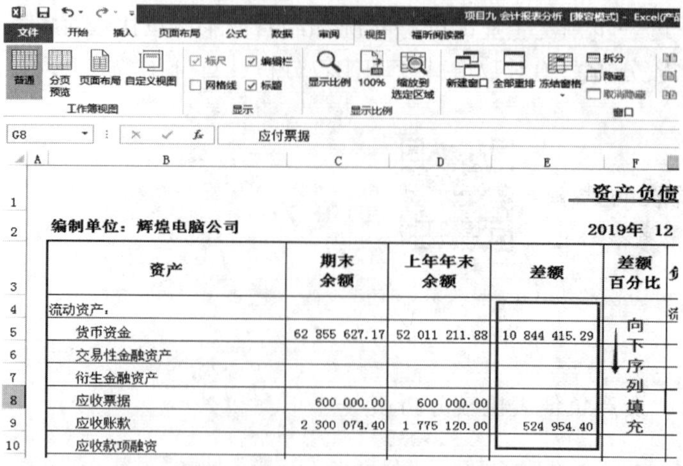

图 9 - 19　自动计算出结果

6）将 E44 单元格进行合计数计算。输入“=E18+E38”。公式输入完毕后，自动计算出结果，如图 9－20 所示。

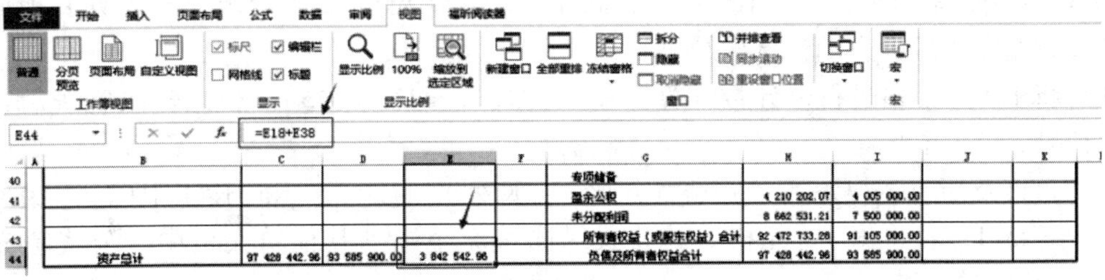

图 9－20　自动计算出结果

7）将“差额百分比”一列（即 F 列）设置为“百分比”格式，如图 9－21 所示。

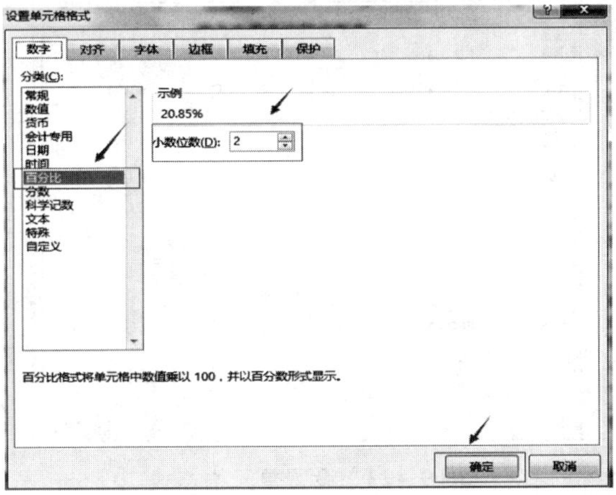

图 9－21　设置单元格格式

8）输入计算公式，计算数据。在 F5：F44 单元格中输入公式。以 F5 单元格为例，选中 F5 单元格，输入“=E5/D5”。公式输入完毕后，自动计算出结果，如图 9－22 所示。

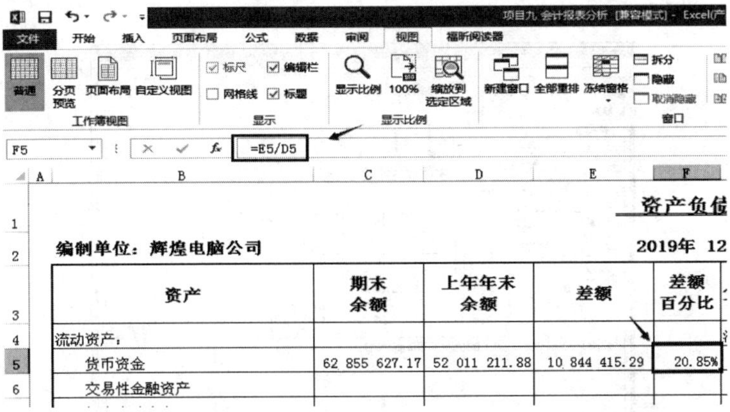

图 9－22　自动计算界面

9）将 F5 单元格中的公式纵向填充至本列其他单元格中。公式填充完毕后，自动计算出结果。

10）按上述方法进行操作，完成负债及所有者权益类“差额”（即 J 列）的计算。J5：J43 中以 J5 为例，输入公式“ = H5 - I5”，将 J5 单元格中的公式纵向填充至本列其他单元格中。公式填充完毕后，自动计算出结果。

11）将 J44 单元格进行合计数计算。输入公式“ = J31 + J43”。公式输入完毕后，自动计算出结果。

12）负债及所有者权益类“差额百分比”（K 列）的计算。K5：K44 中以 K5 为例，输入公式“ = J5/I5”，将 K5 单元格中的公式纵向填充至本列其他单元格中。公式填充完毕后，自动计算出结果。

13）将“差额百分比”一列（K 列）设置为“百分比”格式，如图 9 - 23 所示。

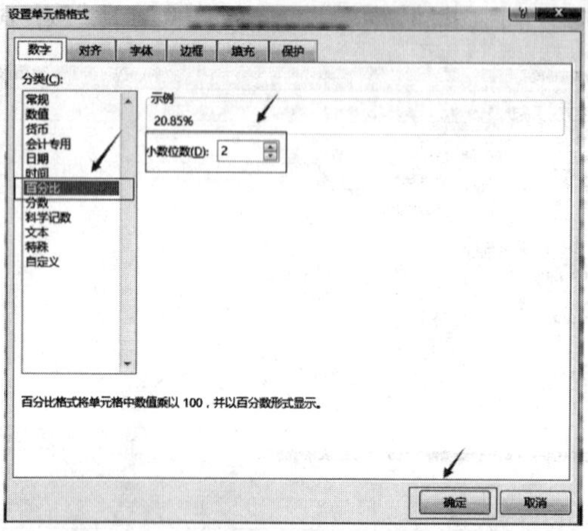

图 9 - 23　设置单元格格式

14）选择 B3：K34 单元格，单击右键，在菜单栏里选择“设置单元格格式”，打开“单元格格式”对话框，单击“边框”选项卡，在“线条样式”里选择“细实线”，单击内部，在“线条样式”里选择“粗实线”，单击外边框，单击“确定”按钮，关闭“单元格格式”对话框，如图 9 - 24 所示。

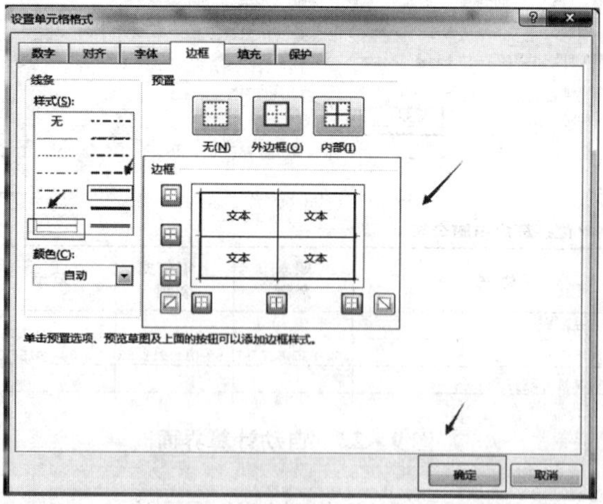

图 9 - 24　设置单元格格式

扫一扫：资产负债表比较分析表的编制

成果展示（如图 9－25 所示）：

资产负债表比较分析表

编制单位：辉煌电脑公司　　　　2019年 12 月 31 日　　　　单位：元

资产	期末余额	上年年末余额	差额	差额百分比	负债和所有者权益（或股东权益）	期末余额	上年年末余额	差额	差额百分比
流动资产：					流动负债：				
货币资金	62 855 627.17	52 011 211.88	10 844 415.29	20.85%	短期借款				
交易性金融资产					交易性金融负债				
衍生金融资产					衍生金融负债				
应收票据	600 000.00	600 000.00			应付票据				
应收账款	2 300 074.40	1 775 120.00	524 954.40	29.57%	应付账款	471 241.00	298 900.00	172 341.00	57.66%
应收款项融资					预收款项				
预付款项	959 600.00	909 600.00	50 000.00	5.50%	合同负债				
其他应收款	113 090.00	100 000.00	13 090.00	13.09%	应付职工薪酬	300 000.00	300 000.00		
存货	26 968 197.36	34 596 490.00	-7 628 292.64	-22.05%	应交税费	3 864 729.49	1 527 000.00	2 337 729.49	153.09%
合同资产					其他应付款	319 739.19	355 000.00	-35 260.81	-9.93%
持有待售资产					持有待售负债				
一年内到期的非流动资产					一年内到期的非流动负债				
其他流动资产					其他流动负债				
流动资产合计	93 796 588.93	89 992 421.88	3 804 167.05	4.23%	流动负债合计	4 955 709.68	2 480 900.00	2 474 809.68	99.75%
非流动资产：					非流动负债：				
债权投资					长期借款				
其他债权投资					应付债券				
长期应收款					其中：优先股				
长期股权投资					永续债				
其他权益工具投资					租赁负债				
其他非流动金融资产					长期应付款				
投资性房地产					预计负债				
固定资产	2 431 854.03	2 593 478.12	-161 624.09	-6.23%	递延收益				
在建工程					递延所得税负债				
生产性生物资产					其他非流动负债				
油气资产					非流动负债合计				
使用权资产					负债合计	4 955 709.68	2 480 900.00	2 474 809.68	99.75%
无形资产	1 200 000.00	1 000 000.00	200 000.00	20.00%	所有者权益（或股东权益）：				
开发支出					实收资本（股本）	79 100 000.00	79 100 000.00		
商誉					其他权益工具				
长期待摊费用					其中：优先股				
递延所得税资产					永续债				
其他非流动资产					资本公积	500 000.00	500 000.00		
非流动资产合计	3 631 854.03	3 593 478.12	38 375.91	1.07%	减：库存股				
					其他综合收益				
					专项储备				
					盈余公积	4 210 202.07	4 005 000.00	205 202.07	5.12%
					未分配利润	8 662 531.21	7 500 000.00	1 162 531.21	15.50%
					所有者权益（或股东权益）合计	92 472 733.28	91 105 000.00	1 367 733.28	1.50%
资产总计	97 428 442.96	93 585 900.00	3 842 542.96	4.11%	负债及所有者权益合计	97 428 442.96	93 585 900.00	3 842 542.96	4.11%

图 9－25　辉煌电脑公司资产负债表比较分析表

任务4　财务报表综合分析

任务情景

通过“财务报表比率分析”“财务报表比较分析”的编制，老会计已经基本掌握了运用 Excel 软件进行财务报表分析的操作，她非常高兴，多次夸奖小刘教得好，同时也对自己能够掌握 Excel 软件操作充满信心。下一步工作将完成财务报表综合分析，老会计能否独立完成此项工作呢？刘全能又将传授老会计哪些技能呢？

情景目标

通过完成此项工作任务，学习者能够掌握财务报表综合分析的操作方法，从而对企业的财务状况做出合理的判断。

情景分析

辉煌电脑公司采用杜邦财务分析体系，以净资产收益率为核心，逐步分解为若干财务指标，通过分析各个分解过的财务指标对净资产收益率的影响，从而来揭示该企业的经营状况和财务成果及其变化的原因。

预备知识及技能

杜邦体系各主要指标的关系如下：

净资产收益率 = 总资产净利率 × 权益乘数 = 营业净利率 × 总资产周转率 × 权益乘数

营业净利率 =（净利润 ÷ 营业收入）× 100%

总资产周转率 =（营业收入 ÷ 平均资产总额）× 100%

权益乘数 =（资产总额 ÷ 所有者权益总额）× 100% = 1 ÷（1 − 资产负债率）

扫一扫：财务报表综合分析法

工作任务

【要求】编制“杜邦财务指标分析表”。

工作步骤

1）打开“辉煌电脑公司财务报表分析工作簿”，点击“杜邦财务指标分析表”工作表标签，在此工作表中建立“杜邦分析模型”，如图 9－26 所示。

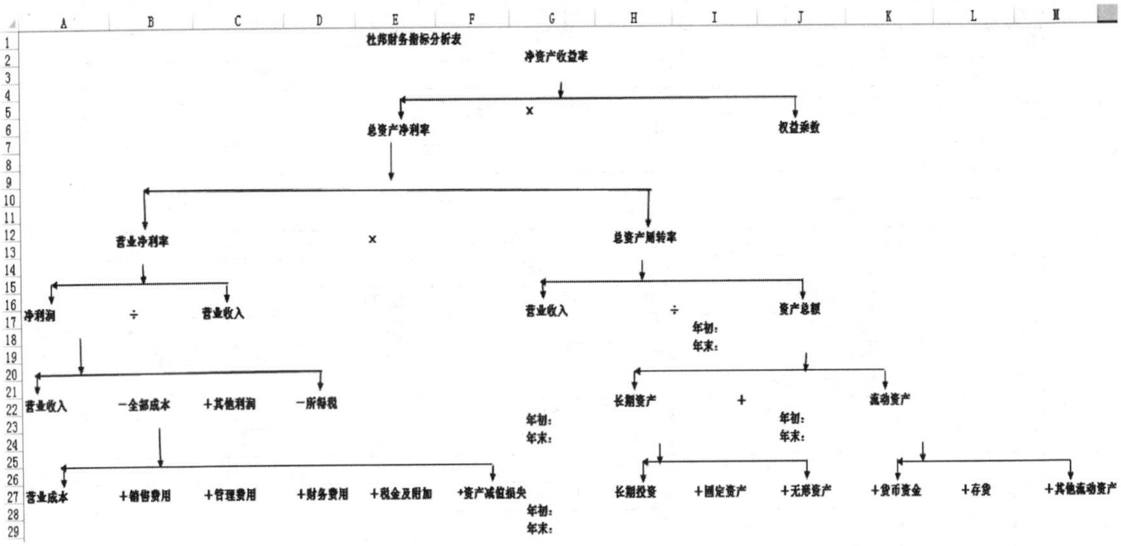

图 9－26　杜邦分析模型

2）“杜邦分析模型”中标志图箭头，点击窗口上方插入按钮，找形状按钮，选择箭头按钮，点击进行插入，如图 9－27 所示。

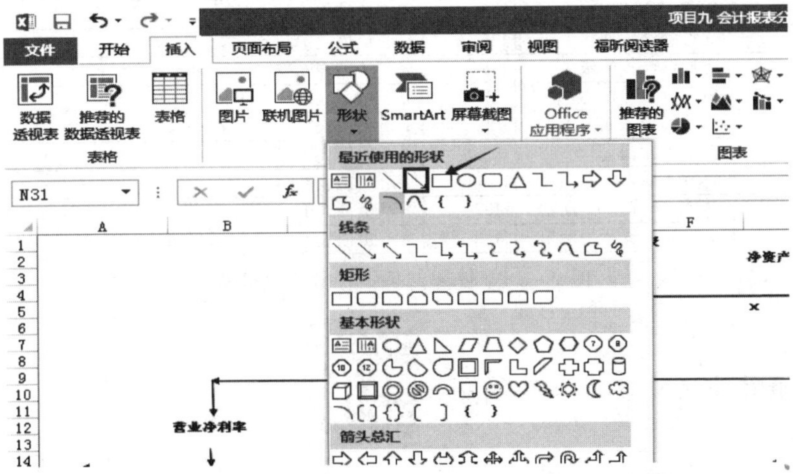

图 9－27　插入形状

3）在“杜邦财务指标分析表”工作表中录入公式，其具体公式如图 9－28 所示。

想一想

是否任何年份的杜邦分析都可以用该模板完成？

项目名位置	项目名称	公式位置	项目对应公式
G2	净资产收益率	G3	E7*J7
E6	总资产净利率	E7	B13*H13
J6	权益乘数	J7	资产负债表!C44/资产负债表!F43
B12	营业净利率	B13	A17/C17
H12	总资产周转率	H13	G17/（J17+J18）*2
A16	净利润	A17	A22-B22+C22-D22
C16	营业收入	C17	利润表!C5
G16	营业收入	G17	利润表!C5
J16	资产总额（年初数）	J17	资产负债表!D44
	资产总额（年末数）	J18	资产负债表!C44
A21	营业收入	A22	利润表!C5
B21	-营业成本	B22	A27+B27+C27+D27+E27+F27
C21	+其他利润	C22	利润表!C24-利润表!C25
D21	-所得税	D22	利润表!C27
H21	长期资产（年初数）	H22	H27+I27+J27
	长期资产（年末数）	H23	G28+I28+J28
K21	流动资产（年初数）	K22	K27+L27+M27
	流动资产（年末数）	K23	K28+L28+M28
A26	营业成本	A27	利润表!C6
B26	+销售费用	B27	利润表!C8
C26	+管理费用	C27	利润表!C9
D26	+财务费用	D27	利润表!C11
E26	+税金及附加	E27	利润表!C7
F26	+资产减值损失	F27	利润表!C15
H26	长期投资（期初）	H27	资产负债表!D23
	长期投资（期末）	H28	资产负债表!C23
I26	+固定资产（期初）	I27	资产负债表!D27
	+固定资产（期末）	I28	资产负债表!C27
J26	+无形资产（期初）	J27	资产负债表!D32
	+无形资产（期末）	J28	资产负债表!C32
K26	+货币资金（期初）	K27	资产负债表!D5
	+货币资金（期末）	K28	资产负债表!C5
L26	+存货（期初）	L27	资产负债表!D13
	+存货（期末）	L28	资产负债表!C13
M26	+其他流动资产（期初）	M27	资产负债表!D18-资产负债表!D5-资产负债表!D13
	+其他流动资产（期末）	M28	资产负债表!C18-资产负债表!C5-资产负债表!C13

图 9－28　杜邦财务指标分析表公式

扫一扫：杜邦财务指标分析表的编制

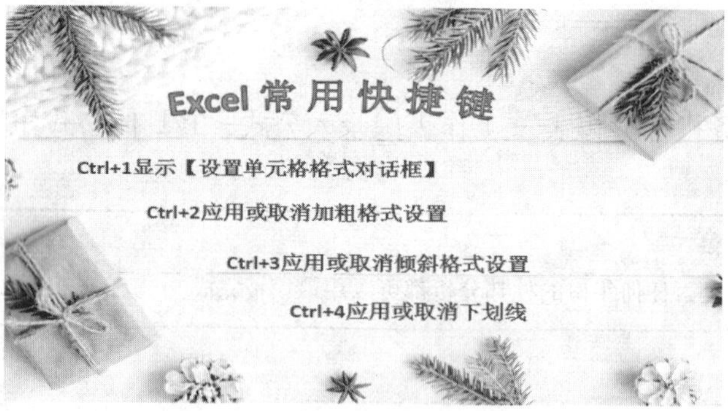

成果展示(如图9-29所示):

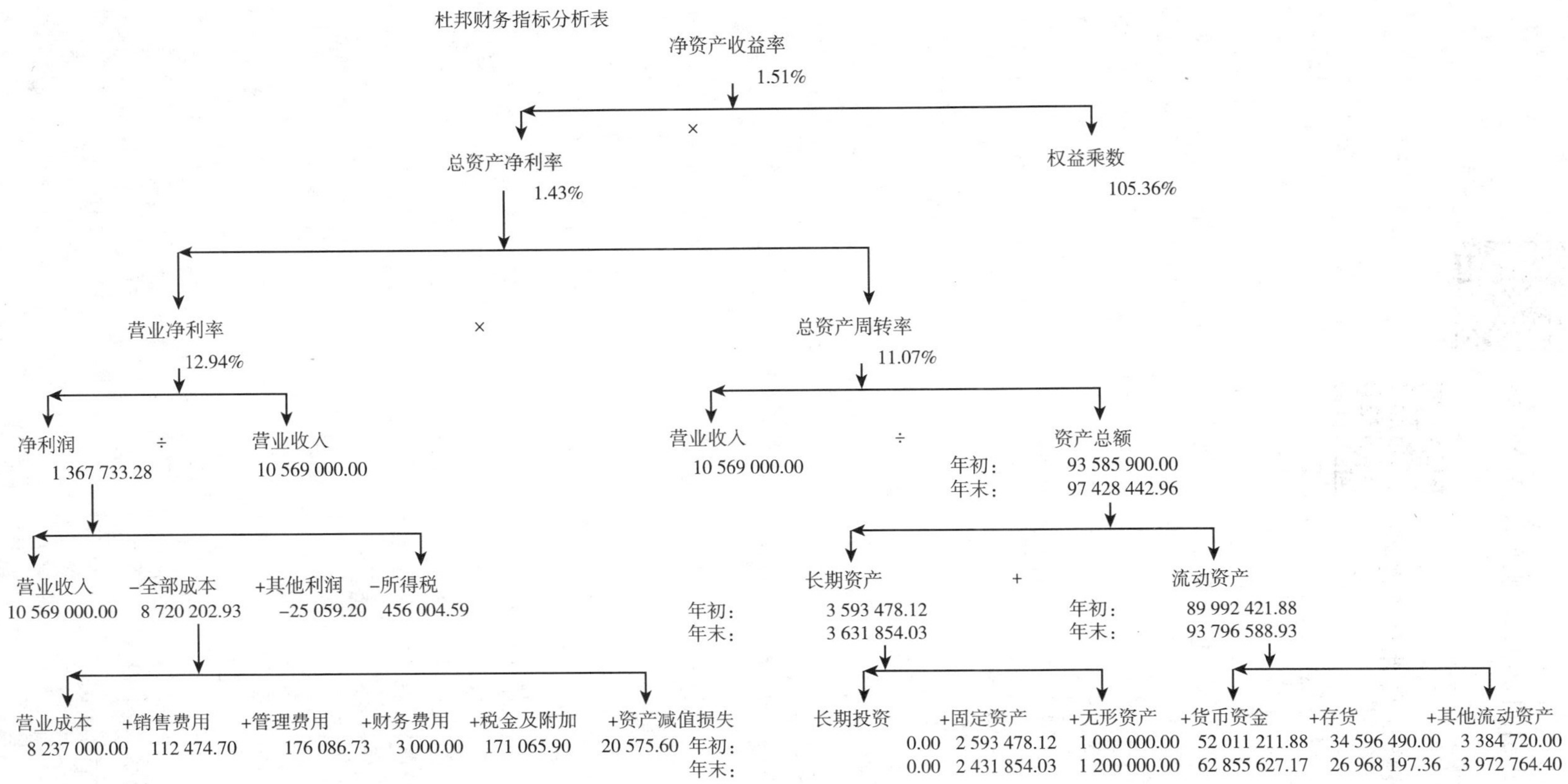

图9-29　杜邦财务分析表

扫一扫：Excel 引用其他工作表数据的方法

扫一扫：修改默认文件保存路径